JOURNAL

DE

NICOLAS DE BAYE

GREFFIER DU PARLEMENT DE PARIS

1400-1417

TEXTE COMPLET
PUBLIÉ POUR LA SOCIÉTÉ DE L'HISTOIRE DE FRANCE

PAR ALEXANDRE TUETEY

TOME PREMIER

Conserver la couverture.

A PARIS
LIBRAIRIE RENOUARD
Vᵛᵉ HENRI LOONES, SUCCESSEUR
LIBRAIRE DE LA SOCIÉTÉ DE L'HISTOIRE DE FRANCE
RUE DE TOURNON, Nº 6

—

M DCCC LXXXV

JOURNAL
DE
NICOLAS DE BAYE

IMPRIMERIE DAUPELEY-GOUVERNEUR,

A NOGENT-LE-ROTROU.

JOURNAL

DE

NICOLAS DE BAYE

GREFFIER DU PARLEMENT DE PARIS

1400-1417

TEXTE COMPLET
PUBLIÉ POUR LA SOCIÉTÉ DE L'HISTOIRE DE FRANCE

Par Alexandre TUETEY

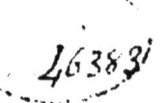

TOME PREMIER

A PARIS
LIBRAIRIE RENOUARD

Vᵛᵉ HENRI LOONES, SUCCESSEUR
LIBRAIRE DE LA SOCIÉTÉ DE L'HISTOIRE DE FRANCE
RUE DE TOURNON, Nº 6

M DCCC LXXXV

EXTRAIT DU RÈGLEMENT.

Art. 14. — Le Conseil désigne les ouvrages à publier, et choisit les personnes les plus capables d'en préparer et d'en suivre la publication.

Il nomme, pour chaque ouvrage à publier, un Commissaire responsable, chargé d'en surveiller l'exécution.

Le nom de l'éditeur sera placé à la tête de chaque volume.

Aucun volume ne pourra paraître sous le nom de la Société sans l'autorisation du Conseil, et s'il n'est accompagné d'une déclaration du Commissaire responsable, portant que le travail lui a paru mériter d'être publié.

Le Commissaire responsable soussigné déclare que l'édition du Journal de Nicolas de Baye, *préparée par* M. A. Tuetey, *lui a paru digne d'être publiée par la* Société de l'Histoire de France.

Fait à Paris, le 1er juin 1885.

Signé : A. DE BARTHÉLEMY.

Certifié :

Le Secrétaire de la Société de l'Histoire de France,

JOURNAL

DE NICOLAS DE BAYE

1400.

Vendredi, xix° jour de novembre.

Ce jour, a esté faicte eleccion de graphier[1], et est venu le sort sur moy N. de Baye, indigne.

Conseil, XII (X^{ta} 1478), fol. 1 v°.

Mercredi, premier jour de decembre.

Aujourdui, maistre Jehan Chanteprime, conseiller du Roy, a cogneu et confessé devant maistre Jehan Garitel, commissaire donné avec maistre Pierre Drouart, conseiller du Roy, entre maistre Loiz Blanchet, secretaire du Roy, d'une part, et Jehanne la Gencianne, d'autre part, que de la somme de iii^m frans, de quoy avoit esté parlé, que ledit maistre Loiz estoit obligiez en la dicte somme de iii^m escus envers ledit Chanteprime, ycely maistre Loiz ne lui doit aucunne chose, ne n'est aucunement obligiez ledit Loiz envers lui d'ycelle somme dessus dicte.

Conseil, XII (X^{ta} 1478), fol. 2 v°.

Samedi, iiij° jour de decembre.

Ce jour, maistre Jehan Chanteprime dit et confessa

---

1. En marge : *Eleccio via scrutinii.*

que des trois mil escus, de quoy est cy dessus mercredy derrain passé touché, se maistre Loyz y estoit ou eust esté obligiez envers ycely maistre Jehan, ledit maistre Jehan me dit que onques n'en avoit baillié denier ne onques n'avoit veu l'obligation, s'aucunne avoit fait ou fait faire ledit maistre Loiz, et ce à la requeste de maistre Oudart Gencian ay enregistré, outre ce que je enregistray ledit mercredi passé.

Conseil, XII (X¹ᵃ 1478), fol. 3 r°.

1401.

Lundi, xxv° jour d'avril.

Precedentia a mense novembris ultimo preterito registrata fuerunt per me N. de Baye, grapharium, in papiro, propter novitatem stili mei in officio, grossata per J. Hutini, clericum meum, sequentia vero manu propria propter adequalem assiduitatem exercicii[1].

Matinées, III (X¹ᵃ 4785), fol. 122 r°.

Mercredi, iiij° jour de may, au Conseil.

Aujourdui, maistre Symon de Nanterre, conseiller du Roy nostre sire, a dit à la Court que monsʳ le Chancellier l'avoit envoié à la Court dire que les maistres des Requestes de l'Ostel du Roy nostre sire dessusdit se deportoient et delaissoient du procès pendent en la Court devant dicte entre eulz, d'une

---

1. Pendant six mois, Nicolas de Baye se chargea de minuter les plaidoiries, et laissa à son clerc Jean Hutin le soin de les transcrire sur parchemin. (V. à ce sujet la notice de M. Grün sur les Archives du Parlement de Paris, p. clxvii, en tête du tome 1ᵉʳ des *Actes du Parlement*.)

part, et maistre Gile le Juesne, d'autre part, et ce m'a esté enjoint que je enregistrasse.

Matinées, III (X¹ª 4785), fol. 131 v°.

Vendredi, xxiiij° jour de juin, feste saint Jehan Baptiste.

Ce jour, j'eu les bourses et gages de l'audience par la mort maistre J. Bertaut, lesquelles furent et sont annexées à l'office de graphier et de nouvel [1].

Matinées, III (X¹ª 4785), fol. 171 r°.

Mardi, xij° jour de juillet.

Aujourdui, la Court m'a enjoint que je enregistrasse la cedule que me bailleroit maistre Jehan de Cessieres, dont la teneur s'ensuit [2]:

Jehan de Cessieres, notaire du Roy nostre sire et graphier criminel de Parlement, dit que ou moiz de may, l'an mil ccc IIII^{xx} et x, certain arrest [3] fut prononcé en Parlement par la bouche de feu maistre Symon Fryson, lors president en Parlement, pour le procureur de monsr le Dauphin de Viennoiz et le

---

1. En vertu de lettres patentes du même jour, insérées au registre du Conseil (X¹ª 1478, fol. 37 v°), et par suite du décès de Jean Bertaut, notaire et secrétaire du roi; d'autres lettres, en date du 24 décembre 1400, avaient stipulé que les premiers gages, manteaux et bourses ordinaires de notaire venant à vaquer seraient annexés à l'office de greffier civil du Parlement.

2. Dans la marge se trouve une tête, assez grossièrement figurée, avec les mots: *du Dauphiné et Salusces* au-dessous.

3. Cet arrêt, en date du 10 mai 1390, d'une importance considérable, terminait le procès engagé entre le marquis de Saluces et le comte de Savoie; il conservait au roi le domaine féodal, ainsi que les foi et hommage du marquisat de Saluces, et condamnait le comte de Savoie à restituer à son adversaire nombre de châteaux et villes par lui indûment occupés (Criminel, X²ª 11, fol. 256). V. également pour cette affaire l'arrêt du 12 août 1388 (Conseil, X¹ª 1474, fol. 198 v°).

marchiz de Saluce à l'encontre du conte de Savoye, et lors maistre Jehan Jouvence estoit graphier dudit Parlement, lequel avoit le registre et procès dudit arrest. Et avint que ou moiz de juillet ensuivant ou environ, ledit Jouvence ala de vie à trespassement. Dit outre que quant le Parlement ensuivant fu encommencé, le procureur et les gens dudit marchiz firent grant poursuite en Parlement, afin qu'il eussent ledit arrest, et pour ce que les rapporteurs ne voudrent pas prenre la peinne de faire ledit arrest, qui est grant et laborieux [1], la Court ordonna que ledit arrest seroit fait par ledit de Cessieres, auquel furent baillées les besoignes pour ce necessaires, lequel de Cessieres fit la minute dudit arrest et la bailla à veoir à aucuns seigneurs dudit Parlement. Et ce fait, à un matin, ledit maistre Symon prist avecques lui plusieurs de messieurs dudit Parlement, lesquelz furent assemblez en la Tournelle Criminelle, et illecques fut leu et corrigié ledit arrest par grant deliberacion, et y entendirent nosdiz seigneurs jucques à tant qu'il fut heure d'eulz partir; et faisoient les gens dudit marchiz grant et aspre diligence en la poursuite dudit arrest, lequel arrest fu grossé deux foiz et baillié aux gens dudit marquiz, signé du seing dudit de Cessieres. Lesquelz dirent audit de Cessieres, environ 11 jours après, que l'un de leurs diz arrests estoit scellé en las de soie et cire vert, et faisoient faire au devant du Chastellet de Paris une longue layecte, à la mesure dudit arrest, fermant à clef pour le garder plus seurement et nettement, et prierent ledit de Cessieres à grant instance qu'il feist l'executoire dudit arrest, lequel leur respondit que l'exécution se devoit faire hors du royaume, et qu'il eussent adviz à leur conseil comment exécutoire se feroit et à qui s'adresseroit, et sur ce on parleroit à la Court, qui en ordonneroit, et ledit de Cessieres feroit volentiers ce qui en seroit ordonné.

Item, dit que le lendemain ou environ, un homme vestu à guise d'escuier parla audit de Cessieres au devant de la maison d'un potier d'estain emprès la porte du Palaiz, et lui demanda se l'arrest de Savoye et de Saluces estoit fait, auquel ledit de Cessieres respondi que oïl, et qu'il estoit baillié aux gens du

---

1. Il n'occupe pas moins de 14 folios du registre.

marquiz, lesquelz l'avoient fait seeller, si comme l'en disoit. Et pour ce que ledit homme se disoit estre au conte de Savoie, ledit de Cessieres ly demanda se il en vouloit avoir le double, lequel ne respondi rien et se frappa de sa paume ou front, et à tant se parti hastivement. Et assez tost après vint un sergent d'armes qui défendi de par le Roy audit de Cessieres qu'il ne baillast pas ledit executoire, et pareillement l'un des serviteurs de mons' le Chancellier vint faire défense audit de Cessieres de par ledit mons' le Chancellier. Et, le lendemain, ledit de Cessieres ala à la Chancellerie pour savoir la verité de ladicte defense, et oy par la bouche dudit mons' le Chancellier que ladicte defense avoit esté commandée à faire par le Roy nostre sire. Et pour ce ledit de Cessieres dist aux gens dudit marquiz, qui le poursuyoient moult fort et asprement, que ilz le laissassent en paix, et qu'il ne leur povoit faire ladicte executoire pour les defenses dessusdictes, et atant se departirent. Dit outre que depuiz ce il a veu plusieurs foiz un nommé George qui poursuioit la besoigne pour ledit marquiz, lequel se plaignoit moult fort de ce qu'il ne povoit avoir ladicte executoire, obstant les defenses dessusdictes, et plus ne scet.

Item, le xiiiᵉ jour de juing derrienement passé, comparurent en la Court messire Jaques de Saint Germain, procureur fiscal du Dauphiné, et George Ravyol, escuier, procureur de mons' le marquiz de Saluces, qui presenterent leur requeste, lequel procureur fiscal du Dauphiné, après ce qu'il eut recité l'arrest pieça donné pour le procureur du Dauphiné et le marquiz de Saluces contre le conte de Savoie, par lequel fu declaré l'omage du marquiz et marquisé appartenir au Dauphin, et le lui adjuga le Roy et sa Court, et que neantmoins n'en avoient peu obtenir executoire, et si detenoit encores le conte plusieurs villes, chasteaulz et terres du marquisé et fié du Dauphin, auxquelles rendre et restituer il avoit esté condempnez par ledit arrest et es fruiz, a exposé à la dicte Court ou nom que dessus comment il avoit entendu que par importunité ou autrement le Roy avoit donné ou vouloit bailler et transporter l'ommage dudit marquisé au conte, si se opposoit et opposa à ce que la chose ne sortist aucun effect, et que ledit don et transport ne se feist, et se aucune chose en estoit, que riens ne feust verifié ne passé.

disant que ce seroit le dommage et desheritement du Dauphin et le préjudice de son vassal, et que faire ne se devoit pour plusieurs causes que monstreroit en temps et en lieu, suppliant que la Court en vousist advertir le Roy et son Conseil, et en outre, pour ce que on n'avoit eu executoire de l'arrest, mais l'avoit tousjours le Roy prorogué jucques à ores et donné ses lettres, que ce feust sanz prejudice de l'arrest et demourast tousjours executoire comme dedans l'an; et estoit le temps de la prorogacion sur le point de faillir, requeroit lettres semblables de prorogacion jucques à un an, ou que le Roy en eust autrement ordonné.

Ausquelles requestes la Court respondi que elle en avoit bien memoire et feroit tousjours ce que elle devroit par raison, et enjoigny au procureur et aussy à un nommé George, procureur du marquiz, si comme il disoit, lequel fit semblables opposition et requestes ou nom du marquiz, qu'ilz apportassent par devers la Court les lettres des dictes prorogacions dont il se disoient avoir aucunes par deça, et la Court leur pourverroit si avant que elle pourroit et qu'il appartendroit, et ce ay je enregistré icy, pour ce qu'il est pertinent à ce qui est devant enregistré.

Conseil, XII (X^{ia} 1478), fol. 24 v°.

Mercredi, xiij° jour de juillet.

Ce jour furent assemblez, après ce que dit est, messieurs des II Chambres . . . . lesquelz mesdiz seigneurs assemblez à conseiller se l'en bailleroit executoire preciz ou *cum oppinione* à mons^r le dauphin de Vienne et au marquiz de Saluces de leur arrest obtenu à l'encontre du conte de Savoie de l'an mil CCC IIII^{xx} et X, ou moyz de may, lequel executoire avoit esté souspendu pour aucunes causes touchées en certeines lettres, qui furent veues et visitées par la Court, delibererent, veues lesdictes lettres et mandemens du Roy nostre sire, et oye la relation de maistre Jehan de Cessieres, graphier criminel de la Court, enregistrée du jour de hier, que l'executoire seroit baillié et preciz, outre adviserent et ordonnerent, que avant ce que *incommutabiliter aut irrevocabiliter* fu bailliez, que l'en eust avant l'advis et deliberation de messieurs du Grant Conseil.

Conseil, XII (X¹ᵃ 1478), fol. 25 v°.

Juesdi, xiiij° jour de juillet, l'en ne plaidoya pas, mais fut conseillié, et furent assemblez au Conseil en la Court :

Messire Arnault de Corbie, chancellier; messire Pierre de Giac, jadis chancellier; messire Pierre Boschet; maistre Henry de Marle; messire Ymbert de Boisy, presidens; l'evesque de Noyon; l'evesque de Paris; l'evesque de Saint-Flour; l'evesque du Puy; l'evesque de Maguelonne; monsʳ le mareschal de France, dit Bouciquaut; messire R. de Trie, amiral de la mer; mons. de Torcy; messire R. du Boissay; m. G. d'Estouteville; m. N. d'Orgemont; m. Ph. de Boisgilloud; m. P. de Reilhac; m. R. d'Acquigny; m. G. de Saulz; m. J. Garitel; m. Th. d'Aunoy; m. J. de Vitry; m. J. d'Arceiz; m. J. de Longueil; m. P. Le Fevre; m. R. du Mont S. Eloy; m. H. L'Escripvain; m. R. Mauger; m. J. Accart; m. J. Boyer; m. P. Le Cerf, procureur du Roy; m. J. Jouvenel, m. J. Perier, advocas du Roy. Par lesquelz fu deliberé et conclu que, veu ce que dit est et tout consideré, l'en bailleroit ausdiz dauphin et marquiz l'executoire dudit arrest obtenu à leur prouffit à l'encontre dudit conte, preciz.

Item, après ce, fu respondu à ce que requeroient Raoul d'Auquetonville et Guillaume Barbery, c'est assavoir, l'enterinement de certeinnes lettres de reabilitation à l'encontre d'un certain arrest donné à l'encontre d'eulz pour le Roy et pour la Royne, pruncné le vi° de juin, ce présent an[1], pour lesquelz le Roy en avoit escript en la Court lettres moult especiaulz, signées de sa main, et esquelles avoit escript une ligne de sa propre main, c'est assavoir, que l'en enterinast lesdictes lettres sanz plus renvoyer devers la Court, que lesdiz d'Aucquetonville et Barbery averoient : *Lecta in curia, presente procuratore regio et non contradicente, tali die, etc.*, et non plus.

Conseil, XII (X¹ᵐ 1478), fol. 25 v°.

Lundi, xviij° jour de juillet.

Aujourdui, Otelin de Haulterive, sergent d'armes du Roy, en ordonnance est venus en la Court et a dit de par le Roy que la Court, en ce qui touche monsʳ le dauphin de Vienne et le marquiz, d'une part, à l'encontre du conte de Savoie, ne face aucune chose par

---

[1]. Raoul de Hauquetonville, qui acquit une triste célébrité par le meurtre du duc d'Orléans, et Guillaume Barbery, garde de l'Épargne, avaient obtenu d'Isabeau de Bavière, lors de l'allocation d'un crédit de 20,000 francs pour la construction de l'un de ses palais, la remise d'une quittance de 10,000 francs à titre de prêt, au dire de la reine, de pur don, suivant ces créatures d'Isabeau de Bavière. Par arrêt du 6 juin 1401, Raoul de Hauquetonville et Guillaume Barbery furent condamnés à restituer à la reine, l'un 5,000 francs, l'autre 4,000, et à payer une amende équivalente au Trésor. (V. le texte de cet arrêt dans Douet d'Arcq, *Choix de pièces sur le règne de Charles VI*, t. I, p. 200.)

especial contre ce qu'avoit esté ordonné derrienement au regart de l'executoire donné pour lesdiz dauphin et marquiz contre ledit duc, pour quelques lettres ou mandemens de bouche, se il n'est avant passé par le Roy en son Grant Conseil.

Conseil, XII (X¹ᵃ 1478), fol. 26 r°.

Samedi, xxx° jour de juillet.

Sur une requeste baillée en la Court par le prieur et couvent de Nostre Dame du Carme sur ce que demandoient le residu des biens de l'execution de damoiselle Perrenelle de Crepon, par vertu de certain laiz à eulz par elle fait, la Court, oye la relacion des commissaires et du consentement de maistre Pierre Michiel, hoir à cause de sa femme de damoiselle Perrenelle de Crepon, jadis mere d'icelle sa femme, de J. Goulain, Carme, executeur du testament d'icelle Perrenelle, Pierre de Serry, curateur donné aux biens de l'execution de ladicte Perrenelle, et aussy present messire Pierre Boschet, president en Parlement, et conseiller de ladicte execution et non contredisant, a ordonné et ordonne que le residu de l'argent et debtes de ladicte execution sera delivré et baillié par la main de la Court aux freres du Carme à l'usage ordonné par ladicte Perrenelle et par la forme et maniere qui s'ensuit, c'est assavoir, que l'argent dudit residu sera miz et deposé es mains d'un changeur de Paris qui deliverra et baillera aux ouvriers qui feront l'ouvrage à quoy a lessié ledit argent ladicte Perrenelle, icellui argent necessaire à ycellui ouvrage.

Et pour perpetuel memoire des choses ordonnées par ladicte Perrenelle, et à ce qu'il appere publiquement et à chascun comment et à quoy les freres du Carme dessusdiz sont obligiez pour le laiz à eulz fait par ladicte Perrenelle, sera fait un tableau de cuivre où sera emprainte l'ordonnance de ladicte Perrenelle et l'office que doivent et devront faire perpetuelment lesdictz freres pour l'ame de ladicte Perrenelle, lequel tableau sera miz et affichiez en la chappelle où ledit office sera fait où a accoustumé d'estre fait.

Conseil, XII (X^{ia} 1478), fol. 28 r°.

Mardi, ix° jour d'aoust.

Aujourdui, la Court, après ce qu'elle a deferé le serment jusques à ij^m frans et au dessoubz à J. Le Monnoier, au regart d'une adjudication de marque à l'encontre du duc Aubert, et que ledit Monnoier a juré en ladicte Court de la somme de xviij^c frans, adjuge audit J. Le Monnoier et J. Grevin, marchans, et Colart Dance, marinier, marque à l'encontre du duc Aubert et ses subgiez de Hollande et de Zelande de ladicte somme de xviij^c frans et de leurs dommages, interests et despens, dès qu'ilz bailleront la declaration devers la Court lesdicts marchans et Colart Dance.

Aujourdui, la Court a ordonné que les bulles que l'evesque du Puy a par devers la Court seront baillées à l'evesque de Ceinctes, par tel que Jehan de Chevenon, frere dudit de Ceintes, s'obligera de restituer lesdictes bulles ou la somme de ij^m libvres ou à l'ordonnance de la Court.

Conseil, XII (X^{ia} 1478), fol. 29 v°.

Vendredi, xxvj^e jour d'aoust.

Furent au Conseil messieurs du Grant Conseil, messieurs les presidens, les evesques de Paris, Noyon, Bayeus, Meaulz, Mascon, du Puy et d'Apt, et messieurs des ij Chambres, le procureur du Roy et les advocas du Roy ou Chastellet sur le fait du couvent des Cordeliers de Paris, ouquel pour une sedicion entr'eulz, à cause d'une demolition d'unes estables qu'avoit fait faire le provincial de France *intra septa conventus*, que estoit contre les ordonnances de leur ordre, comme disoient celz d'estrange langue d'icellui couvent, et pour ce de fait, le mercredi xxiiij° de ce moiz, après minuit, la demolirent ycelz estrangiers; et aussy pour une commotion que firent contre les freres de la province de France, contre lesquelz crierent : *Moriantur Gallici omnes!* et pour une rebellion contre les gens du Roy, tant qu'il falu rompre leurs portes, et y eut conflict, et tant que plusieurs furent navrez tant des gens du Roy que des diz freres, et en eut ij en peril de mort, comme l'en disoit, et un armeurier navré d'un piet, et que aucuns des estrangiers saillirent par dessus les murs de la cité de Paris derrier leur maison es fossez, et furent repriz par les gens du Roy environ xiiij freres estrangiers, comme dist en la Court le commissaire de Chastellet à ce ordonné, et pour ce furent emprisonnez desdiz estrangiers[1] environ xl, sur lequel fait a esté assemblé le

---

1. L'un de ces inculpés, frère Martin de Roselles, détenu en la Conciergerie du Palais, « pour cause de certaines commocions, rebellions et desobeissances faictes contre le Roy et ses officiers, » fut élargi jusqu'à nouvel ordre et confié à la garde de frère Jean des Noix, vicaire du gardien dudit couvent, lequel promit de le ramener quand le Roi et sa Cour l'ordonneraient. (Criminel, X²ᵃ 14, fol. 42 v°.)

Conseil, comme dit est, et au surplus au graphier criminel [1].

Conseil, XII (X^{1a} 1478), fol. 32 v°.

Mardi, xiij° jour de septembre.

Aujourdui, j'ay esté sur mons^r le Chancelier pour enregistrer le residu du scrutine qui hier avoit esté imparfait en la Tornelle criminelle, commencié par ledit mons^r le Chancellier et messire J. de Poupaincourt, premier president, sur l'election ou lieu de l'un de mess^{rs} appellé M. Guillaume Liroiz, trespassé [2], et jà soit ce que plusieurs suffisans hommes se presentassent, neantmoins, le Roy, à la requeste d'aucuns grans seigneurs, s'arresta à ij, c'est assavoir, maistre Gefroy de Perusse, de la nation d'Acquitaine, maistre des Requestes de l'ostel de monseigneur de Berry, et maistre Guillaume de Launoy, de la nation de Normandie, nepveu de monseigneur l'evesque de Meaulz, et archediacre de Brie en l'esglise de Meaulz, touz ij licenciez en droit, Perusse *in utroque*, Launoy *in jure civili*, et pour eulz donna le Roy nostre sire ses lettres contenens que la Court *in effectu* esleust le plus ydoinne des ij dessusdiz, sanz eslire autre.

Conseil, XII (X^{1a} 1478), fol. 36 r°.

Juesdi, xxij° jour de septembre.

Sur une requeste faicte par l'Université de Paris à l'encontre de l'abbé de Trouart qu'il pleust que iiij des

---

1. Dans la marge du registre en regard de ce récit, déjà publié par Félibien, *Hist. de Paris*, t. IV, p. 546, a été figurée à la plume la représentation d'un moine encapuchonné.

2. Guillaume de Lirois, conseiller clerc au Parlement de Paris depuis 1378, mourut au début de septembre 1401. (V. son testa-

moinnes de Trouart, soy disans escoliers à Paris, emprisonnez par vertu d'un arrest[1] donné au prouffit dudit abbé à l'encontre de xxij de ses religieus, estre eslargiz partout et leur procès estre fait à Paris, *juxta privilegium predicte Universitatis*.

Il a semblé aux dessusdiz presidens et conseillers que ledit abbé puet *impune* consentir et souffrir que les iiij dessusdiz religieus, soy disans escoliers, soient eslargiz à Paris et en Normendie, au lieu où le procès sera fait selon la teneur dudit arrest pronuncé le iij° de ce present moiz, et ouquel lieu les dessusdiz religieus *stabunt juri*, et sanz prejudice de l'abbé.

Conseil, XII (X¹ᵃ 1478), fol. 36 r°.

Lundi, iij° jour d'octobre.

Aujourdui, mons' le premier president m'a defendu, comme autrefoiz a fait, que je signe aucunne commission qui contiegne que l'enqueste se face, *etiam sedente Parlamento*, se je n'en ay congié, *ne Curia dominis orbetur, vel propter ipsorum absenciam patiatur*.

Matinées, III (X¹ᵃ 1785), fol. 224 v°.

Samedi, xxix° jour d'octobre.

Ce jour, fut advoquée[2] la cause d'entre M° Raoul

---

ment, en date du 28 mars 1392, dans le recueil de *Testaments enregistrés au Parlement de Paris, sous le règne de Charles VI*, p. 27.)

1. V. au Conseil (X¹ᵃ 1478, fol. 34 r°) l'arrêt du 3 septembre 1401, rendant à l'abbé de Troarn (Calvados, arr. de Caen) ses religieux accusés de rebellion et ordonnant leur incarcération à Caen dans les prisons du roi, de l'évêque de Bayeux et de l'abbé de Saint-Étienne de Caen pour l'instruction de leur procès.

2. V. au Criminel (X²ᵃ 14, fol. 38) la teneur de la délibération en vertu de laquelle le Parlement évoqua cette cause criminelle et enleva toute connaissance de l'affaire à la Chambre des Comptes.

Witart, clerc de la Chambre des Comptes, marié lay, d'une part, et le procureur du Roy en la Chambre des Comptes, pour certains deliz criminelz desquelz ladicte Chambre vouloit cognoistre, et pourtant l'avoit fait emprisonner en la Conciergerie du Palayz, et illec le fit prenre la Court et le mettre de par elle en prison, et ce touche Cessieres, graphier criminel[1].

Item, ce jour, furent leues en la Chambre certaines lettres envoyées de par monseigneur le duc de Bourgogne, contenant la teneur qui s'ensuit[2]......

Conseil, XII (X¹ᵃ 1478), fol. 36.

Lundi, xiiij° jour de novembre.

Ce jour, fu confermé ce qu'avoit esté deliberé le xxix° d'octobre sur l'advocation de la cause maistre Raoul Witart, clerc de la Chambre des Comptes, à l'encontre du procureur du Roy esdiz Comptes pour certains deliz criminelz, et pour ce que ce que lors avoit esté deliberé n'avoit pas esté executé, a esté dit que pour seller la lettre de ladicte advocation de la cause en la Court, parlera monsʳ le premier president

---

1. En marge, le fait est signalé à l'attention par deux mains, avec les mots *Camera Compotorum*.
2. Le duc de Bourgogne s'excuse, dans cette lettre, de n'avoir pu, à raison du mariage de son fils et d'autres empêchements, se rendre auprès du Roi, et, se voyant obligé à cause du triste état de santé de Charles VI d'ajourner sa visite, recommande au Parlement d'aviser à ce que « sa chevance et son demainne ne soient gouvernés ainsy que ilz sont de present, car, ajoute-t-il, c'est grant pitié et douleur de oyr ce que j'en ay oy dire. » Dans sa réponse le Parlement se borne à protester de son zèle et de son dévouement aux intérêts du royaume. La lettre de Philippe le Bon, en date du 26 octobre, et celle du Parlement, du 29, ont été reproduites in-extenso par M. Douet d'Arcq, dans son *Choix de pièces inédites sur le règne de Charles VI*, t. I, p. 212.

à mons^r le Chancellier, lequel s'il en est refusant[1], la Court parlera à lui mercredi prouchain en la chambre où il doit venir, en lui disant ce qu'a esté deliberé et conferrmé, deliberé par les presidens et autres de mess. le dessusdit xxixe jour et conferrmé aujourdui.

Item, cedit jour, pour ce que plusieurs abus se faisoient et font ou Chastellet de Paris tant par les notaires qui prennent d'une procuration tant que traire et exiger puent, combien que n'en ist pour le salaire du notaire que ij solz parisis et vj deniers parisis pour le scel de toute ancienneté, et les commissaires examinateurs et graphier dudit Chastellet abusoient et abusent en leurs offices, fut enjoint au prevost de Paris, appelé messire Guillaume de Tignonville, chevalier, de nouvel prevost[2], qu'il y meist remede, ou la Court y pourverroit, et ce fait, furent les procès par escript du bailliage de Vermendoiz receuz.

Conseil, XII (X^{1a} 1478), fol. 42 v°.

Vendredi, xxve jour de novembre.

Sur ce que le procureur du Roy proposa, dès le xxixe de septembre derrenierement passé en la Chambre de Parlement, où estoient presens mess. les presidens et pluseurs autres tant du Grant Conseil que des Chambres dudit Parlement, et du Conseil du Roy ou

---

1. En marge de la délibération du 29 octobre, qui figure au folio 28 du registre 14 du Criminel, se trouve effectivement cette mention témoignant du mauvais vouloir du Chancelier :

Littera facta est, que non fuit sigillata, quia dominus Cancellarius facere noluit.

2. Guillaume de Tignonville, chambellan du roi, avait été reçu prévôt de Paris le 6 juin précédent. (Cf. Douet d'Arcq, *Choix de pièces sur le règne de Charles VI*, t. I, p. 203.)

Chastellet de Paris, que maistre Raoul Witart, bigame, clerc de la Chambre des Comptes, estoit accusez en ladicte Chambre de certeins crimes et deliz, tant de larrecin que de faulz, commiz et perpetrez ou fait des Comptes et papiers d'icelle Chambre, et pour ce de par les maistres desdis Comptes avoit esté et estoit detenus prisonnier. Et avoit ycellui Witart obtenu certaines lettres de remission du Roy nostre sire[1], desquelles avoit requiz en ycelle Chambre l'enterinement, et combien que son procès ne fust fait ne parfait, neantmoins, pluseurs s'estoient fait donner ses biens et son office en grant lesion de justice et peril pour le temps avenir. Et pourtant les dessusdiz presidens et autres messieurs dessusdiz, considerans que auxdiz des Comptes n'appartenoit pas la cognoissance de la dicte cause ne de semblables, advoquerent la dicte cause dès le dessusdit jour, et arresterent et firent arrester et detenir en la Conciergerie de par eulz ledit Witart en prison, en ordonnant que tout ce qui touchoit ceste cause tant en procès, actes et autrement fust apporté aux jours de Vermendoiz lors avenir et

---

1. Ces lettres de rémission, dont le texte se trouve dans le registre du *Trésor des Chartes*, JJ 156, n° 309, sont d'octobre 1401. Raoul Witart, non content de retirer de pièces comptables soumises à la Chambre des Comptes une décharge délivrée à Pierre Pagant, marchand de drap de soie, sur Jean Renoust, receveur d'Arques, pour une somme de 404 livres tournois, avait surchargé et majoré de pareille somme le compte de ce receveur; suivant les lettres de rémission, il exerçait depuis douze ans loyalement l'office de clerc des Comptes; on se borna à lui demander réparation civile et on l'élargit le 3 février 1402 (n. st.). (Criminel, X2a 14, fol. 51.) Pour éviter tout conflit de juridiction entre le Parlement et la Chambre des Comptes, ce fut le Chancelier qui retint la vérification des lettres de grâce accordées audit Witart.

maintenant presens, et que aucun ne fust receu à son office, ne les biens dudit Witart à aucun delivrez, jusques à ce que ordonné en fust par justice de ladicte Court de Parlement, comme il appartendroit. Et tout ce ait esté confermé par la Court le lundi xiiij⁰ jour de ce moiz, à laquelle advocation se soient lesdiz des Comptes efforcez de soy opposer et de voloir cognoistre de ladicte cause, disans qu'ilz estoient commiz de par le Roy, se besoin estoit, d'en cognoistre par vertu de certeinnes lettres que se disoient avoir. En la fin mons^r le Chancellier, meu pour certeinnes causes, a au jour d'ui retenu et reservé à lui la cognoiscence de ladicte cause, par ce qu'il appellera de mess^{rs} de la Court dessusdicte, quant, où, telz et en tel nombre que bon lui semblera, et sanz le prejudice desdictes parties.

Conseil, XII (X^{1a} 1478), fol. 43 v°.

Samedi, xxvj⁰ jour de novembre.

Au jour d'ui, a esté assemblé le Conseil sur ce que un commissaire de par le prevost de Paris avoit fait certeinne relation que un banni, qui avoit esté priz par lui, à l'ayde de certeins sergens d'Orleans à ce requiz de par le Roy et par vertu de certeinne commission, avoit esté comme par force mené à Orleans par lesdiz sergens et retenu, nonobstant les commandemens et inhibitions faictes de par le Roy par ledit sergent, pour occasion que ledit banni avoit esté priz ou duchié d'Orleans par ledit commiz royal qui estoit à ce envoyez. Ce touche Cessieres, graphier criminel, et *imo recurratur ad ipsum*.

Conseil, XII (X^{4a} 1478), fol. 44 r°.

Vendredi, ij° jour de décembre.

Au jour d'ui, m'a commandé mons' le premier president que, quant aucun de mess'' sera envoyez de par la Court en commission, je ne lui signe sa commission jucques à ce qu'il ait rapporté devers moy tous les procès qu'il a prinz à visiter.

Conseil, XII (X¹ᵃ 1478), fol. 44 r°.

Mercredi, vij° jour de decembre.

Ce jour, m'a enjoint la Court par maniere d'advertissement que je ne baille à aucuns de messieurs aucun procès à visiter que touche aucun de messeigneurs les ducs de Berry, de Bourgoigne, oncles du Roy, et d'Orleans, frere du Roy nostredit Seigneur, ou Bourbon, oncle dudit Seigneur, sanz en parler à la Court avant et pour cause.

Conseil, XII (X¹ᵃ 1478), fol. 45 r°.

Samedi, xvij° jour de decembre.

Au jour d'ui, m'a esté enjoint par mons' M. H. de Marle que je enregistrasse que le temps de bailler contrediz par Pons de Cardilhac, vicomte de Murat, à l'encontre des lettres produites par Renault de Murat, a esté prorogué audit Pons jusques à lundi prouchain [1].

Matinées, III (X¹ᵃ 4785), fol. 257 r°.

---

1. Ce procès d'une importance considérable était relatif à la possession de la baronnie de Murat; par arrêt du 11 avril 1403, le Parlement adjugea la vicomté et baronnie de Murat à Renaud de Murat, conformément au testament de Guillaume de Murat, dernier vicomte de ce nom, et condamna Pons de Cardilhac à restituer tous les châteaux et domaines faisant partie de cette vicomté. En marge de cet arrêt, Nicolas de Baye consigna cette observation : *Hoc arrestum opportuit vi armata executari, in quo*

Vendredi, xxxe jour de decembre.

Ce jour, je alay en la Chambre des Enquestes pour savoir se la conclusion de l'arrest de Thiebaut de Mazeray, d'une part, et les executeurs de Luce et maistre Guillaume de la Fons, leur plaisoit, veu qu'il n'avoient pas esté à conclurre, combien qu'il eussent esté au conseiller, et me dirent que la conclusion leur plaisoit bien, laquelle est ou vendredi xvj^e jour de ce present moiz.

Conseil, XII (X^{1a} 1478), fol. 47 r°.

·1402.

Mercredi, xviij^e jour de janvier.

Furent au Conseil mess^{rs} J. de Poupaincourt, M. P. Boschet, M. H. de Marle, M. Y. de Boisy, presidens...

Et avec ce y furent pluseurs de messieurs des Enquestes, et fu parlé de pluseurs choses, tant de l'assignation des gages de messieurs dessusdiz et autres menues besoignes.

Conseil, XII (X^{ta} 1478), fol. 48 v°.

Vendredi, xxviij^e jour de janvier.

Au jour d'ui, maistre Jehan d'Aigny, chanoinne de la Saincte Chappelle du Palaiz, et contreroleur de la Chambre aux Deniers du Roy nostre Sire, vint à la Court et exposa ce que autrefoiz avoit fait, c'est assavoir que, comme le Roy nostre Sire dessusdit lui eust donné l'office de clerc en la Chambre des Comptes, que par avant tenoit maistre Raoul Witart, et eust presenté ses lettres pour les enteriner aux gens de la Chambre

negocio prefuit magister Ja. de Ruilliaco, presidens longo tempore, et ibidem obtinuit et miles effectus est. (X^{ta} 1478, fol. 102 v°.)

des Comptes, à quoy se avoit opposé maistre Aymery Tesson, et procès eu entre lesdictes parties, lesdiz des Comptes eussent jugié contre ledit d'Aigny au prouffit dudit Tesson, de laquelle sentence ou jugement eust dès le xj° jour de ce moiz appellé en la court de Parlement. Et le xij° jour ensuivant, se fust trait par devers messire Arnaut de Corbie, Chancellier, et ly eust requiz qu'il seellast son adjornement en cas d'apel, lequel eust delayé et respondu qu'il venist le landemain, auquel jour pareillement le delaya et de jour en jour. Et au jour d'ui eust requiz que, veu ce que dit est, la Court lui octroyast et donnast adjornement en cas d'apel, ycelle, tous messieurs des ij Chambres assemblez avec le procureur et advocas du Roy, a ordonné que le procureur du Roy iroit avec ledit d'Aigny demain au matin audit mons' le Chancellier, et lui requerroit que, veu que ledit d'Aigny ne requeroit que justice, que lui seellast sondit adjornement en cas d'apel, et ou cas que ne le feroit, il se pourveroit comme il appartendroit.

Conseil, XII (X¹ª 1478), fol. 49 v°.

Samedi, xxviij° jour de janvier.

Au jour d'ui, le procureur du Roy et maistre J. d'Aigny, chanoine de la Saincte Chappelle, et contrerolleur de la Chambre aux Deniers du Roy nostre Sire, sont venus denuncer à la Court qu'il avoient esté à mons' le Chancellier, auquel ont requiz qu'il leur seellast l'adjornement en cas d'appel fait des gens de la Chambre des Comptes, lequel avoit pluseurs foiz delayé, combien qu'il est cler que ce n'est que justice que requeroient, et toutevoie ne l'avoit volu faire ancores, lequel monsr le Chancellier respondi qu'il ne scelleroit point et que messeigneurs les ducs d'Orleans, frere du Roy nostre dit Seigneur, et de Berry et de Bourgoigne, oncles dudit Seigneur, avoient ordonné à oïr les parties. Et de rechief ledit procureur du Roy, present les maistres des Requestes dudit Seigneur, ledit d'Aigny et un chevalier envoié de par ledit duc d'Orleans pour sceller ledit adjournement et dire audit Chancellier que l'oppinion dudit d'Orleans estoit que le Chancellier le povoit bien sceller, lui requist qu'il scellast ledit adjornement ou, si ne le faisoit, attendu que lui refusoit lettre de justice, il se pourverroit pour le Roy, selon ce qu'il appartendroit, maiz ce nonobstant n'en volt rien faire, pour quoy *in subsidium* de justice requist et aussy fit ledit d'Aigny la Court, laquelle leur a ottroyé ledit adjornement, et a requiz le procureur du Roy que ce fust enregistré.

Conseil, XII (X¹ᵃ 1478), fol. 50 rᵛ.

Lundi, xxxᵉ jour de janvier, jour de Plaidoyeries.

Et, cedit jour, vindrent en la Court au matin avant les Plaidoieries le procureur du Roy et maistre J. d'Aigny, et sur la matiere de quoy est parlé samedi derrenier passé baillerent et presenterent un adjornement en cas d'apel fait par ledit d'Aigny des gens de la Chambre des Comptes, avec une requeste attachée à ycellui adjornement, en disant de bouche que hier ledit d'Aigny derechief estoit alez à monsr le Chancellier, auquel aussy messeigneurs les ducs de Berry et de Bourgoigne avoient envoié ij de leurs gens, c'est assavoir, le duc de Bourgoigne le maistre de sa chapele, son secretaire, et Berry un autre, lesquelz dirent audit

Chancellier qu'il scellast ledit adjornement, comme autrefoiz avoit esté requiz, veu mesmement que ledit Chancellier avoit dit que c'estoit raison, et ce aussy requist ledit d'Aigny en disant que ledit Chancellier avoit dit que c'estoit raison, et que samedi derrenier ce avoit requiz, et si avoit envoié pour ce devers ledit Chancellier monseigneur le duc d'Orleans ledit samedi, lequel Chancellier en disant que s'il avoit dit que c'estoit raison, c'estoit son oppinion, refusa *iterum* à sceller ledit adjornement. Pour quoy requeroient lesdiz procureur et d'Aigny ledit adjornement de la dicte Court, attendu le refuz dudit Chancellier. Pour quoy la Court, attendue sa deliberation faicte de samedi derrenier, leur accorda et respondit à la requeste : *Executetur per prepositum Parisiensem et per primum hostiarium. Actum in Parlamento, xxx^a januarii CCCC° primo.* (Signé :) N. DE BAYE.

Et après environ ix heures, ce dit jour, entendiz que l'en plaidoit, allerent lesdiz prevost et huissier en la Chambre des Comptes, et vindrent devant ycelz gens des Comptes que trouverent iiij en nombre, et tantost se partirent, avant ce que il voulsissent oïr lesdiz prevost et huissier, et alerent en bas ; nonobstant lesdiz prevost et huissier executerent ledit adjornement audit lieu à la personne de leur clerc des Comptes ou graphier, comme je oy dire du prevost après ce fait.

Conseil, XII (X^{1a} 1478), fol. 50 v°.

Mercredi, premier jour de fevrier.

Ce jour, fut conseillé un arrest sur un cas de faulseté[1], dont le registre fut fait par maistre J. de Ces-

---

1. Il s'agit d'un procès intenté à Marguerite de Séchelles qui

sieres, graphier criminel, et fu parlé d'aucunes choses touchant l'onneur de la Court.

Conseil, XII (X¹ᵃ 1478), fol. 50 vᵒ.

Juesdi, xvjᵉ jour de fevrier.

Ce jour, fut plaidoiée une cause d'appel d'entre maistre Jehan d'Aigny, contreroleur de la Chambre aux Deniers, appelant des gens de la Chambre des Comptes, d'une part, et maistre Aymery Tesson, partie intimée, d'autre part, pour cause de ce que ledit d'Aigny se disoit avoir lettres, par lesquelles le Roy lui donnoit les gages de clerc de la Chambre des Comptes que tenoit maistre Raoul Witart, et lieu à seoir en haut avec les maistres d'icelle Chambre, et pour ce que à la presentation d'icelles lettres et à requerir l'enterinement en ycelle Chambre ledit Tesson s'opposa, et que, les parties oyes, *tandem* fut dit par lesdictes gens que les lettres d'Aigny ne seroient pas enterinées, mais adjugerent audit Tesson, qui estoit clerc de ladicte Chambre paravant extraordinaire, lesdiz gages, il en apela à la Court, et ladicte cause plaidoiée bien longuement, comme puet apparoir ou registre des Plaidoiries, ce present jour fut appoinctié au Conseil. Et s'efforcerent lesdictes gens par moult de manieres, nonobstant qu'elle soit capital et souverainne de tout le royaume et unique, d'empescher qu'elle n'eust la cognoiscence tant par une maniere qui est touchée le

s'était servie du sceau de son frère, Hue de Séchelles, pour donner un caractère d'authenticité à une fausse obligation de 1,100 francs, attestée vraie par un certain Gilet Coursier. Le 26 janvier 1401, le procureur du Roi requit contre Marguerite de Séchelles et son complice une condamnation au pilori avec bannissement du royaume et confiscation de biens. (Criminel, X²ᵃ 14, fol. 50 vᵒ.)

lundi xxx⁰ de janvier cy-dessus, comme d'aler à nos seigneurs les ducs Berry, Bourgoigne, oncles, et Orleans, frere du Roy nostre Sire, qui pour ce temps estoit tenu de grieve maladie, dont Diéx par sa grace le vueille delivrer, et soy efforcer devers eulz de empescher ladicte cognoissance, comme mesme, par ce que hier au soir lesdictes gens des Comptes firent commandement, à c ou l mars d'argent, audit d'Aigny que à ce matin fust en ladicte Chambre des Comptes, pour rendre compte avec le maistre de la Chambre aux Deniers, et semble qu'il eust esté avisé de fait, afin ou qu'il encheust en ycelle peinne, s'il venoit à faire plaider sa cause et avoir audience, ou, s'il voloit aler à ladicte Chambre pour eviter ycelle peinne, qu'il perdist son audience, et que entre deuz fust apportée une lettre de la Chancellerie pour delaier la cause à xv⁰, qui après fu apportée, et par ainsy ledit d'Aigny *incideret in Scillam, cupiens vitare Caripdim*. Lequel Aigny vint en la Chambre de Parlement au matin, entre vj et vij heures, en requerant remede ou provision, attendu le commendement à lui fait dessusdit, pour quoy la Court, qui est benigne et charitable et juste, volans le rendre obeissant aux dictes gens des Comptes, attendu son office, volens aussy à luy garder son interest, comme elle fait à toute personne qui la requiert, lui octroya tantost audience. Or avint que, sur la fin des repliques de la cause, un secretaire du Roy apporta la lettre de la Chancellerie pour delaier la cause à xv⁰, maiz c'estoit trop tart, ainsy furent frustez lesdiz des Comptes, et aussy la cause plaidée longuement et finée; ledit Aigny ala tout à point en ladicte Chambre des Comptes, et porta ses comptes, et ne tint pas à lui qu'il ne rendist compte, et si fut oy ceans à son audience et sa partie adverse, et faillirent lesdictes gens des Comptes de leur entencion, et par ce *defecerunt scrutantes scrutinio*, et aussy *veritas rerum erroribus gestorum non viciatur*. La cause pourquoy lesdiz des Comptes ne weillent pas que la Court cognoisce de telz appeaulz ne d'autres aussy d'eulz, car il se voulsissent maintenir exemps, et ont à amiz et favorables à eulz grans seigneurs, *quia amici mammone*.

Conseil, XII (X^{1a} 1478), fol. 52 v°.

Vendredi, xvij° jour de fevrier.

Au jour d'ui, a ancores esté miz suz l'arrest d'entre mons^r de Berry, d'une part, et le s^r de Chauvigny, d'autre part, sur lequel avoient esté parti en la Chambre des Enquestes et puiz *iterum* en la Grant Chambre, et *demum* ce present jour, ont esté xxx d'une oppinion ou xxxj d'une autre, à compter les oppinions de messieurs qui les autres jours cy devent en dirent, et par ce demeurent ancores parti[1].

Conseil, XII (X^{1a} 1478), fol. 53 r°.

Jeudi, xxiij° jour de fevrier.

Ce present jour, en plaidoiant, survint un secretaire du Roy nostre Sire appelé Despeaux, normant ou mensoiz, qui apporta une lettre royal qui contenoit *in substancia* que sur le plaidoié d'entre maistre J. d'Aigny, contrerouleur de la Chambre aux Deniers, appelant des gens de la Chambre des Comptes, d'une part, et maistre

---

1. V. l'arrêt définitif rendu dans ce procès le 8 juin 1402 (X^{1a} 1478, fol. 68 v°).

Aymery Tesson, partie intimée d'autre part, laquelle cause et plaidoié estoit mise au Conseil par appoinctement de huy à viij jours, ne procedassent outre ne n'en cognissent, et ce avoient empetré aucuns de ladicte Chambre des Comptes, de laquelle l'un des principaulz est l'evesque de Bayeux, *quia* president, auquel octroy furent presens le sire de Heugueville, messire Colart de Calleville et autres, signée Despeaux, et pour ce que ceste lettre estoit et est telle qu'elle se monstre, et que elle est ou tres grant prejudice du Roy, de la chose publique, *in similibus casibus appellationum*, veu que la Court est capital et ordonnée pour faire raison et justice à touz sanz rien excepter, et que c'estoit ou deshonneur de la Court, fu parlé au Roy de par aucuns de messieurs de la Court, qui deffendi hier que la lettre dessus dicte ne fust sellée, et non obstant a esté seellée, se sont levez environ ix heures et sont allez devers le Roy mes seigneurs de la Court, et par ainsy l'en a lessié les Plaidoiries, où pluseurs povres et bonnes personnes requeroient et requierent avoir audience et justice, qui par telles besoignes est empeschée à estre faicte, non pas maintenant seulement, maiz desja par pluseurs jours, tant de Conseil où povres gens deussent avoir esté delivrées, comme de Plaidoiries, comme appert par le livre du Conseil et par les registres, et par aventure que lesdiz des Comptes ont grans amiz qui puent practiquer ou practiquent ce qui est dit de Jhesucrist : *Facite vobis amicos de mammona iniquitatum* [1]. Or soit adverti que justice ne sueffre et à ce

---

1. Cette citation est empruntée à l'Évangile selon saint Luc, chap. XVI, vers. 9.

que dit Saint Augustin : *quod sunt regna nisi latrocinia perdita justicia.*

Matinées, III (X¹ᵃ 4785), fol. 308 v°.

Vendredi, xxiiij° jour de fevrier, *festum beati Mathie apostoli, Curia vacat.*

Ce jour, furent assemblez messire Arnault de Corbie, Chancellier, et xij ou xv de messieurs de Parlement avec le patriarche d'Alexandrie, l'evesques de Noyon, de Bayeuz, de Meaulz, d'Esvreux, d'Arras et de Chartres, et les gens de la Chambre des Comptes, desquelz sunt lesdiz de Bayeuz et de Chartres, en la Conciergerie du Palaiz, pour ce que le Roy avoit ordonné que ledit Chancellier oist lesdiz gens des Comptes à ce que voloient proposer pourquoy la Court ne procedast à juger l'arrest d'entre maistre J. d'Aigny, appellant des gens des Comptes, et maistre Aymery Tesson, partie intimée, maiz les dessusdiz assiz pour oïr ce que dit est, pour ce que lesdiz des Comptes ne disoient mot, et que monsʳ le Chancellier dessusdit deist qu'il sembloit que deussent parler, veu que eulz meimmes avoient requiz estre oïz, et que le Roy l'avoit à ce commiz, et que monsʳ J. de Poupaincourt, premier president de la Court, deist aussy que de toute loy un subgiet du royaume grevé avoit et devoit avoir recours par appel à son souverain, et que pour ce estoit ordonné le Parlement, et ce estoit le grant interest du Roy et de son royaume ; nonobstant lesdictes gens des Comptes dirent en delaiant que ilz ne diroient autre chose touchant ladicte cause, sinon en la presence du Roy, pour ce qu'il disoient que ce touchoit le Roy et son demainne, et par ce fu perdue l'eure.

Conseil, XII (X¹ᵃ 1478), fol. 54 r°.

Ce jour, maistre Guillaume de Gy, advocat en Parlement, s'est opposez et s'oppose que aucunes lettres, que l'evesque de Meaulz ou maistre Guillaume de Launoy baille touchant l'office de feu maistre Guillaume Liroiz, seigneur de leans, ne lui soient enterinees, jusques à ce que il sera oiz à ce qu'il voudra proposer.

Matinées, III (X¹ª 4785), fol. 309 r°.

Samedi, xxve jour de fevrier.

Ce jour, maistre Guillaume de Launoy a esté receu conseiller du Roy en la Chambre des Enquestes ou lieu de feu maistre Guillaume Liroiz, par vertu d'un mandement du Roy, tant par lettres patentes, que aussy sont venus en la Court pluseurs du Grant Conseil, c'est assavoir, l'evesque de Chartres, le premier maistre d'ostel du Roy nostre Sire, le sire de Heugueville, messire N. de Calleville et pluseurs autres chevaliers, qui ont dit que le Roy mandoit qu'il fust receu.

Conseil, XII (X¹ª 1478), fol. 54 v°.

Mercredi, premier jour de mars.

Ce jour, mons^r le premier president m'a defendu que de cy en avant je ne signe aucunes lettres de commission, sinon par le congié de cellui mons^r le president qui au matin tendra le siege, pour ce que messieurs de la Court de legier sont meuz à aler dehors en commission, et par ce la Court souvent demeure desgarnie de conseillers [1].

Au jour d'ui, a esté ordonné maistre Pierre Buffiere

---

1. Une mention analogue se rencontre au registre des Matinées (X¹ª 4785, fol. 315 r°), avec cette note à la marge : *Inhibicio facta mihi graphario*.

et commiz à visiter les merceries du Palaiz durant la mainmise du Roy faicte par la Court es choses contencieuses entre Thiebaut de Mazeray, concierge du Palaiz, d'une part, et les merciers du Palaiz, d'autre part, sur ycelle visitation et m'a esté enjoint par mons^r le premier president que ce soit fait *secrete, ad obviandum fraudibus.*

Conseil, XII (X^{ia} 1478), fol. 54 v° et 55 r°.

Vendredi, iij° jour de mars, au Conseil.

Au jour d'ui, a esté ordonné, presens le lieutenent du bailli de Chaumont et le procureur du Roy dudit Beaumont (*sic*), que les ordonnances faictes aux Grans Jours de Troyes sur l'office du tabellionnage du baillage de Troyes tendroient et seroient pareillement tenues comme faictes au regart de l'office de tabellionnage des bailliages de Chaumont et de Vitry, et a esté dit que ycelles ordonnances seroient publiées esdiz bailliages [1].

Matinées, III (X^{ia} 4785), fol. 317 r°.

Mercredi, xv° jour de mars.

Au jour d'ui, maistre Jehan d'Aigny, contreroleur de la Chambre aux Deniers, a présenté unes lettres royaulz en la Court, contenant en brief que, comme il eust appellé des gens de la Chambre des Comptes d'une sentence par eulz donnée au prouffit de maistre Aymery Tesson, clerc de la Chambre des Comptes,

---

1. Dans la marge, en regard du texte, une main inhabile a figuré un personnage à mi-corps, accompagné du mot : *Champaigne,* de la même époque que le dessin, et au-dessous a été ajouté *graphas* d'une écriture plus récente.

Le même fait est relaté au registre du Conseil (X^{ia} 1478, fol. 55 v°).

eust esté plaidoié ceans la cause, et eust esté appoinctée en droit, et les dictes gens des Comptes eussent obtenu lettres par lesquelles estoit mandé à la Court que sur ledit appoinctement ne procedassent point à juger et que le Roy advoquoit la cause devant ly, nonobstant ycelles lettres recitées de mot à mot esdictes lettres presentées, le Roy pour plusieurs besoignes occuppez telement que à ce ne povoit vacquer, et qu'il ne welt point retarder ne empescher ledit procès ne autres quelcunques, maiz les welt abbregier, a mandé et enjoint à la Court en ses dictes lettres patentes, face la Court droit sur ladicte cause d'appel et le plaidoié d'icelle, et prununce son arrest le plus brief qu'elle pourra. Et pour ce la Court a envoyé au jour d'ui dessusdit ij huissiers de ladicte Court, c'est assavoir, Aleaume Chassemarée et Guillaume de l'Espine en ladicte Chambre des Comptes faire commandement ausdictes gens des Comptes qu'il envoiassent les lettres, actes et munimens de ladicte cause, lesquelz y alerent, et feront *una die* leur relation.

Conseil, XII (X¹ª 1478), fol. 57 r°.

Au jour d'ui m'a enjoint mons^r le premier president que je ne signe l'executoire de l'arrest de messire Geffroy de Brezé[1], prununcé samedi derrenier passé, à autre que à maistre Pierre Drouart.

Matinées, III (X¹ª 4785), fol. 328 r°.

Vendredi, xvij^e jour de mars.

Au jour d'ui, sunt venus en la Court un docteur de

---

1. Geoffroy de Brezé était en procès avec Raymond de Perusse. (V. au Conseil, X¹ª 1478, fol. 28.)

Thoulouse et autres licenciés d'ycelle université et estude de Thoulouse de par elle, et ont presenté une espitre à ladicte Court de par ladicte université, avec lettres closes, lesquelles tu trouverras ou la teneur d'elles en la fin du livre du Conseil de ceste année[1], et outre persuaderent lesdiz messages ou ambassadeurs à la Court qu'elle voulsist conseiller le Roy de rendre l'obeissance à nostre Saint Pere le pape Benedic XIII°, qui lui avoit esté ostée en France par la sustraction à lui faicte, comme appert par la lettre contenue ou livre des Ordonnances[2], pour ce que ledit Benedic n'avoit volu faire cession du papat pour appaisier le cisme qui avoit duré ja par plus de xxij ans, et des le temps du roy Charle, pere du Roy nostre Sire, qui à present est, pour lequel cisme avoient regné *successive* Urbain, et après lui Boniface à Romme, et par deça à Avignon Clemens et Benedic dessusdit, attendu que ja soit ce que ledit Benedic, combien que au temps de la substraction ne fust pas conseillez de ceder, toutevoie de present estoit prest, comme ilz disoient[3].

Conseil, XII (X^{1a} 1478), fol. 57 v°.

1. Malgré l'assertion du greffier, il n'y a point trace de cette épitre dans le registre du Conseil.

2. Ces lettres, en date du 27 juillet 1398, sont reproduites au registre des Ordonnances, X^{1a} 8602, fol. 146 r°.

3. A la suite se trouve cette note de Nicolas de Baye, qui vise le passage final de l'extrait ci-dessus : *Falsum est, quia nunquam voluit cedere.*

En marge a été ajouté de la même main : *Ista epistola fuit per Curiam, ad instanciam Universitatis Parisiensis* et procuratoris*

* On sait en effet que l'Université de Paris, hostile au rétablissement du royaume sous l'obédience de Benoît XIII, adressa au Roi deux lettres, dans lesquelles elle réfutait les arguments invoqués par l'Université de Toulouse. (Cf. du Boulay, *Hist. univ. Paris.*, t. V, p. 25.)

Samedi, xviij^e jour de mars, au Conseil.

Ce jour, maistre Guillaume des Piez m'a dit et confessé que hier, qui fu le xvij^e de ce present moy, il avoit veu les lettres que maistre J. d'Aigny avoit mises devers la Court en la cause d'appel d'entre ledit d'Aigny, appelant des gens de la Chambre des Comptes d'une part, et lesdites gens appellans, et maistre Aymery Tesson, partie intimée, et lesquelles avoit ordonné la Court estre monstrées audit Tesson et audit des Piez, son procureur[1].

Matinées, III (X^{1a} 4785), fol. 330 r°.

Mercredi, iiij^e jour d'avril.

Curia vacat propter festum Annunciacionis dominice, quod, quia suo die sabbati vigilia Pasche ultime preteriti solemnizari non potuerat, hodie ex ecclesie ordinacione Parisiensis solemnisatum est in diocesi Parisiensi.

Conseil, XII (X^{1a} 1478), fol. 60 r°.

Lundi, xvij^e jour d'avril.

Ce jour, entre les plaidoiries, survint maistre J. de Sains, secretaire et notaire du Roy nostre Sire en la Court, et presenta certeines lettres[2] scellées du grant seel en las de soye et cire vert, contenans en substance que le Roy revoquoit tous dons de terres ou revenues, tant

---

Regis, condempnata et lacerata tanquam scandalosa, penes Curiam vel penes me lacerata remansit, et postmodum tradita fuit Universitati, quando consilium Pisense celebratum fuit.

1. En marge se trouve une main avec les mots : *Exhibition de lettres touchant la Chambre des Comptes.*

2. Ces lettres patentes, en date du 28 février 1402 (n. st.), sont insérées au registre des Ordonnances, X^{1a} 8602, fol. 163 v°.

à perpétuel que à vie faiz par ledit Seigneur à quelque personne, fors à la Royne, ses enfans, frere, oncles, et à messire Pierre de Navarre, son cousin germain, en laquelle ordonnance aussy ne sont pas compriz rentes à vie ou à volenté que prennent par nostre octroy aucuns noz officiers par les mains du changeur de nostre tresor ou de nos vicontes et receveurs, et ceste ordonnance ont juré le Roy nostre Sire, messeigneurs ses frere, oncles, gens du Grant Conseil et de la Court de ceans, c'est assavoir les presens[1].

Matinées, III (X^{1a} 4785), fol. 343 v°.

Juesdi, xx° jour d'avril.

Au jour d'ui, a esté leue et publiée en la Court une lettre royal par laquelle le Roy a ordonné que mons^r le duc d'Orleans, son frere, s'entremette du fait de ses finances des subsides ordonnés pour les guerres, et qu'il soit par dessus les generaulz conseillers sur le fait des dictes finances, et sanz lequel il ne puist par eulz aucune chose estre fait, comme plus à plain appert par la teneur d'icelle lettre, qui est enregistrée ou livre des Ordonnances[2].

Matinées, III (X^{1a} 4785), fol. 346 v°.

Samedi, xxix° jour d'avril.

Ce jour, la Court a ordonné, comme autrefoiz, que aus jours de Troies ne seront point admiz ne receuz à seoir avec messeigneurs du Conseil du Roy aucuns religieus, abbez ou autres, ja soit ce que aucunes foiz

---

1. A la marge se trouve une main levée avec le mot : *Juro*.
2. Ces lettres, du 18 avril 1402, font partie du registre X^{1a} 8602, fol. 164 v°. (V. aussi le recueil des *Ordonnances*, t. VIII, p. 494.)

à autres jours les abbez de Moustier Erraine[1] et autres y aient siz.

Conseil, XII (X¹ᵃ 1478), fol. 62 v°.

Ce jour, maistre André Cotin m'a requiz que je le vousisse excuser devers la Court, pour ce que faut que voist à Meaulz avec les commissaires de la Court, et eust demandé congié devers la Court, mais messʳˢ les presidens estoient ja partiz de ceans.

Matinées, III (X¹ᵃ 4785), fol. 348 r°.

Samedi, xx° jour de may.

Samedi derrain passé, environ ix heures à matin, vindrent en la Chambre du Conseil le conseil de monseigneur le duc de Bourgoigne ou Parlement et un sien secretaire, et pour ce que l'en avoit mise suz une grant taille[2], montant, comme j'ay oy dire, xij ou xiij° mil frans ou royaume, nonobstans les autres grans et divers subsides qui couroient par le royaume, et que pour le present n'y avoit nulles guerres apparens, et si montoit bien ladicte taille à plus le tiers que une qui derrainement fu faicte pour le mariage de l'ainnée fille du Roy nostre Sire au Roy d'Angleterre[3], et si estoit diminué le royaume, puiz ij ou iij ans, pour les grans mortalitez qui ont esté, ont requiz que la cedule, dont la teneur est cy après enregistrée, fut leue en la Court et publiée tous oyans et voyans. Sur quoy fut avisié par les ij Chambres que, veu que la Court n'avoit volu souffrir que les lettres de la taille

1. Il s'agit de l'abbaye de Monticramey (Aube).
2. Allusion aux mesures fiscales prises par le duc d'Orléans.
3. Isabelle, née le 9 novembre 1389, mariée à Richard II, roi d'Angleterre, le 1ᵉʳ novembre 1396.

fussent publiées en la Court, et pluseurs autres causes qui à ce la mouvoient, et pour paeur que le pueple ne feust plus meuz de telles lettres estre leues en la Court souveraine, que se elles fussent leues et publiées ailleurs, attendue l'auctorité d'icelle Court, l'en respondi aux dessusdiz que la chose estoit grosse et avoit l'en besoin d'en parler à monseigneur le Chancellier et à monseigneur le premier president qui estoit absens pour le jour, et au lundi prouchain la Court en respondroit plus à plain. Et en la Court fu avisié que l'un de messeigneurs les presidens iroit à Senliz, où estoit ledit monseigneur de Bourgoigne, pour excuser la Court. Et ce pendent, environ x heures, allerent les dessusdiz ou Chastellet et requirent la pareille cedule estre publiée, qui fu publiée, et aussy furent envoiées semblables cedules en la Chambre des Comptes, au Prevost des Marchans et es bonnes villes du royaume, comme l'en disoit. La teneur de la cedule s'ensuit :

Philippe, filz de Roy de France, duc de Bourgoigne, comte de Flandre, d'Artoiz et de Bourgoigne palatin, seigneur de Salins et de Malines, aux presidens et autres gens tenens le Parlement de monseigneur le Roy à Paris, salut et dilection. Nous avons entendu depuiz nostre partement de nostre ville d'Arras que on met suz une taille en ce royaume, et que on a publié à Paris en pluseurs lieux et ailleurs, que c'est de nostre consentement, parmi ij^c mil frans que avoir en devions, laquelle chose, en tant comme touche ce que dit est, nous en avoir esté consentans est bourde, et ceulz qui ainsy l'ont semé, ont dit et semé pures bourdes et mensonges, car veritablement nous n'en avons esté conseillans ne consentans. Et attendu les grans mortalitez qui des iiij ou cinq ans en ça ont esté et sont ancores en pluseurs lieux de ce royaume, et aussy les grans charges que le pueple a eu et ancores a continuelment à soustenir, nous, saulve noz conscience et honneur, ladicte taille ne pourrions et aussy ne voudrions en aucune maniere conseiller ne consentir, combien que des un an a et mesmement puiz nagueres on nous a offert c mil frans pour ycelle consentir estre mise sus, lesquelz c mil frans nous refusames, des lors les avons ancor refusez, et pour quelcunque prouffit que avoir en deussions, entendu ce que dit est, et mesmement que tailles ne doivent estre levees sur le peuple pour en faire dons, ne vouldrions ycelle taille consentir, maiz se aucuns voloient supplier à mondit seigneur de grace avoir, afin que icelle taille ne fust ou soit levee, nous pour consideration des choses dessusdictes en vouldrions avec eulz supplier à mondit seigneur, combien que en touz cas touchans le bien et honneur de mondit seigneur, le commun prouffit et utilité de ce royaume et de son pueple sommes, avons esté et tousjours serons prests d'y emploier corps et chevance, et tenons certeins que aussy soyez vous. Et pour ce que nous voulons et desirons chacun savoir nostre entention et la verité de ceste chose, nous vous prions et tres acertes requerons que vous lisiez ou faictes lire et publier une ou pluseurs foiz ces presentes en la Chambre dudit Parlement, presens tous ceulz qui les vouldront oïr. Donné soubz nostre seel de secret en l'absence du grant à Clermont en Beauvoisiz, le xviij° jour de may, l'an de grace mil CCCC et deux. Ainsy signée : Par monseigneur le duc : HABART, et seellée du seel secret et patente[1].

Conseil, XII (X¹ᵃ 1478), fol. 66 r°.

Vendredi, xvj° jour de juin.

Ce jour, mons^r maistre Henry de Marle m'a dit que surrogoit en son lieu mons^r le doien de Senliz, son frere, pour aler à la Rochelle avec maistre Phelippe de Boisgillon en commission, auxquelz a donné congié.

Matinées, III (X¹ᵃ 4785), fol. 381 r°.

---

1. En marge de cette lettre se trouve une note personnelle du greffier conçue en ces termes : « *Quia aliqualis dissensio erat inter hunc ducem, patruum Regis, et ducem Aurelianensem, germanum Regis, nepotem dicti ducis, verissimile erat quia dux Aurelianensis*

Samedi, premier jour de juillet.

Ce jour, le conte de Jogny et iij ou iiij autres chevaliers sunt venus en la Court, en requerant que la Court feist publier certeinnes lettres royaulz[1], par lesquelles le Roy faisoit et ordonnoit monseigneur le duc de Bourgoigne, general conseillier sur le fait de ses finances, et que sanz lui ne fût rien ordonné ne fait es dictes finances, et que ce qui feroit, apellez celz que voudroit des generaulz en tel nombre que voudroit, fu fait, nonobstant les lettres donnéés par avant à monseigneur le duc d'Orleans, frere du Roy, comme plus à plain puet apparoir par le registre des lettres qui sunt ou livre des Ordonnances de ceans. A laquelle requeste la Court, appellez messeigneurs des ij Chambres, fu respondu que l'en les publieroit *publice* en jour de Plaidoirie à lundi prouchain, comme l'en a accoustumé en telz lettres, et par ainsy seroit miz par le graphier : *Publicata et lecta tali die*, etc., sur ycelle lettre, et si seroit enregistrée ou livre des Ordonnances, si ne voloient attendre, elles seroient leues à la fenestre par le premier huissier, maiz l'en ne les enregisterroit pas, ne ne seroit miz *Publicata*, selon le stile de la Court. Lesquelz chevaliers respondirent que reporteroient au duc de Bourgoigne[2].

Conseil, XII (X¹ᵃ 1478), fol. 71 r°.

dictam tailliam procuraverat indici, eam dictum ducem Burgundie contradixisse, ut dicebatur. »

1. Les lettres en question, commettant le duc de Bourgogne au gouvernement des aides et finances dans tous les pays de Languedoil et le substituant au duc d'Orléans, sont du 24 juin 1402; elles se trouvent reproduites dans le registre X¹ᵃ 8602, fol. 165 v°.

2. Nicolas de Baye a ajouté en marge cette réflexion : *Nulla fides regni sociis, omnisque potestas impaciens consortis erit.*

Lundi, iij° jour de juillet.

Ce jour, a esté publiée une lettre royal, de quoy est faicte mention ou livre du Conseil du samedi derrain passé.

Matinées, III (X¹ᵃ 4785), fol. 394 v°.

Samedi, viij° jour de juillet, au Conseil.

Ce jour, maistre Jehan de Cahors fu par moy interrogués se J. de Corbeant, pour qui occupoit, estoit clerc non marié, pour ce que ou plaidoié du　jour de juin n'estoit contenu, que seulement ledit Corbeant avoit confessé ou proposé qu'il estoit clerc, combien que de la partie de l'evesque d'Arras feust dit qu'il avoit proposé qu'il estoit clerc non marié, qui faisoit à sa cause, lequel Cahors a confessé et dit que ledit Corbeant est clerc non marié, et ce a Pidalet, procureur dudit evesque, requiz estre enregistré, et qu'il en eust lettre.

Matinées, III (X¹ᵃ 4785), fol. 402 v°.

Lundi, x° jour de juillet.

Fu plaidoié par environ une heure, et après furent pronuncez arrests par environ heure et demie, et puiz ala la Court à Saint Marcel aux exeques de maistre Pierre Reilhac[1], feu conseiller du Roy nostre Sire ceans.

Conseil, XII (X¹ᵃ 1478), fol. 72 v°.

Mardi, xviij° jour de juillet.

Ce jour, s'en ala messire J. de Poupaincourt, premier president, et autres en Boulenoiz sur la mer pour traicter avec les Angloiz[2].

Matinées, III (X¹ᵃ 4785), fol. 411 r°.

---

1. Pierre de Reillac figure au rang des conseillers en 1392.
2. La mission de Jean de Popincourt se rattache probablement

Samedi, xxix° jour de juillet, au Conseil.

Ce jour, messire Pierre Boschet me dit, comme autrefoiz lui et messire Ymbert de Boisy m'avoient dit que je signasse la commission de Coustances à maistre Robert Mauger, attendu que maistre J. Garitel, auquel et à maistre Pierre Le Ferré messire J. de Poupaincourt l'avoit assignée, ou cas que les parties procederoient en ce present Parlement, estoit absent et s'en estoit alez dehors, et que les parties se fussent hier consenti audit maistre Robert Mauger.

Matinées, III (X¹ᵃ 4785), fol. 419 r°.

Mercredi, ij° jour d'aoust.

Au jour d'ui, la Court a ordonné sur un debat qui estoit entre Thomas Raart, huissier de ceans, lequel avoit empetré lettres du Roy de appeller au roole aux Grans Jours de Troyes, à l'execution desquelles Raoul Le Noir, huissier de ceans, lequel avoit et a la commission de ordonner et nestoier la chambre de ceans et les sieges, et par ce estoit plus convenable qu'il alast audit Troyes pour appeller audit role et pour ordonner la chambre par delà, comme il disoit, et entre le debat desquelz se boutoit Robert Chaurre, premier huissier de ceans, en requerant que par delà à Troyes apelast au role, comme icy faisoit, ladicte

---

aux négociations indiquées dans les instructions des ambassadeurs français du 29 novembre 1401, négociations concernant principalement les infractions aux trèves conclues avec Richard II, roi d'Angleterre. Les députés de Charles VI étaient : l'évêque de Chartres, l'amiral Jean de Vienne, Jean de Popincourt, le sire de Heugueville et Jean de Sains, secrétaire du Roi. (Cf. Douet d'Arcq, *Choix de pièces sur le règne de Charles VI*, t. I, p. 215.)

Court a ordonné que ledit Raoul Le Noir ira par delà à Troyes et appellera au roole et ordonnera les sieges, et ou cas que ledit Raoul averoit empeschement de maladie ou autre par lequel n'y peust aler, ledit Raart ira sanz prejudice dudit Raoul, et senz ce que le exercice que fera ledit Raart tourne audit Raoul en prejudice en quelque maniere une autre foiz, attendu que ledit exercice ou commission de la Court n'est pas proprement office au moins que l'en doie impetrer[1].

Conseil, XII (X¹ᵃ 1478), fol. 75 v°.

Ce jour, a la Court ordonné que maistre J. Foulon, secretaire de monsʳ de Berry, et Nycholas Bonnaut, bachelier en loiz, curé de l'eglise du Puy Nostre-Dame, seront surroguez par la Court à maistre J. Moreau, donné par la Court curateur aux biens de feu monsʳ Seguin d'Anton, arcevesque de Tours[2], et ordonne la Court que les dessusdiz puissent requerir, exiger et lever les debtes deues à la dicte execution et bailler quittance ensemble et conjoinctement, et si leur seront baillez de present cent escus par ledit Moreau, curateur, sur le residu desdiz biens pour faire translater le corps dudit de Tours en l'eglise de Xainctes, desquelz cent escus et de tout ce que les diz dessus recevront, ilz seront tenus de rendre compte en la Court qui leur taxera leurs gages raisonnables, et qui ordonnera comment et par quel maniere sera distribué et ordonné ce qui sera receu par eulz surroguez.

1. Dans la marge on a voulu représenter une main tenant une verge.

2. V. les testament et codicille de ce prélat, en date des 27 avril et 23 mai 1395, dans le volume des Testaments enregistrés au Parlement de Paris, X¹ᵃ 9807, fol. 38 v°.

Et sera ledit Moreau deschargez, et le descharge la Court de la dicte somme de c escus, en prenant quittance d'icelz surroguez, et les causes touchans ladicte execution meues et à mouvoir ledit Moreau, curateur, poursuira en ycelle Court et par devent les commissaires auxquelz elles seront commises.

Conseil, XII (X¹ᵃ 1478), fol. 75 v°.

Mercredi, ix° jour d'aoust.

Ce jour, maistre H. de Marle, president, commissaire envoié à Amiens, et maistre N. de Biencourt avec lui, recita pluseurs choses du gouvernement de ladicte ville d'Amiens[1], par quoy fu deliberé que la Court leur bailleroit plus grant puissance que par avant n'avoient, et furent exprimez les especialitez que l'en metroit en la lettre, outre celle qui par avant leur avoit esté baillée, et m'en fu commendée lettre.

Vendredi, xj° jour d'aoust.

Au jour d'ui, ay leu en la Court la lettre d'une commission faicte par la Court à Mᵉ H. de Marle, J. André et N. de Biencourt, de laquelle est parlé ou jour de mercredi derrain passé, et au lever du siege m'a dit messire P. Boschet, present maistre J. Chanteprime, que je feisse lettre à la ville d'Amiens d'expe-

1. En présence du mauvais vouloir dont firent preuve les procurour de la ville d'Amiens et maieurs, chargés d'assurer l'exécution d'un arrêt du 4 janvier 1382 (n. st.) relatif au gouvernement intérieur de la commune, le Parlement délégua, en qualité de commissaires enquêteurs, Henri de Marle et N. de Biencourt; par mandement du 15 juin 1402, le bailli d'Amiens reçut ordre de prélever sur les deniers communaux une somme de 500 francs destinée à rémunérer ces commissaires. (Jugés, X¹ᵃ 49, fol. 68 v°.)

dier vᶜ frans aux commissaires, et ce aussy m'avoit l'en dit, avant ce que l'en alast ou siege à plaidoier.

Conseil, XII (X¹ᵃ 1478), fol. 77 rº.

Samedi, xij° jour d'aoust.

Ce jour, environ ix heures, vint en la Chambre monseigneur le Chancellier, et en sa presence fu plaidoyée la cause qui s'ensuit :

Entre l'evesque de Paris, d'une part, et le procureur du Roy, d'autre part, l'evesque requiert que, comme ledit procureur ait fait mettre son temporel en la main du Roy, ou le prevost de Paris et sans cause, lui soit delivrez...[1].

Matinées, III (X¹ᵃ 4785), fol. 430 rº.

Lundi xiiij° jour d'aoust, vegile de l'Assumption Nostre Dame, après les Plaidoiries, environ ix heures, furent pronunciez v arrests par messire P. Boschet, president, et puiz les ordonnences leues, fu mis fin ou Parlement quant aux Plaidoiries, et ordonné que jucques à la saint Barthelemi l'en conseilleroit, et a esté cest année ordonné que l'en iroit à Troyes tenir les Grans Jours[2].

Conseil, XII (X¹ᵃ 1478), fol. 77 vº.

Mercredi, xvj° jour d'aoust, au Conseil.

Ce jour, ay baillié à l'abbé de Moustier Erraine sa

---

1. Il s'agissait du suicide d'un prêtre, J. Daviot, qui s'était coupé la gorge dans sa chambre au bourg Saint-Germain-l'Auxerrois, et dont les biens avaient été saisis par la prévôté de Paris, ce qui avait amené un conflit de juridiction.

2. Pareille mention se trouve au registre des Matinées, le greffier ajoute seulement que les Grands Jours de Troyes « sont ordonnez à tenir le premier jour de septembre. »

lettre d'estre au Conseil aux jours de Troyes par le commandement de la Court à moy fait puiz xv jours.

Ce jour, Robert Chaurre m'a apporté la cedule de par le procureur du Roy qui s'ensuit :

<small>Robert Chaurre, rapportez à monsr le graphier que du consentement du procureur general du Roy et de J. Hemart, procureur du concierge du Palaiz, Guillemin le Mareschal, alias elargy par la Court juques à huy, est elargy comme devent par main souverainne juques aux jours de Paris prouchainement venans.</small>

<small>Matinées, III (Xia 4785), fol. 436 v°.</small>

Ce jour, ont esté conscilliez et reconseilliez iij arrests touchans l'archevesque de Senz et sa mere à l'encontre de messire Guillaume de Neelle, et en l'un J. de Longueval contre messire Guillaume de Neelle, lesquelz combien qu'il eussent esté passez et concluz en la Chambre des Enquestes, toute voie, à la requeste de messrs les ducz de Berry et de Bourgoigne, à la poursuite que faisoit Robert Le Tirant, escuier d'escuierie du Roy, ont esté repriz ceans, c'est assavoir en la Grant Chambre lesdiz procès, et *iterum* en ycelz a esté par les ij Chambres conclu.

<small>Conseil, XII (Xia 1478), fol. 77 v°.</small>

Vendredi, xviij° jour d'aoust, au Conseil.

Ce jour, la Court a taxé les despens de Paule Triboulet et de Bouquendri, commiz pour le mareschal Bouciquaut et messire Remon de Turenne à aler veoir l'estat du gouvernement de la conté de Montfort, à culz ij iij frans.

Ce jour, la Court a donné delay à l'evesque du Puy de bailler ses memoires à l'encontre du chapitre dudit Puy juques à la vegile de la Nativité Nostre Dame prouchainement venant, nonobstant les autres delaiz par luy obtenuz autrefoiz, et a ordonné la Court que se dedens ledit jour ledit evesque n'avera baillé, plus n'en face requeste d'avoir delay, ne jamaiz autre delay n'avera, et m'a esté defendu que outre ledit terme plus ne reçoive aucunes memoires dudit evesque, et entent la Court ledit delay et l'appoinctement fait tant de memoire comme de lettres et autres choses quelzcunques touchans ycelle cause[1].

Matinées, III (X¹ª 4785), fol. 433 rº.

Mardi, xxij° jour d'aoust.

Ce jour, la Court a receu lettres royaulx patentes pour avancer les arrests de l'arcevesque de Senz.

Conseil, XII (X¹ª 1478), fol. 79 vº.

Mercredi, xxiiij° jour d'aoust.

Ce jour, a ordonné la Court, oye la relation de maistre J. de St Verain et Th. Tiessart, que les Carmes, attendue leur necessité d'eulz elargir en leur logiz, averont par la main de la Court de l'argent ou biens à eulz laissiez par Perrenelle de Crepon pour acheter certeinne place près d'eulz.

Ce jour, arrests pronuncez par Boisy, et à la fin a esté dit que ce qui sera fait de cy à dimenche prouchain an la Chambre de Parlement vaudra, comme se le Parlement qui fine au jour d'ui durast.

Conseil, XII (X¹ª 1478), fol. 80 rº.

---

1. Ce procès avait trait à la juridiction de l'évêque du Puy. (V. dans le même registre, au fol. 437 rº et vº, les plaidoiries relatives à cette affaire.)

Samedi, xxvj° jour d'aoust.

Hac die, recessi de Parisius, proficiscens Trecas pro diebus qui teneri debent [1].

Conseil, XII (X¹ᵃ 1478), fol. 80 v°.

Vendredi, premier jour de septembre.

Circa horam nonam ante meridiem, intravit dominus Johannes de Poupaincuria, miles, primus presidens in Parlamento, et primus in presentibus diebus ordinatus per dominum Regem, Trecas cum domino Petro Boscheti, utriusque juris professore, ac secundo in predicto Parlamento presidente, et in presentibus diebus secundo deputato, quibus obviam ierunt domini, episcopus Trecensis Stephanus de Givry, consiliarii de dicto Parlamento ad dictos dies deputati, baillivus custos nundinarum Campanie, burgenses Trecenses cum plurimorum tam ecclesiasticorum quam laycorum comitiva grandi et speciosa, campanis belfredi altissime pulsatis, ac per horam cum dimidia resonantibus, cum ceteris ad hujusmodi introitum solemnitatibus assuetis observatis. Et hac die, quieverunt predicti domini presidentes et consiliarii et absque ulteriori labore supersederunt.

Samedi, ij° jour. Circa sextam horam, congregatis

---

1. Les gages assignés à Nicolas de Baye se montaient à 24 sols parisis par jour pendant la tenue des Grands Jours, sans compter les dépenses de voyage, mais le greffier du Parlement ayant fait valoir les frais extraordinaires qui lui incombaient pour le transport des procès et registres à Troyes, pour le paiement des clercs chargés de la transcription des registres, obtint, par lettres royales du 7 juillet 1402, une allocation supplémentaire de 60 livres sur les amendes et exploits. (Grands Jours de Troyes, X¹ᵃ 9188, fol. 3 r°.)

predictis dominis presidentibus et consiliariis in cappella palacii Trecensis, celebrata fuit missa de Sancto Spiritu cum nota, cantu et discantu armonicis; postea, verò eisdem dominis in camera dierum, hostio clauso, segregatis, nonnulle eisdem supplicationes porrecte expedite fuerunt, ac procuratores bailliviarum comitatus Campanie ad tradendas informationes et processus procuratori et advocatis regiis, si quos haberent, admoniti, et ordinatum quod hac et crastina diebus reciperentur presentationes partium causas ad dictos dies habentium. Insuper admissi episcopus et abbas sancti Lupi Trecenses, necnon abbas Monasterii Arremarensis et Sancti Nychasii Remensis, ad sedendum cum dictis dominis in camera dierum, virtute certarum regiarum litterarum per ipsos exhibitarum, juramento tamen prius ab ipsis exacto atque habito......

Grands Jours de Troyes, X¹ᵃ 9188, fol. 4 r°.

Mercredi, xj° jour d'octobre.

Ce jour, la Court a ordonné que maistres G. de Villiers, P. de Oger, P. Le Fevre et R. Mauger, conseillers du Roy nostre Sire, aviseront et esliront un gouverneur ou administrateur pour mesdames les religieuses de Nostre Dame de Troyes[1], à gouverner leur temporel par la main du Roy, ou lieu de messire Pierre Clouet, qui par avant a gouverné ledit temporel, et par l'auctorité de la Court sera institué ledit gouverneur ou administrateur, et sera faicte inhibicion de par la Court audit Clouet par lesdiz conseillers que ne aliene

---

1. L'abbaye de Notre-Dame-aux-Nonnains, patronne de la ville de Troyes, remontant à la plus haute antiquité, jouissait de nombreux et importants privilèges.

aucuns de ses immuebles, jucques à ce qu'il aura verifié ses comptes et jucques au plaisir de la Court. Et outre a ordonné la Court que le bailly de Troyes d'ores en avant orra de par le Roy les comptes de ladicte eglise de Nostre Dame, appellez avec lui ceulz que bon lui semblera.

Grands Jours de Troyes, X¹ᵃ 9188, fol. 63 r°.

Samedi, xiiij° jour d'octobre.

Ce jour, furent baillées et delivrées par maistre J. du Boiz à maistres Françoiz le Pevrier, Pierre Hannequin et J. Houselot, bourgeois de Troyes, pour et ou nom de la ville de Troyes, quatre chartres qui avoient esté mises par devers ladicte Court par les talemeliers à l'encontre des doyen et chapitre de S. Estienne de Troyes, et par l'ordonnance de la Court.

Grands Jours de Troyes, X¹ᵃ 9188, fol. 39 v°.

Mercredi, xviij° jour d'octobre.

Ce jour, après disner, furent assemblez en la Tournelle maistres Guillaume de Villiers, P. de Oger, R. Mauger, commissaires donnez de par la Court avec m° P. Lefevre pour pourveoir au gouvernement temporel de mesdames les religieuses de Nostre Dame de Troyes et aviser les comptes de messire Pierre Clouet, qui par avant par longues années avoit gouverné ledit temporel, et pour ce que ilz avoient trouvé defauz notables en ses comptes, au jour d'ui par l'ordonnance de la Court midrent tous les heritages, rentes et revenues et biens immuebles quelzcunques et debtes, à cause de ladicte administracion d'icellui Clouet, en la main du Roy nostre Sire, en lui defendant l'alienacion, juques à ce qu'il eust verifié ses comptes et juques au plaisir de la Court.

Grands Jours de Troyes, X¹ᵃ 9188, fol. 64 v°.

Mardi, derrain jour d'octobre, au Conseil.

Ce jour, n'a peu pronuncer les arrests messire J. de Poupaincourt, premier president, pour ce que ceste nuit lui est survenue maladie telle que n'est peu venir à la Court.

Juesdi, ij° jour de novembre.

Cedit jour, furent pronuncez arrests par messire P. Boschet, pour ce que messire J. de Poupaincourt ne les peut mardi derrain passé ne au jour d'ui pronuncer, obstant certeinne maladie qui lui estoit survenue.

Grands Jours de Troyes, X¹ᵃ 9188, fol. 55 r°.

Ce jour, environ viij heures, furent pronuncez les arrests par messire P. Boschet, et après furent leues les ordonnances, et en la fin, pour ce que le jour saint Crespin les cordouanniers de Troyes avoient esté devent l'uiz de monseigneur le premier president *in turba et tumultu*, pour ce que son queuz avoient (*sic*) deu dire lors qui dansoient par la ville, que c'estoit la feste aux savetiers, et l'un desdiz cordouanniers lui dist qu'il estoit un camus punaiz, et pour ce espia à une autre foiz icellui cordouannier près de l'ostel dudit president devent l'eglise Nostre Dame, entendent que dansoient, et bailla d'une espée et fit plaie audit cordouannier, de quoy la feste fu tourblé, et s'en vindrent après icellui queuz juques à l'uiz dudit president, comme si voulsissent le assallir oudit hostel, ledit president estant en son hostel, et pour quoy tant ledit

queuz que pluseurs furent emprisonnez, et après iij
ou iiij jours delivrez, hors le plus coulpable desdiz cordouanniers et ledit queuz, fu dit ce dit jour que pour
ce que à peinne que à l'occasion de telz festes n'avoit
eu grans inconveniens commiz audit Troyes, la Court
suspendi ycelz cordouanniers de tel feste de menes-
triers et de diners, non pas de la feste dudit saint Crespin à l'eglise, juques au plaisir d'icelle Court.

Grands Jours de Troyes, X^{1a} 9188, fol. 68 r°.

Lundi, xiij^e jour de novembre.

**Nota quod domini tenentes dies Trecenses, presi-
dentibus dominis J. de Poupaincuria et P. Boscheti,
redierunt in hoc festo Martini, nichilque ex omnibus
causis Trecis appunctandum, nec aliquid ex dictis
causis agitatis arrestum ferendum seu pronunciandum
reliquerunt, nisi modicum appunctamentum magistri
J. du Veu, quod est infra xiiij^a die instanti. Utinam in
futuro tam diligenter agatur**[1].

Conseil, XII (X^{1a} 1478), fol. 85 r°.

Lundi, xiij^e jour de novembre.

Ce jour, après ce que dit est, depuiz que celz qui
n'estoient de la Court issirent hors de la Chambre du
Parlement, furent leues aucunes lettres au Conseil,
impetrées par aucuns sur l'office de conseiller vacant
en ladicte Chambre par le trespas de feu maistre

---

1. La note ci-dessus a été mise par Nicolas de Baye en tête du
Parlement commençant à la Saint-Martin 1402, au-dessous de
l'invocation habituelle, et en regard des indications relatives aux
jours fériés de l'année 1403. Une figure encapuchonnée, assez
grossièrement dessinée à la plume, occupe une portion de la
marge, à côté de la note dont nous venons de reproduire le texte.

Renault d'Amiens, et pour ce que l'eure estoit breve et il y avoit viij ou ix impetrans, ceste besoigne fu remise à un autre jour.

Ce mesme jour, maistre Guillaume de Gy s'est opposé à ce que la Court ne ordonne aucunement de l'office de conseiller vacant en la Court de Parlement par le decès de maistre Renault d'Amiens, sanz le oïr, et ce a requiz estre enregistré.

Matinées, IV (X^{1a} 1786), fol. 1.

Vendredi, xxiiij^e jour de novembre.

Ce jour, est venus monseigneur le Chancelier en la Court pour ordonner sur un lieu vacant aux Enquestes par le decès de maistre Renaut d'Amiens, et furent oyes les oppinions et *vota* d'aucuns à part en la Tournelle criminelle, et ce fait, fu temps d'aler disner, et la chose delayée à autre jour[1].

Conseil, XII (X^{1a} 1478), fol. 86 v°.

Samedi, xxve jour de novembre.

Ce jour, arrests Poupaincourt. Et après ce vint monseigneur le Chancellier ceans, et les arrests pronuncez, fu procedé sur la vacation de l'office de maistre Renaut d'Amiens en la Chambre des Enquestes.

Ibid., fol. 86 v°.

Mercredi, xxixe jour de novembre.

Ce jour, fut confermé l'arrest autrefoiz conseillié le mercredi xxxj^e et derrien jour de may derrien d'entre maistre Giles de Grigny, d'une part, et maistre Pierre

---

1. Dans la marge se trouve représentée une tête dont l'exécution est peu soignée, avec les mots : *Electio, quere infra 1^a decembris*.

de l'Esclat, d'autre part[1], qui avoit esté differé à pronuncer, pour ce que la Court y voloit ancor pancer, attendu que touchoit le stile de Parlement en un point aucunement difficile.

Conseil, XII (X¹ᵃ 1478), fol. 87 r°.

Vendredi, premier jour de decembre.

Ce jour, est venus monseigneur le Chancellier en la Court pour ordonner de l'office vacant en la Chambre des Enquestes ou lieu de maistre Regnaut d'Amiens, et, attendu le nombre des voix que a eu maistre Guillaume de Gy au regart de ses competiteurs, il a esté institué oudit lieu et a fait le serment acoustumé, et ou lieu dudit Regnaut en la Grant Chambre a esté et est maistre Renaut de Bussy, et ou lieu de Bussy aux Enquestes est Gy[2].

Conseil, XII (X¹ᵃ 1478), fol. 87 v°.

Vendredi, xvᵉ jour de decembre, au Conseil.

Ce jour, maistre N. de Biencourt, conseiller du Roy nostre Sire, s'est opposé et oppose à ce que les joyauz,

1. L'arrêt en question fut prononcé le 9 décembre suivant; il termina un procès engagé en 1398 au sujet d'une rente de vingt livres, réclamée par Pierre de l'Esclat; tout son intérêt réside dans une question de procédure assez embrouillée; Gilles de Grigny, défendeur, requérait profit de défaut, parce que, disait-il, son adversaire ne s'était point présenté devant le Parlement aux jours de la Prévôté de Paris; celui-ci prétendait, au contraire, avoir remis au greffier la cédule de présentation et déclarait que, si cette cédule avait été perdue ou non enregistrée par oubli, il ne devait en souffrir aucun préjudice. La Cour adjugea au défendeur profit de défaut et le déchargea de toutes poursuites et réclamations du demandeur. (Jugés, X¹ᵃ 50, fol. 80 r°.)

2. Le greffier enregistre à la marge certaines sollicitations qui ne furent pas sans influence sur le résultat du scrutin : *Pro isto instantissime rogabat Regina, ad instanciam cujusdam sue familiaris.*

que la Royne demandoit pour certein prest de par elle fait à maistre Loys Blanchet ou de par elle, estre vendus, ne soient vendus [1].

Matinées, IV (X¹ᵃ 4786), fol. 20 v°.

1403.

Mercredi, x° jour de janvier.

Après fu conseillié sur un cas avenu que sur une lettre requisitoire de la Court envoiée par ij sergens royaulz executer selon leur forme à Cambray envers aucuns qui detenoient une bourgoise dudit Cambray, apelée Marie du Cavech, en cas d'eresie, comme l'evesque dudit Cambray maintenoit; et à cause de quoy ledit evesque avoit formé une complaincte ceans contre l'arcevesque de Reins, sur lequel appoinctement de laquelle cause avoit esté dit que ladicte Marie venroit à certein jour ceans, ycelz ij sergens avoient esté detenus prisonniers ou chastel de Ceze lez ledit Cambray ou oudit Cambray, lequel chastel appartient à l'evesque dessus dit, et en les prenant et traictant assez durement, avoient esté rompues lesdictes lettres requisitoires en la queue. Et pour ce que le clerc de l'eschevinage de Cambray estoit venus excuser les eschevins dudit Cambray sur ledit fait, et aussy avoit

---

[1]. Voir aux Matinées (X¹ᵃ 4786, fol. 232 v°), à la date du 15 janvier 1404 (n. st.), les plaidoiries dans le procès engagé au sujet de ces bijoux spécifiés plus loin (24 janvier) entre : 1° la reine, d'une part, et Louis Blanchet, d'autre part; 2° entre Louis Blanchet, d'une part, et Jeanne la Gentienne et Nicolas de Biencourt, d'autre part. Louis Blanchet revendiquait la propriété de ces joyaux, provenant de la succession de sa femme, le roi ayant abandonné les 400 écus dus à la reine en faveur du fils dudit Blanchet, son filleul.

requiz le conseil de maistre Pierre d'Ailly, evesque dessusdit, qui estoit nez de Compiegne, et avoit esté estudiant et après maistre du college de Champaigne dit de Navarre, et qui avoit eu ses estas par le Roy de France et par son moien, car il avoit esté son aumosnier et thresorier de la Saincte Chappelle, que fust oiz avant ce que la Court appoinctast sur la besoigne, fu ordonné qu'il seroit oiz, et seroit dit audit clerc de l'eschevinage de Cambray que ne se partist juques à ce que la Court averoit parlé à lui; et si demourerent certeinnes lettres faictes et signées par Cessieres, graphier criminel, sur ledit fait, qui des hier estoient envoiées pour estre executées, comme l'en disoit [1].

Conseil, XII (X¹ª 1478), fol. 92 r°.

Samedi, xiij^e jour de janvier.

Item, ce jour fu miz en deliberation au Conseil sur ce que le procureur du Roy de son Hostel, qui avoit esté batu moult enormement en son hostel [2], entendent

---

[1]. V. le développement de cette affaire concernant un certain nombre d'habitants de Cambrai frappés de bannissement, au 11 avril 1404 et au 15 avril 1405.

[2]. Jean de Morgueval, procureur du roi en son Hôtel, fut assailli par trois écuyers et quatre valets de Charles de Savoisy, qui le frappèrent, au dire des agresseurs, du plat de leur épée, suivant le blessé, du tranchant de l'arme, le poursuivirent jusque dans sa chambre après en avoir brisé la porte, et le battirent « par les rains, par les jambes et par les plantes des piez de gros bastons, tellement qu'il en fut en danger de mort et de rester impotent. » Les gens du sire de Savoisy, qui avaient été emprisonnés en la Conciergerie, obtinrent des lettres de rémission, dont ils requirent l'entérinement le 2 avril, heureux d'en être quittes pour une aumône de 60 écus d'or à l'Hôtel-Dieu de Paris. Nous remarquerons, en passant, que l'un de ces écuyers de Charles de Savoisy, nommé Jean de Behaigne, avait été longuement détenu deux années auparavant en la tour du Palais, « pour certaines souspeçons

qu'il seoit à table, de plain jour, depuiz viij ou xv jours par x ou xij compaignons au commendement, comme l'en disoit, de messire Charles de Savoisy, chevalier, chambellain du Roy, à l'occasion de ce que l'en disoit que ycellui procureur avoit esté avec l'un des maistres de l'Ostel du Roy en la chambre dudit chambellain, en l'ostel du Roy à Saint Pol, à pranre un apelé J. de Beauvaiz, serviteur dudit chambellain, lequel serviteur estoit larron et murtrier, et banni de ce royaume, et pour ce que Montagu, vidame de Laon, et grant maistre de l'Ostel du Roy, ou les maistres d'icellui Hostel, d'une part, se disoient avoir la cognoiscence du delict et crime dessus dit, et les maistres des Requestes de l'Ostel du Roy dessus dit aussy se disoient avoir la cognoiscence, si faisoit le prevost de Paris, attendu que la bateure avoit esté faicte hors de l'ostel du Roy audit S. Pol et en la maison dudit procureur, afin que la punition dudit cas ne prist delay et defaut de justice pour ladicte altercation, et mesmement attendue la grief maladie du Roy, que Diex par sa grace vueille guerir, et que la chose estoit de trop perilleuz exemple, veu aussy que n'a pas viij ou x ans que messire Pierre de Craon avoit batu et villené messire Olivier de Cliçon, connestable de France, l'en se fust enhardi par aventure plus legierement de cy en avant ce temps durant contre les serviteurs royaulz, fu miz au Conseil, comme dessus, comment l'en y procederoit. Sur quoy ne fu pas conclu, car il y eust arrests[1].

    Conseil, XII (X¹ᵃ 1478), fol. 93 r°.

touchans la personne du Roy. » (*Criminel*, X²ᵃ 14, fol. 20 v°, 110, 113.)

1. Dans la marge se trouve un dessin à la plume représentant un glaive la pointe en haut.

Mercredi, xxiiij° jour de janvier. Au Conseil.

Au jour d'ui, ont baillé une cedule maistre N. de Biencourt, Oudart Gencien et Loyz Blanchet pour estre enregistrée, dont la teneur s'ensuist :

Le samedy, xx° jour de janvier iiij° et ii, par devant monseigneur maistre Henry de Marle, en la presence de François Chanteprime, comparurent en la Tournelle maistre Loiz Blanchet, d'une part, et maistre Oudart Gencien, procureur de Jehanne la Gencienne, sa mere, d'autre part, et aussy sire Hemon Raguier et maistre Nycole de Biencourt, pour tant comme à chascun touche. Et requeroit ledit sire Hemon que certains joyeaux, c'est assavoir une ceincture, un chappeau d'or et une coiffe, qui avoient esté miz en gage par maistre Jehan Salant audit sire Hemon, pour la somme de cccc escus fussent vendus, et l'argent delivré à lui pour la Royne, nonobstant l'empeschement miz à ce par les dessusdiz maistre Oudart et Nycholas, pour certeines causes que ilz allegoient. Finablement, du consentement et accort desdictes parties, et sauf le droit d'une chacune d'icelles, et sanz prejudice de leur droit, il a esté ordonné que la somme de cccc escus dessusdicte se pranra sur la part appartenent audit maistre Loiz de ce en quoy maistre Jehan Jouvenel a esté condempné envers lesdiz maistres Loiz et la Gencienne, et lesdiz joyeaux seront miz par devers ledit monseigneur maistre Henry ou lieu desdiz cccc escus, sanz prejudice et sauves les raisons et le droit d'une chascune desdictes parties. MARLE, BLANCHET, BIENCOURT.

Et ceste presente cedule fu passée, moy present, le devent dit jour, maiz ceste presente cedule me devoit après estre baillée, laquelle ne me fut baillée jusques à ce jour present.

Matinées, IV (X¹ᵃ 4786), fol. 42 r°.

Lundi, xxix° jour de janvier.

Ce jour, les procès par escript de la prevosté de Paris ont esté receuz.

Ce jour dessusdit, après ce que les dessusdiz procès furent receuz, fu debatue la grace ou remission presentée par messire Charles de Savoisy des juesdi derrain passé, à laquelle presentation furent presens messeigneurs le duc d'Orleans, le conte de Tancarville, le sire de Lebret, le premier maistre d'Ostel du Roy nostre Sire, et pluseurs autres seigneurs et gentilz hommes ; et pour ce que de stile, puiz que aucun presente une remission en cas criminel, la Court se doit saisir et garnir de son corps, et a l'en accoustumé d'envoyer ycellui crimineulz ou Chastellet, fu promiz par ledit monseigneur le duc d'Orleans à le rendre et ramener en la Court à au jour d'ui, lui fu baillé à celle caution ; si sont au jour d'ui retournez les dessusdiz à requerir l'enterinement dudit pardon et remission, et après ce que la lettre de ladicte remission a esté leue en Court, a esté debatue par le procureur du Roy par pluseurs raisons enregistrées par maistre J. de Cessieres, graphier criminel[1].

Matinées, IV (X[1a] 4786), fol. 46 r°.

Vendredi, xvj° jour de fevrier.

Ce jour et environ x heures, s'est levé le Conseil, et sont alez aucuns des messeigneurs, presidens et autres,

---

[1]. Par l'intercession de son protecteur le duc d'Orléans, Charles de Savoisy, impliqué dans la poursuite criminelle dont ses serviteurs avaient été l'objet, parvint à éviter l'emprisonnement de sa personne; après la présentation de ses lettres de rémission, le 25 janvier, l'affaire fut remise au 29 janvier pour laisser au procureur du roi le temps d'examiner le rapport sur l'état du blessé et la quittance que celui-ci avait donnée au sire de Savoisy; la Cour prononça son arrêt le 10 mars. (V. au *Criminel*, X[2a] 14, fol. 101, 102, 109.)

en la Chambre vert de ce palaiz, pour oïr aucunes propositions sur ce qu'avoient proposé aucuns legas du royaume de Castelle sur la restitution de l'obeyssance soubstraicte à Benedic, derrainement esleu en pape, pour laquelle restitution concluoient et avoient conclu, comme l'en disoit, ycelz legas de Castelle.

Conseil, XII (X^{1a} 1478), fol. 97 v°.

Samedi, xvij^e jour de fevrier.

Ce jour, Marie du Cavech a promiz en ma main de non partir d'entre les bastides de Paris jusques à l'ordonnance de la Court, à peine de mil libvres parisis, et sur ce l'ont cautionnée et de ce Pierart du Cavech, bourgeois de Cambray, que l'en dit avoir plus de cent libvres de rente ou royaume, et Huart du Cavech, oncle d'icelz Marie et Pierart, son frere.

Matinées, IV (X^{1a} 4786), fol. 62 r°.

Juesdi, xxij^e jour de fevrier.

Ce jour, a esté publiée en la Court une lettre de par le Roy, par laquelle monseigneur le duc de Berry, oncle dudit nostre Seigneur le Roy, estoit ordonné par le Roy à ordonner et cognoistre sur le fait des finences de ce royaume, instituer et destituer officiers appartenans auxdictes finances, et autres choses contenues en ycelles lettres, avec messeigneurs les ducs de Bourgoigne, oncle, et de Orleans, frere dudit seigneur le Roy.

Ce jour, monseigneur le patriarche et autres executeurs du testament de monseigneur de Giac ont requiz que, pour le prouffit et avancement d'icelle execution, soient maistre Philippe de Boisgillou et R. Mauger, conseilliers du Roy nostre Sire adjoins avec eulz, ce que la Court leur a octroyé.

Matinées, IV (X^{1a} 4786), fol. 65 v°, 66 v°.

Vendredi, xxxe jour de mars.

Ce jour, m'a enjoint la Court que les lettres que Pons de Cardilhac a mises devers la Court ou procès qu'il avoit contre Renault de Murath, dont mention est faicte ou samedi derrain passé, demeurient devers la Court, ne audit Pons ne soient point rendues et pour cause.

Conseil, XII (X^{1a} 1478), fol. 103 r°.

Samedi, vij^e jour d'avril.

Ce jour ou environ, me fu baillez en garde par maistre Bertran Thioche, pour monseigneur de Tours, un gobelet d'or, duquel le poiz est contenu en une cedule qui est oudit gobelet, et est ledit gobelet couvert et de estrange façon, à iij pelles sur le couvercle.

Matinées, IV (X^{1a} 4786), fol. 107 r°.

Mardi, x^e jour d'avril.

La Court a au jour d'ui donné congié à frere Nycolle de Peronne d'aler à son couvent de S. Quentin jusques à ce que, environ la Panthecoste, l'en appoinctera plus pleinement en sa cause qu'il a contre les arcevesque de Reins, le procureur du Roy et Marie du Cavech, et lui a dit la Court que *interim* ne se tiegne point à Cambray pour paeur d'esclande, et lui a delivrée et levée la main ycelle Court mise telement quelement à certain vin qu'il avoit audit S. Quentin.

Conseil, XII (X^{1a} 1478), fol. 104 v°.

Vendredi, xxe jour d'avril.

La Court au jour d'ui a donné congié au bailli

d'Amiens de soy en aler, jusques à ce que ycelle Court l'avera mandé sur ce que ledit bailli estoit venuz pour soy excuser ou respondre, se l'en lui voloit aucune chose demander, pour ce que l'en lui avoit donné entendre que le procureur du Roy à Amiens se plaignoit de lui devers ycelle Court.

Conseil, XII (X¹ª 1478), fol. 107 r°.

Samedy, v° jour de may.

Ce jour dessusdit, messire J. de Poupaincourt, premier president, qui devoit prononcer les arrest, a mandé à la Court que ne povoit venir, obstant certeinne maladie qui ceste nuit l'avoit arresté.

Conseil, XII (X¹ª 1478), fol. 109 r°.

Vendredi, x° jour de may.

Cedit jour, vindrent mess^rs Charles de Lebret, chevalier, cousin germain du Roy nostre Sire, connestable, Arnault de Corbye, Chancellier de France, en la Court de par ledit Seigneur et de son commendement, et de par eulz appellez et assemblez en la Chambre du Parlement conseillers, graphiers, advocas et huissiers dont les noms s'ensuivent :

. . . .

Firent ycelz connestable et Chancellier lire et publier les lettres dont la teneur s'ensuit de mot à mot[1] :

. . . .

Et ycelles leues, touz les dessus nommez vindrent au giron de mondit seigneur le Chancellier l'un après

---

1. Ces lettres, prescrivant prestation générale du serment de fidélité au Roi, sont imprimées au recueil des *Ordonnances*, t. VIII, p. 579 ; elles sont également insérées au registre des Ordonnances du Parlement, X¹ª 8602, fol. 170.

l'autre, et touchiez les Sains Euvangiles et la croix un chascun des dessus nommez jura et promit garder et accomplir l'ordonnance royal cy dessus escripte, sanz venir contre. Et puiz fut enjoint et commendé au graphier que ce enregistrast, et feust enregistrée ycelle lettre dessusdicte, et que de ce qui avoit esté fait feist ledit graphier lettre qui seroit mise ou Tresor des Chartres; laquelle ledit graphier a fait, qui est enregistrée avec la lettre cy dessus escripte ou livre des Ordonnances de ceans. Après ce que dit est fait, s'en alerent les dessusdiz connestable et Chancellier en la Chambre des Comptes pour pareillement faire, comme ceans avoient fait[1].

Conseil, XII (X^{1a} 1478), fol. 109 v° et 110.

Mardy, xv° jour de may.

Environ x heures après les Plaidoiries, fu ordonné par Conseil que le receveur de l'Ordinaire de Paris, pour ce que, sommez de paier les huissiers de ceans, ne les voloit paier pour les grans charges extraordinaires que se disoit avoir, et mandez que venist parler à la Court, avoit desobey, et pour ce la Court au jour d'ui envoie ij sergens du Chastellet pour mangeurs en son hostel, jusques à ce que fust venu en ycelle Court,

---

[1]. En regard des lettres patentes, dans le haut de la marge, est figurée une croix fleuronnée, surmontant quatre degrés; le long de ces degrés se trouve une main levée, au-dessus de laquelle est écrit le mot : *Juro.* Les faits qui précèdent sont relatés sommairement au registre des Matinées (X^{1a} 4786, fol. 118 v°); le greffier se borne à mentionner l'ouverture de la séance à neuf heures du matin, et la prestation de serment par tous les assistants portant « que nul n'obeyra à autre seigneur souverain que au Roy et à son filz aisné. »

ycellui receveur avoit fait aler hors lesdiz sergens de
son hostel en usant de menasses, comme relatoient
lesdiz sergens. Sur quoy ledit receveur au jour d'ui oy,
veu et attendu que parloit moins honorablement que
ne devoit, et que lui retraict à part, *dum domini
appunctarent*, avoit dit auxdiz huissiers que tant feroit
il piz, sur ce la Court accertenée et ce que dit est, a
envoyé ledit receveur ou Chastellet, et les ij sergens
dessusdiz disner en son hostel.

Conseil, XII (X^{1a} 1478), fol. 110 v°.

Juesdi, xvij° jour de may.

Cedit jour, fu question en la Court à savoir se en
taxation de despens faicte par commissaires en la
Court doie venir la despense faicte en espices données
aux visiteurs des procès de ceans, quant ladicte Court
donne congié de donner et pranre lesdictes espices.
Sur quoy a esté respondu par la Court que ladicte
despence d'espices ne doit point venir en taxation.

Conseil, XII (X^{1a} 1478), fol. 111 v°.

Vendredi, xviij° jour de may.

Ce jour, le receveur de Paris, dont est parlé cy
dessus mardi prouchain, est venus en la Court, hum-
blement à genoulz, et a supplié à la Court qu'il lui
soit pardonné, se par avant n'a eu si grant reverence
à ladicte Court, comme appartient, car ce li venoit
ex ignorantia, et paiera les huissiers le miex et le
plus tost qui pourra, si lui a doné congié la Court.

Conseil, XII (X^{1a} 1478), fol. 111 v°.

Samedi, xix° jour de may.

Ce dessusdit jour, a esté dit de par la Court, après

les arrests pronunciez par messire Pierre Boschet, president, que, pour ce que la Court a entendu par plusieurs foiz que moult des procureurs de ceans exigent de leurs maistres, soubz umbre de la Court et pour avancer les procès de leursdiz maistres, grans finances et argent, en disant à leurs maistres que faut argent pour espices pour l'avancement de leurs procès, combien que ycelz procureurs retiennent souvant l'argent devers eulz sans le restituer, contre l'onneur de la Court et le serement qu'il ont fait et font ceans, a esté defendu ausdiz procureurs que de cy en avant, à peinne de privation de leurs offices et d'estre reputez pour parjures, ne exigent quelque chose, sinon par la permission et licence d'icelle Court, que aucune foiz, quant les procès sont gros et que touchent grans parties, donne bien congié de pranre et donner ij ou iij laiettes d'espices.

Conseil, XII (X^{ta} 1478), fol. 112 r°.

Lundi, xxj^e jour de may.

Cedit jour, environ ix heures, fu denuncé à la Court que messire J. de Poupaincourt[1], qui des Pasques continuelment avoit esté en lit de maladie moult grieve, d'excoriation de la vessie principaument, comme disoient les phisiciens, estoit trespassé, qui par environ iij ans avoit tenu le lieu de premier president ou lieu de messire Guillaume de Senz, et par avant avoit esté ycellui Poupaincourt advocat du Roy, et lequel a finé ses derrains jours *sancte atque catho-*

---

1. Voir la notice biographique qui accompagne le testament de Jean de Popincourt dans notre Recueil de *Testaments enregistrés au Parlement de Paris sous le règne de Charles VI*, p. 95.

lice, comme par relation des assistens à sa fin a esté relaté : *Anima ejus in pace requiescat*[1].

Conseil, XII (X¹ᵃ 1478), fol. 112 r°.

Mardi, xxij͎ᵉ jour de may.

Cedit jour, dist ou Conseil monseigneur le Chancellier que le Roy nostre Sire avoit donné à maistre Henry de Marle, president *in tertio loco*, le lieu premier de president que avoit feu messire J. de Poupaincourt, maiz afin que les ordonnances de ceans, par lesquelles l'en doit venir par election audit lieus, ne fussent blessées, avoit dit au Roy en le remerciant qu'il voloit bien estre oudit lieu, *cum benignitate et beneplacito Curie*, et lors ce que dit est, recita ledit de Marle en touchant la maniere comment le Roy lui avoit octroyé, car ce avoit esté à la poursuite de ses amiz et à l'instigacion. Ce fait, pour ce que messire Pierre Boschet, secont president, dist que ladicte impetration et octroy avoit esté fait en son prejudice, et que du stile de ceans et par raison il devoit estre oudit premier lieu et que il s'opposoit, se trairent les dessusdiz Boschet et Marle arrieres et hors de la Chambre, et pour ce que aucuns de mes dessusdiz seigneurs ne vodrent point dire leur oppinion dudit debat en hault, vint un chascun au giron dudit monseigneur le Chancellier et par maniere d'election dire *votum et oppinionem suam*, telement que ledit Marle oudit lieu eut plus de voix. Et pour ce ycelz Marle et

1. Une mention identique se trouve au registre des Matinées (X¹ᵃ 4786, fol. 123 r°); le greffier a seulement ajouté, en marge, cette réflexion, tronquée par le relieur : *Hic magnum..... fecisset si vixisset..... tus fuisset*.

Boschet rappellez, fu dit par ledit monseigneur le Chancellier que, attendu que ledit Boschet estoit bien aagiez et foible et maladiz, et ledit Marle fort et laborieuz, si estoit esleu par la plus grant partie de trop, nonobstant que toute la Court eust moult pour recommendée la personne dudit Boschet, attendue ses suffisances de science, de vertus et autres graces dudit Boschet, pour quoy seroit recommendez au Roy à ce que en autre maniere l'eust pour recommendé. Et puiz fu ledit Marle installé oudit premier lieu par ledit monseigneur le Chancellier et fit le serement accoustumé.

Cedit jour, après ce que dit est fait, commist ledit monseigneur le Chancellier ledit maistre Henry et maistre Philippe de Boisgillou à oir *vota dominorum* en l'election d'aucun ou lieu dudit Marle, pour ce que s'en voloit aler au Conseil à S. Pol, en laquelle election eurent voix messeigneurs, maistre Jaques Bouju, J. de Longueil, P. Le Fevre, Robert Mauger, Jaques de Ruilly, president des Requestes du Palaiz, Pierre Buffiere et Symon de Nanterre, et non obstant que l'un d'eulz, c'est assavoir, maistre Robert Mauger eust eu plus de voix, toutevoie il a pleu au Roy d'avoir donné ledit lieu à maistre Jaques de Ruilly, dessus nommé[1].

Conseil, XII (X¹ª 1478), fol. 112 v°.

Mercredi, xxiij° jour de may.

Hier, après disner, alerent messeigneurs de la

---

1. Dans la marge une main peu exercée a représenté un personnage couvert d'une calotte et revêtu d'une robe avec trois barres à la hauteur des épaules. En regard du dernier paragraphe se trouve cette réflexion du greffier : *Rex est supra electionem*.

Court, premier president, et grant foison de mesdiz seigneurs convoier à cheval le corps de messire J. de Poupaincourt, jadis premier president, que l'en portoit ou menoit à Baye, et le convoierent jusques hors de la porte Saint Deniz.

Conseil, XII (X¹ª 1478), fol. 113 rº.

Cedit jour, maistre Mahiu de Mondieres a fait es mains de certeins commissaires donnez par requeste le serment de procureur.

Matinées, IV (X¹ª 4786), fol. 125 rº.

Vendredi, xxv° jour de may.

Ce jour, la Court a donné congié à Hebert Camus d'aler aux nopces jusques à lundi prouchain inclusivement.

Ce jour, monsʳ le duc de Berry, par la voix de maistre Michiel Le Buef, son secretaire, qui pour ce est venus ceans, madame Alienor de Pierregort, mere de Loyse de Clermont, messire J. de Torsay, d'Aufemont, chevaliers, Jaques de Rouvray et J. de Bourc, escuiers, en leurs personnes, et messire Pierre de Menou et messire Charles de Chambly, chevaliers, par cedules signées de leurs seaulz, se sont consentiz au mariage de Françoiz de Montberon, d'une part, et de ladicte Loyse de Clermont, d'autre part, et partant a la Court revoqué et revoque la defense qu'avoit autrefoiz faicte, et consent ledit mariage, *presente et non contradicente Regis procuratore.*

Matinées, IV (X¹ª 4786), fol. 125 vº et 127 rº.

Samedi, xxvj° jour de may.

Cedit jour, vindrent monseigneur le Chancellier, le

grant maistre d'ostel nommé messire J. de Montagu[1], vidame de Launoiz, chevalier, messire Jaques de Bourbon, messire Renaut de Trie, admiral de la mer, le sire de Heugueville et pluseurs autres chevaliers et escuiers en la Court, où ledit monseigneur le Chancellier dist comment, selon les ordonnances royaulz commendées à estre gardées par pluseurs foiz et confermées par le Roy nostre Sire, avoit esté faicte election de l'un de messeigneurs de la Court de ceans, ou lieu de monseigneur maistre H. de Marle, nagueres tiers president, et de present premier president, maiz ce non obstant, le Roy avoit volu que monseigneur maistre Jaques de Ruilly, nagueres president es Requestes du Palaiz, fust oudit lieu de Marle, et combien que ledit monseigneur le Chancellier eust moult fort defendu la cause de la Court et dudit esleu, toutevoie le Roy lui avoit commendé qu'il sellast la lettre du don par lui fait, et combien que il eust fait tout son effort et pour justice de ce que dit est, et moult recommendé la personne dudit esleu, neantmoins par le commendement du Roy exprès avoit seellé la lettre dudit don. Pour quoy fu appellé ledit de Ruilly, qui fit le serment accoustumé, et après fu installé oudit lieu.

Cedit jour, après ce que dit est, fu faicte election, par l'ordonnance du Roy et de monseigneur le Chancellier, ou lieu de maistre J. Luillier, conseiller du Roy nostre Sire en la Chambre des Enquestes, qui avoit le lieu de maistre Jehan Du Drac, qui estoit miz ou

---

1. Une note de Nicolas de Baye, placée en regard du nom de J. de Montaigu, rappelle en ces termes la mort violente de ce personnage : *Hic Montagu Parisius publice, nobis existentibus Trecis in diebus CCCC IX, decapitatus fuit.*

lieu de president des Requestes qu'avoit maistre Jaques de Ruilly, et pour ce que entre ceulz qui eurent voix, ij qui eurent pluseurs voix que les autres, furent *in equali numero vocum*, ne fu pas conclu, maiz seulement avisié que l'en rapporteroit à monseigneur le Chancellier ce qu'estoit fait, si conclurroit ou adviseroit par autre maniere.

Conseil, XII (X¹ª 1478), fol. 113 v°.

Lundi, xxviij° jour de may[1].

Devant les Plaidoiries furent messeigneurs des ij Chambres assemblez, et après ce que fu relaté par monseigneur le premier president que monseigneur le Chancellier lui avoit dit que, sur ce que, en l'election d'un ou lieu de maistre J. Luillier, avoient eu maistre Estienne Joffron et messire Guillaume Benoit plus de voix, à chascun d'eulz deuz xxij, ledit monseigneur le Chancellier avoit donné sa voix à Joffron, attendu qu'il avoit don du Roy, et non l'autre, et que mesdiz seigneurs ou la plus grant partie furent d'assentiment que ledit Joffron fust receu, ledit Joffron a fait le serment acoustumé, et par ainsy a esté receu oudit lieu.

Conseil, XII (X¹ª 1478), fol. 113 v°.

---

1. Nicolas de Baye passe sous silence un fait historique important, savoir le rétablissement du royaume sous l'obédience du pape Benoit XIII. Pour suppléer à cette lacune, nous reproduisons la mention inscrite au registre Criminel, à la date du 28 mai 1403 :

« Au jour d'ui, a esté restituée l'obeissance à nostre Saint Pere le pape Benedic par le Roy nostre Sire, eue sur ce la deliberacion des prelas de son royaume, laquelle obeissance avoit esté sustraicte audit nostre Saint Pere en l'an mccc xviii. » (*Criminel*, X²ª 14, fol. 121.)

Juesdi, derrain jour de may.

Ce jour, la Court a donné congié à maistre Giles Labbat d'aler en pelerinage jusques au vendredi après la Panthecoste, pourveu que laissera un procureur substitut à ses causes, se mestier est.

Matinées, IV (X^{1a} 4786), fol. 131 r°.

Mardi, xvij° jour de juin.

Cedit jour, maistre Jaques du Rully, president en Parlement, a defendu au graphier que de cy en avant il ne signe despens à taxer par messieurs de ceans aux jours que l'en plaidera après disner, pour ce que il y a defaut de mesdis seigneurs auxdictes Plaidoiries d'après disner.

Après-diners (X^{1a} 9187), fol. 93 r°.

Lundi, xxx° jour de juillet.

Ce jour, la Court a veue certeinne lettre patente seellée en la Chancellerie, par lesquelles le Roy mandoit à la Court qu'elle jugast un certain procès qui pendoit ceans entre messire Loiz de Chalon, chevalier, d'une part, et le procureur du Roy, d'autre, pour la conté d'Aucerre et de Tonnerre, d'autre part, et pour ce que la judication avoit esté longuement différée, la dicte Cour, eu sur ce conseil où messeigneurs dessus nommez estoient, et aussy messire l'evesque de Bayeuz, sire Mahiu de Lignieres, J. Chanteprime, maistre Ysembart Martel, Miles d'Angeul, maistres en la Chambre des Comptes, maistre Robert Broisset, N. de Biencourt, Jaques Du Gard, a ordonné, tout consideré, que l'en jugera, et sera bailliez ledit procès à visiter.

Conseil, XII (X^{1a} 1478), fol. 121 r°.

Vendredi, iij[e] jour d'aoust.

Cedit jour, vindrent en la Court certains chevaliers espaignoz qui apporterent certeinnes lettres faisans mention de treves prises, et convenues, et jurées entre le roy de Castelle, d'une part, et le roy de Portugal, d'autre part, jusques à x ans, lesquelles lettres furent leues et publiées, les huiz ouvers publiquement, et requirent lesdiz Espaignos avoir lettre de ladicte publication.

Conseil, XII (X[ia] 1478), fol. 122 r°.

Samedi, iiij° jour d'aoust.

Ce jour, J. Le Bossu me dist que messire Pierre Boschet lui avoit dit qu'il me deist que je rendisse certeins volumes, XII *in numero*, de droit canon qui estoient devers la Court pour cause de certein debat d'entre les executeurs du patriarche jadis d'Antioche[1], d'une part, et l'arcevesque de Tours, d'autre part, et que je les baillasse à un religieus appellé frere Helie, attendu certein accort passé entre le curateur de l'execution dudit feu patriarche, d'une part, et ledit religieux, d'autre part, et pour ce que je en faisoie difficulté, attendu que ledit arcevesque ne se consentoit point que lesdiz libvres fussent hors des mains de la Court, jusques à ce qu'il fust decidé dudit debat qui estoit

---

1. Seguin d'Anton, patriarche d'Antioche, archevêque de Tours, avait légué par testament tous ses livres de droit canon à frère Hélie de Bourgoin, son cousin. (Voir les testament et codicilles de ce prélat des 27 avril et 23 mai 1395, dans le volume des Testaments enregistrés au Parlement, X[ia] 9807, fol. 38 v°.) Les exécuteurs testamentaires étaient, pour la forme, le duc de Berry avec deux cardinaux, et, en réalité, Guillaume de Sens et Pierre Boschet, présidents au Parlement.

d'entre certeins commissaires de la Court sur la somme de ij̊ frans ou escus que ledit arcevesque demandoit sur ycelz livres, ledit monsʳ Pierre envoya et au Palaiz et en mon hostel un sien parent et un prestre qui me dirent que ledit monsʳ Pierre estoit esmeu contre moy de ce que je ne bailloye lesdiz livres et qu'il s'en plaindroit à la Court lundi prouchain, si alay audit monsʳ Pierre et lui diz la difficulté que je faisoie, et ce nonobstant, pour ce que voloit qui fussent renduz, attendue l'auctorité dudit monsʳ Pierre, ottroye à rendre lesdiz livres.

Dimenche, v͏ᵉ jour d'aoust.

Cedit jour, ay rendu les livres dont mention est faicte ou jour precedent audit religieux et par inventoire, lequel m'avoient baillié les gens de l'arcevesque de Tours.

Matinées, IV (X¹ᵃ 4786), fol. 171 r°.

Mardy, viij͏ᵉ jour d'aoust.

Ce jour, ay baillié à monsʳ le doyen de Tours viij frans en son hostel, que tenoit picca pour receuz, et que avoit bailliez devers la Court Robin Chappeau dès devant Pasques.

Matinées, IV (X¹ᵃ 4786), fol. 174 v°.

Samedi, xj͏ⁿ jour d'aoust.

Ce jour, la Court a ordonné que par maniere de provision l'abbé de Clugny prestera et baillera à cellui qui de par la Court sera commiz dès maintenant c frans, et le premier jour d'octobre prouchainement venant autres c frans, pour estre convertiz es edifices du college de Clugny fondé à Paris[1], à les recouvrer où il appartendra, et aux jours d'Amiens prouchainement venans la Court jugera sur la provision, veues les informations faictes et à faire par maniere d'enqueste.

Conseil, XII (X¹ᵃ 1478), fol. 123 v°.

Juesdi, xxiij° jour d'aoust.

Ce jour, la Court a donné congié à m° Nycholas Maignien d'aler es parties de Bretcigne jusques à la S. Martin, par ce que il lessera substitut ydoyne et suffisant à ses causes.

Matinées, IV (X¹ᵃ 4786), fol. 184 r°.

Samedi, premier jour de septembre.

Au jour d'ui, a ordonné la Court que pour le roolle porter à Avignon chascun de messeigneurs clers payeront iij escus, et les laiz ij escus, et sont esleuz à porter ledit rolle messʳˢ m° G. de Gaudiac, doyen de S. Germain l'Aucerroiz, et H. Grimault, doyen de Noyon [2].

Conseil, XII (X¹ᵃ 1478), fol. 127 r°.

Vendredi, vij° jour de septembre.

Ce jour, m'a dit messire Ymbert que je signasse l'audition du compte du cardinal d'Amiens [3] à maistre Henry de Savoisy.

---

1. Le collège de Cluny, fondé en 1269 par Yves de Vergy, abbé de Cluny, occupait l'espace circonscrit par les rues Cujas, Victor Cousin, le boulevard Saint-Michel et la place de la Sorbonne.

2. En marge, le greffier a figuré un rôle et ajouté cette note explicative : *Quia restitutio satis nuper facta fuerat obediencie Pape Benedicto, instigante duce Aurelianensi, hic Papa notabiles prerogativas dedit Curie cum data iij idus, procurante decano Sancti Germani Autissiodorensis, rotuli portitore pro Curia.*

3. Le cardinal Jean de la Grange, ancien évêque d'Amiens, fit son testament le 12 avril 1403. (V. *Archives nationales*, X¹ᵃ 9807, fol. 70 v°.)

Lundi, x° jour de septembre.

En la Chambre, estans aucuns de messeigneurs presidens et conseillers, fu ordonné, oye la relation de m° J. Garitel et G. de Villiers, en la cause d'entre messire J. Morice, prestre, l'Université de Paris et le procureur du Roy, d'une part, et l'evesque de Paris, son official et les religieus de Saint-Eloy de Noyon, d'autre part, que l'argent, livres et tous autres biens prins chiez J. Micheau en la rue S. Jaques, estans es mains de l'evesque ou de ses commiz, seront miz reaument et de fait en la main de la Court, restablissement fait *realiter et de facto* desdiz biens en ladite maison, et aussy fait restablissement des biens priz en la maison dudit evesque, et seront gouvernez et conservez par la main du Roy, et sur yceulz sera faicte provision audit Morice de la somme de ij° frans, et oultre sera dit que le procès estant d'entre ledit evesque de Paris, entre lesdiz religieuz de S. Eloy et Morice surserra jusques à ce que le procès estant en la Court sera fini ou que autrement en sera ordonné par ladicte Court.

Mardi, xj° jour de septembre.

Fu ordonné par mess. les presidens que l'en ne fera aucune provision en la cause du duc de Bourgoigne et des habitans de Douay à l'encontre des chapitre de S. Amé et de Saint Pere dudit Douay, maiz en ordonneront les commissaires quant il seront par delà à faire l'enqueste, comme bon leur semblera.

Conseil, XII (X¹ª 1478), fol. 129 r° et v°.

Mercredi, xiij° jour de septembre.

Me fu dit par mons^r m° Jaques de Ruilly que je enregistrasse comment maistre Pierre Buffiere estoit surrogué ou lieu de m° André Marchant à conserver les biens du feu evesque de Poitiers[1] et à faire l'inventoire d'iceulz, lequel André y avoit autre foiz esté commiz.

Mardi, xviij⁰ jour de septembre.

Cedit jour, Raoulin de la Chaucée est venus renuncer par devant le graphier de la Court à office de procureur, lequel souloit ceans exercer, et a requiz estre par ledit graphier enregistré, et a dit que dudit office de procureur n'avoit mie entention de s'en plus entremettre.

Matinées, IV (X^{1a} 4786), fol. 193 r° et v°.

Mercredi, xix° jour de septembre.

Cedit jour, a esté donné delay au receveur de Gisors de payer les gaiges de messeigneurs de ceans des moiz de juillet et d'aoust jusques à viij jours avant la S. Martin prouchainement venant, et à paier le moiz de septembre jusques à la S. André ensuiant.

Conseil, XII (X^{1a} 1478), fol. 129 v°.

Mardi, ij° jour d'octobre.

Le graphier de la Court a rendu un livre de Croniques qui se commence ou second feuillet escript (*in*) *Vidia* et ou penultieme *de equis*, à messire Guerin, abbé de Pruilly, lequel livre mons^r l'abbé de Monstier Erraine avoit miz par devers la Court pour estre rendu audit abbé de Pruilly, selon certain appoinctement fait aux Grans Jours derrainement tenus à Troyes.

Matinées, IV (X^{1a} 4786), fol. 194 r°.

---

1. Ithier de Martreuil, chancelier du duc de Berry, dont le testament, en date du 10 août 1403, fut soumis au Parlement de Paris (X^{1a} 9807, fol. 86 r°).

Lundi, xij° jour de novembre.

Cedit jour, furent à huiz cloz leues certeinnes lettres empetrées sur le lieu de maistre Thomas d'Aunoy ou de maistre J. Mangin aux Enquestes qui monta en la Grant Chambre ou lieu dudit m° Thomas, qui avoit lieu en la Chambre des Comptes de nouvel, et pour ce que quatre personnes avoient empetré lesdictes lettres sur ledit lieu, fu fait scrutine et election, et fu *tandem* esleu par la plus grant partie de ceulz... estans pour lors au Conseil..., maistre Julien Hue, tout veu et consideré.

Conseil, XII (X¹ª 1478), fol. 133 r°.

Mardi, xiij° jour de novembre.

Cedit jour, maistre Julien Hue a esté receu conseiller en la Chambre des Enquestes ou lieu m° J. Mangin, qui a esté receu en la Grant Chambre ou lieu de maistre Thomas d'Aunoy.

Matinées, IV (X¹ª 4786), fol. 196 r°.

Juesdi, xv° jour de novembre.

Hier, le graphier de la Court delivra à Guillaume de Baignac, escuier de mons' l'arcevesque de Tours, un gobelet d'or dont mension est faicte au vj° jour d'avril derrain passé, selon le registre du matin, qui avoit esté miz en depost devers la Court, et lequel a esté prisié environ vij^{xx} escus, et parmi ce ledit graphier a receu ou lieu dudit gobelet en depost vij^{xx} escus, et ce a fait par vertu de certeinnes lettres closes à lui envoiées par ledit arcevesque.

Matinées, IV (X¹ª 4786), fol. 197 r°.

Vendredi, xvj° jour de novembre.

Ce jour, se sont venus complaindre en la Court l'ar-

cevesque de Reins, le procureur du Roy, Marie du
Cavech et ij autres bourgoiz de Cambray, sur ce que
ou contemps, comme ilz disoient, du Roy et des arrests
de la Court qui sont contenus ou registre du Parlement derrain passé, avoient esté banniz de Cambray.

Conseil, XII (X¹ᵃ 1478), fol. 133 v°.

Mercredi, xxjᵉ jour de novembre.

Hier, furent leues certeinnes lettres[1] que monseigneur le duc d'Orleans avoit ordonné à envoier à
Henry de Lanclaste, soy disant roy d'Angleterre, lesquelles ont esté registrées ou livre des Ordonnances
à la requeste dudit duc d'Orleans[2].

Conseil, XII (X¹ᵃ 1478), fol. 134 r°.

Mardi, xxvijᵉ jour de novembre.

Furent au Conseil, environ x heures, après les Plaidoiries, messeigneurs des ij Chambres, et audit Conseil maistre Pierre de L'Esclat, maistre des Requestes
de l'Ostel du Roy, denunça à la Court que, nonobstant
que Bureau de Dompmartin, son cousin, et changeur,
eust proposé erreurs d'une sentence donnée par certeins reformateurs generaulz donnez par le Roy à cognoistre par especial de mauvaiz contraux, illicites ou
usuraires[3], faiz par ce royaume par laquelle ledit Bureau

---

1. Ces lettres de défi du duc d'Orléans, en date du 14 octobre
1403, sont insérées au registre des Ordonnances (X¹ᵃ 8602,
fol. 171 v°). Nicolas de Baye avait mis à côté de leur intitulé une
note analogue à celle qui figure au registre du Conseil; bien qu'elle
ait été grattée avec soin, on peut encore déchiffrer le mot *verbose*.

2. Le greffier s'est permis d'ajouter à la suite ces mots : *Quero
ibi in hoc tempore*, et à la marge cette observation irrévérencieuse :
He littere verbose et ventose, absque fructu et discretione.

3. Cette commission, chargée de procéder à une enquête au sujet

eust esté condempnez en ij mil frans ou escus, et eust empetré adjornement, et fussent receuz lesdictes erreurs par les maistres des Requestes de l'Ostel du Roy, lesdiz reformateurs ou le procureur du Roy aux diz reformateurs c'estoit opposé à l'audience que ledit adjornement ne fust point baillez audit Bureau; et oultre disoit que aucuns desdiz reformateurs, comme messire Hector de Chartres, chevalier, avoit dit qu'il n'entreroit jà en la Court de Parlement sur lesdictes erreurs, et de ce sembloit aussy qu'il chargast maistre Guillaume Chanteprime, soy disant de ladicte reformation; sur quoy la Court voulsist remedier, attendu que ce touchoit ladicte Court de Parlement et son honneur, veu que onques maiz n'avoit esté veu, que quant l'en proposoit erreurs de quelzcunques reformateurs, que l'en n'en cogneust en ladicte Court, puiz qu'elles fussent receues par lesdiz maistres des Requestes. Sur quoy, tout consideré, fu ordonné que iiij de messeigneurs iroient à monseigneur le Chancellier en lui requerant qu'il delivrast ledit adjornement, et fust envoyé en la Court avec autres lettres touchans ceste besoigne, pour veoir se ledit adjornement estoit convenable et en forme deue, et ce fait, l'en verroit que l'en feroit dudit chevalier.

Conseil, XII (X^{1a} 1478), fol. 134 v°.

Juesdi, vj^e jour de decembre.

Au jour d'ui, Bureau de Dompmartin, changeur et

des prêts usuraires et investie de pleins pouvoirs pour la répression d'abus de ce genre, fut instituée par lettres du 30 mars 1403 (n. st.), dont le texte est inséré au registre criminel (X^{2a} 14, fol. 114); elle se composait de Henri de Marle, du s^r d'Arly, de Guillaume Le Bouteiller, d'Hector de Chartres et de Jean David.

bourgoiz de Paris, a deposé et miz par devers la Court la somme de deux mil frans en quoy avoit esté condempnez envers le Roy par messieurs les reformateurs sur le fait de la police ; pour quoy ledit Bureau avoit supplié estre receu à proposer erreurs, et à ce a esté receu par le Roy nostre Sire.

Matinées, IV (X^{1a} 4786), fol. 210 v°.

Mardi, xj^e jour de decembre.

Ce jour, Bureau de Dompmartin, bourgoiz de Paris, s'est opposé et s'oppose à ce que certeinne finance, qui est devers la Court mise et consignée par l'ordonnance du Grant Conseil pour occasion de certeinne condempnation faicte contre lui par les reformateurs de la police de Paris en la somme de ij^m frans, ne soit baillée ne delivrée à aucun, ne mise hors de la Court sanz le oïr.

Cedit jour, a esté baillée au graphier une cedule signée de la main de J. Tarenne, changeur et bourgoiz de Paris, dont la teneur s'ensuit :

Je Jehan Tarenne, changeur et bourgoiz de Paris, promez paier au Roy nostre Sire pour Bureau de Dompmartin, bourgoiz de Paris, la somme de vi^{xx} livres parisis, pour cause de double amende, s'elle chiet en certeinnes erreurs proposez par ledit Bureau sur certain jugement ou arrest des conseillers du Roy nostre dit Seigneur sur le fait de la police de la ville de Paris, et m'en oblige à paier ladicte somme, quant mestier sera, par ceste presente cedule signée de mon seing manuel, le xie jour de decembre, l'an mil CCCC III. J. TARENNE.

Matinées, IV (X^{1a} 4786), fol. 214 r°.

Lundi, xiiij^e jour de decembre.

Ce jour, le graphier, par appoinctement fait par messieurs les laiz ou Chastellet de Paris, comme lui a esté relaté par monseigneur le premier president, a delivré à Bureau de Dampmartin, changeur, la somme de ij^m frans en escus, du consentement de Guillaume Barbery, chambellant et conseiller du Roy nostre Sire, et en la presence de J. des Poulettes, tresorier de monseigneur de Bourgoigne, de J. Tarenne et de Michiel de Laillier, et pluseurs autres, laquelle somme de ij^m frans avoit esté consignée devers la Court pour certeinne cause, comme appert par le registre du vj^e jour de ce present moiz. Et a esté faicte ladicte delivrance par tel que les dessusdiz Tarenne et Laillier ont promiz en la main dudit graphier de rendre et restituer à la dicte Court les dessusdiz ij^m frans, toutes et quantes foiz que requiz en seront, et ledit Bureau a aussy promiz de les en desdommagier et d'eulz rendre ladicte somme, se pour lui la baillent.

Matinées, IV (X^{1a} 4786), fol. 221 v°.

1404.

Mercredi, ij^e jour de janvier.

Cedit jour, la Court, oye la relation du commissaire envoyé à Suessons entre l'abbé de St Mard, d'une part, et le couvent dudit St Mard de Suessons, d'autre part, a ordonné que le temporel dudit abbé sera miz reaument et de fait en la main du Roy, et sera gouverné par bonnes et suffisantes personnes à emploier et convertir à l'entretenement et acomplissement de certein arrest ou accort par arrest du xij^e de decembre CCCC I, en quoy ledit abbé avoit esté condempnez, jusques à ce que par la Court en soit autrement ordonné, *appellationibus frivolis non obstantibus quibuscunque*, et aussy *oppinionibus frivolis non obstantibus*.

Conseil, XII (X^{1a} 1478), fol. 138 v°.

Mercredi, ix° jour de janvier.

A conseiller l'arrest d'un prouffit d'un deffaut d'entre Hubert Gontier, espicier, demourant à Lion, d'une part, et Estienne de Lachaux dit Bouchart, d'autre part.

Item, d'entre ledit Hubert Gontier, d'une part, et Pierre Girardet et sa femme, d'autre part.....

Ces ij arrests cy devant enregistrés furent conseilliez dès vendredi derrain passé, maiz pour ce que le rapporteur dut faire la conclusion pour plus seurement estre enregistrée, attendu le cas qui souvant n'avient pas, pour quoy furent lors mess[rs] assemblez en competant nombre, si m'a au jour d'ui ledit rapporteur baillié la conclusion que j'ay enregistrée du jour d'ui.

Conseil, XII (X[1a] 1478), fol. 139 v°.

Juesdi, x° jour de janvier.

Cedit jour, ont esté publiées certeinnes lettres qui sont enregistrées ou livre des Ordonnances[1], contenans en effect que nul prelat ou autre beneficié ne paie à Court de Romme quelque chose à cause de vaccans deuz pour arrerages ou autrement, tant du temps de la sustration faicte au Pape, pendant laquelle les ordinaires ont donnez les benefices, que par avant xl ans [2].

Cedit jour, ont esté publiées certeinnes lettres sur la reformation des procureurs generaulz du Parlement, lesquelles sont enregistrées en la Court [3].

Matinées, IV (X[1a] 4786), fol. 230 r°.

---

1. Ces lettres, datées du 29 décembre 1403, sont reproduites au folio 173 du registre des Ordonnances (X[1a] 8602).
2. En marge a été grossièrement figurée une tiare.
3. Les lettres en question, sous forme de commission au Parle-

Samedi, xixe jour de janvier.

Cedit jour, a esté ordonné que, combien que les eschevins de Cambray ayent esté sommez de rappeller certain ban qu'ilz ont fait ou contempt des arrests de ceans contre Marie du Cavech et autres, vendront ceans dedans xv jours, se bon leur semble, dire leurs excusations, et se elles valent bien, senon seront sommez, comme il appartendra.

Conseil, XII (X^{1a} 1478), fol. 141 r°.

Lundi, xxj^e jour de janvier.

Maistre Pierre Buffiere, conseiller du Roy nostre Sire, s'est opposé et s'oppose que aucun ne soit receu au lieu de maistre J. de Saulz en la Grant Chambre avant lui.

Matinées, IV (X^{1a} 4786), fol. 238 r°.

Mercredi, xxive jour de janvier.

Me fu dit par mons^r messire Ymbert de Boisy, president, que je enregistrasse certain appoinctement fait par la Court, comme me dist, combien que je estoie absent à faire l'appoinctement, c'est assavoir d'entre maistre Pierre Bonpain, complaignant en cas de nouvelleté, d'une part, et les escoliers du college de Montagu, d'autre part.

Il sera dit que le college jouira de son temporel par maniere de recreance.

Conseil, XII (X^{1a} 1478), fol. 141 r°.

Samedi, xxvj^e jour de janvier.

Ce jour, J. de Flemechon, huissier d'armes du Roy

---

ment pour réformer les abus qui s'étaient glissés parmi les procureurs de la Cour et leurs clercs, sont du 13 novembre 1403 (X^{1a} 8602, fol. 175 r°).

nostre Sire, a au jour d'uy dit après disner, environ iiij heures, au graphier qu'il ne baillast point à executer l'amende en laquelle Engrenain [1] avoit au jour d'ui esté pronunciez comme condempnez, et ledit graphier lui respondi que ordonnance estoit ceans faicte de par le Roy, que l'en n'obeist point à mandemens de bouche, et que ce diroit volentiers à la Court lundi prouchain.

Matinées, IV (X^{ta} 4786), fol. 241 bis.

Vendredi, xve jour de fevrier.

A conseiller l'arrest d'entre le procureur du Roy, d'une part, et J. du Boiz et Nycolas Jaloux, d'autre part, sur le plaidoyé du mardi xxvj^e de juin CCCC III, et tout veu :

Il sera dit que les trois cent escus seront miz en la main de la Court, devers laquelle demourront comme acquiz et confisquez au Roy, pour emploier ou bien publique d'icelle Court de Parlement, et sanz autre amende et sanz despens [2].

Conseil, XII (X^{ta} 1478), fol. 144 r°.

Vendredi, xve jour de fevrier.

Cedit jour, à la requeste des amiz et nommez executeurs ou testament de messire J. Tabari [3], evesque

---

1. Jean de Greboval, dit Engrenin, avait été condamné à cent livres parisis d'amende et à deux cents livres de dommages-intérêts, « pour occasion de certaines bateures et injures, perpetrées et commises en la personne de Colart d'Orlencourt, dit Helias; » sur l'appel interjeté de la sentence en question, le Parlement avait réduit l'amende à 60 livres (X^{ta} 8853, fol. 57 v°).

2. En marge de cet arrêt, le greffier a inscrit cette note : *De hac pecunia cum aliis facta sunt armariola turnelle mee, instante me.*

3. Jean Tabari, l'un des familiers de Charles V, composa un

de Therouenne, la Court a mandé et commiz à maistre Julien Le Fevre, nommé entre les autres executeurs dudit evesque, que se transporte à Therouenne et en la ville d'Ayre, et es autres lieux où ledit evesque a aucuns biens, et touz et chascuns yceulz il mette à la conservation et à la garde d'iceulz et de l'execution dudit evesque à la main du Roy et de la dicte Court, à laquelle ledit testament est soumiz, et y commette de par le Roy gardes neccessaires, et face au surplus ce qu'il appartient à faire oudit cas, en parfaisant ce qui a esté commencié par Aleaume Cachemarée, huissier de Parlement.

Matinées, IV (X¹ᵃ 4786), fol. 256 r°.

Mardi, xix° jour de fevrier.

Cedit jour, m'a esté commandé par monseigneur le premier president que je face lettres de par la Court au Pape pour maistre Phelippe de Boisgillou à l'eveschié de Terouenne [1], et aussy pareillement aux cardinaux.

Matinées, IV (X¹ᵃ 4786), fol. 259 v°.

Mercredi, xx° jour de fevrier.

Cedit jour, j'ay leu à monseigneur le premier president certeinnes lettres pour envoier au Pape pour maistre Phelippe de Boisgillou, conseiller du Roy nostre

---

traité de médecine et fut gratifié de nombreuses prébendes; appelé le 21 février 1384 au siège épiscopal de Thérouanne, il l'occupa jusqu'en 1403; l'acte contenant ses dernières volontés, en date du 7 mars 1403, se trouve dans le registre des Testaments (X¹ᵃ 9807, fol. 105 r°).

1. Le successeur de Jean Tabari à l'évêché de Thérouanne fut, non le candidat du Parlement, mais Mathieu Renauld, docteur en théologie, nommé le 8 juillet 1404.

Sire, à sa promotion de l'eveschié de Terouenne, lesquelles ledit monseigneur le president m'avoit commendées.

Conseil, XII (X¹ᵃ 1478), fol. 144 v°.

Mercredi, xxvij^e jour de fevrier.

Cedit jour, Nycholas Romain, huissier de Parlement, a miz devers la Court trois cens escus d'or, en quoy avoit esté J. du Boiz, jadis procureur du Roy à Meauz, condempnez à mettre ycelz devers la Court comme confisqués, et de quoy avoit esté executez, et de ce que dit est appert par l'arrest pronuncié samedi derrain passé; des quelz ccc escus ont esté baillez v escus audit Romain pour son salaire d'avoir vaqué à ladicte execution par iij jours entiers à Meaulz, où pour ce avoit esté et avoit priz des biens dudit du Boiz pour les vendre et soubhaster, obstant ce que ledit du Boiz ne delivroit pas legierement, ne ne bailloit lesdiz ccc escus, comme la Court avoit ordonné [1].

Matinées, IV (X¹ᵃ 4786), fol. 264 r°.

Juesdi, xxviij^e jour de fevrier.

Ce jour, messire Guillaume de Dormans, arcevesque de Senz, a fait dire au graphier par maistre Renault Rabay, conseiller du Roy, comme il dit, que ledit graphier enregistrast que ledit arcevesque, puiz viij ou x jours, avoit perdu son signet.

Matinées, IV (X¹ᵃ 4786), fol. 264 v°.

---

1. Une note marginale indique la destination de cette amende : *De hac pecunia facta sunt armariola et alia utensilia in turnella mea.*

Samedi, premier jour de mars.

Cedit jour, a esté defendu au graphier que il ne reçoive nul accort à passer sanz le congié et consentement de la Court.

Conseil, XII (X¹ᵃ 1478), fol. 146 r°.

Juesdi, xxvij° jour de mars.

Cedit jour, messire Ymbert de Boisy, president, a donné congié à maistre J. de Combes d'estre hors les juesdi, venredi et samedi après Pasques.

Vendredi, xxviij° jour de mars.

Ce jour, la femme de Robin Chapeau a miz devers la Court viij frans que son mari devoit à maistre N. d'Orgemont, conseiller du Roy nostre Sire, pour les lui bailler.

Matinées (X¹ᵃ 4786), fol. 288 v°.

Vendredi, iiij° jour d'avril.

Cedit jour, a esté faicte election ou lieu de feu maistre Robert d'Acquigny, jadis conseiller du Roy nostre Sire en la Grant Chambre de Parlement, et estoient nommez en ladicte election par vertu de leurs lettres obtenues dudit Seigneur maistre Guillaume Guerin, maistres Hector de Brouffignac, J. Romain, J. Vivien, André Marguerie, Guillaume de Longueil, messire Guillaume Benoist, *doctor*, Jaques de l'Espoisse. Et à ladicte election ont esté messire Arnault de Corbye, chancellier, le patriarche d'Alexandrie, les arcevesques de Senz et d'Aux, les evesques de Paris, de Bayeux, de Tournay et de Lodeve, et messeigneurs des ij Chambres, en laquelle election n'a pas esté conclu.

Conseil, XII (X¹ᵃ 1478), fol. 149 v°.

Juesdi, x^e jour d'avril.

Cedit jour, sur ce que le graphier se plaignoit à la Court que les charpentiers, qui avoient fait le plancher et ceulx qui devoient faire les aumaires de la Tournelle où sont gardez les registres d'icelle Court, et desjà en avoient fait la plus grant partie, n'avoient ancor receu que iiij^{xx} libvres et ne povoient estre paiez du residu par le receveur des amandes, et par ce demouroit la besoigne imparfaicte ou prejudice du Roy et de la Court, a esté donné congié et licence et dit au graphier dessusdit que pour parfaire icelle besoigne, il praigne cent escus sur la somme de iij^c escus qui sont ou estoient devers la Court, à cause de certeinne confiscation par arrest, en laquelle avoit esté condempnez J. du Boiz, jadis procureur general du Roy à Meaux, et la Court se, et quant bon lui semblera, recouverra dudit receveur ou d'autre ladicte somme de cent escus.

Conseil, XII (X^{ia} 1478), fol. 150 v°.
Matinées, IV (X^{ia} 4786), fol. 295 v°.

Vendredi, xj^e jour d'avril.

Au jour dieu (*sic*), a esté receu maistre Hector de Brouffignac en conseiller du Roy nostre Sire, ou lieu de maistre Charles de Vaudetar, en la Chambre des Enquestes, qui a esté receu en la Grant Chambre ou lieu de feu maistre Robert d'Acquigny, et combien que ledit Hector à faire l'election du iiij^e jour de ce moiz n'eust eu pas plus de voix, toutevoie, pour ce que messire Guillaume Benoit n'estoit pas present, maiz estoit à Court de Romme en son temps, par especial avant la substraction faicte au pape Benedic XIIIe, et estoit doubte que ne retournast pas, et que maistre Guillaume Guerin, qui après ledit Benoit avoit eu plus de voix, estoit puiz iij moiz ou ij compaignon du chancellier de monseigneur le duc de Berry et maistre des Requestes dudit duc, si esperoit l'en que ne se tendroit pas à la besoigne ceans, et ledit Hector avoit plus de voix après eulx que les autres compriz en l'election, l'a receu la Court, et ce a esté enjoint au graphier estre enregistré, pour ce que aucuns auroient ymagination que l'en l'eust receu en faveur du conte d'Armignac, qui avec autres seigneurs avoient esté en la Court à recommender ledit Hector.

Sur ce que information avoit esté contre les eschevins de Cambray faicte, sur ce qu'ilz avoient banni Marie du Cavech et ij autres bourgoiz de Cambray, ou prejudice et ou contemps de certeins arrests donnez en la Court de ceans en juin derrain passé, comme l'en disoit, et la forme de la loy de Cambray non gardée, et que yceulx eschevins eussent envoyez certains messages fondez de procuration pour eulx excuser en la Court de ceans, et au Grant Conseil, se mestier estoit, et eussent obtenu certeinnes lettres par lesquelles le Roy eust volu et voulsist que, en jurant et affermant par leur procureur ou procureurs ayans à ce povoir et mandement especial par devant monseigneur le Chancellier, que lesdiz bannissemens et punitions par eulx et autres justiciers de ladicte ville faix à l'encontre desdiz banniz et autres, n'ont esté faiz ou contemps du Roy ne de sa Court, ilz fussent tenuz pour excusez et demourassent paisibles, et ledit serment le procureur (sic) desdiz eschevins de Cambray eussent fait devent ledit Chancellier, comme portoit ladicte lettre royal, laquelle lettre eussent requise yceulx eschevins de Cambray ou leurs procureurs estre ceans verifiée, et le procureur general du Roy eust eu delay de dire contre ycelle lettre ce que voudroit, ycelle veue, et puiz ycellui procureur du Roy eust fait demander par la Court au conseil et procureurs d'iceulx eschevins, se, après ce proposé qu'il avoit entention de proposer et dire contre ladicte lettre, ilz voloient prandre droit en la Court sur le proposé des parties sur la verification de ladicte lettre, à ce que l'en ne perdist temps, et ilz eussent respondu que les procureurs d'iceulx eschevins n'avoient puissance que de jurer ce que dit est et excuser lesdiz eschevins, et non pas à prendre droit ne autrement ceans : a esté dit par la Court que donques l'en leur rendist leur lettre, et leur a esté rendue par le graphier.

Conseil, XII (X^{ia} 1478), fol. 150, 151.

Samedi, xij^{e} jour d'avril.

Cedit jour, après la relation du graphier oyée qui avoit esté envoiez par devers monseigneur le Chancellier pour savoir se son entention estoit que l'en alast aux Jours à Troies ceste année, et ycellui Chancellier eust respondu que, consideré que c'estoit le prouffit de tout le paiz de Champaigne d'y aler, et qu'il lui plaisoit bien, se messeigneurs y vouloient aler, que l'en y alast, se guerres n'empeschoient, a esté ordonné que iroit tenir lesdiz Grans Jours.

Conseil, XII (X^{ia} 1478), fol. 151 v°.

Mercredi, xvj^{e} jour d'avril.

Cedit jour, le graphier a delivré et baillié cinquante

frans sur le salaire de la façon des aumoires que l'en fait en la Tournelle à Guillaume Cirasse, charpentier ou hucher, sur les c escus qu'il avoit congié de pranre es iij^c escus, comme appert par le registre du xe de ce present moiz.

Matinées, IV (X^{1a} 4786), fol. 299 r°.

Samedi, xix° jour d'avril.

Ce jour, furent leuz et nommez pluseurs procureurs esleuz par la Court devant touz autres pour practiquer ceans pluseurs ostez du roole pour pluseurs plaintes qui en estoient venues tant à la Chancellerie que en la Court de ceans, et leur fut commendé que se gardassent de cy en avant de deshonneur et desloyauté, et aussy que plus ne se feissent ou souffrissent appeller maistres, s'ilz n'estoient graduez en science ou ancienz d'aage et en office, et aussy en suffisance de l'office, et leur fu defendu qu'ilz ne se feissent appeller seigneurs de Parlement.

Matinées, IV (X^{1a} 4786), fol. 301 r°.

Mardi, xxij° jour d'avril.

Cedit jour, avant les Plaidoiries, m'a esté commendé que je signasse la commission de l'enqueste d'entre messire P. Boschet, president, d'une part, et les religieus de Saint-Jehan de Jherusalem, d'autre part, à cause de la commenderie de Champguillon, à maistre J. de Vitry et André Marchant et J. Selvestre, nonobstant que du costé desdiz religieus autres aient fait l'enqueste [1].

Conseil, XII (X^{1a} 1478), fol. 152 v°.

---

1. V. un premier arrêt rendu dans cette affaire le 7 août 1403 (X^{1a} 1478, fol. 122 v°).

Jeudi, xxiiij[e] jour d'avril.

Cedit jour, a esté plaidée la cause des habitans de Bryve la Gaillarde contre messire Remon de Turenne[1]. A Cessieres.

Après se sont levez messeigneurs à ix heures et sont alez aux exeques de maistre R. d'Acquigny[2], trespassé, conseiller du Roy nostre Sire ceans.

Matinées, IV (X[1a] 4786), fol. 304 r°.

Mardi, xxix° jour d'avril.

Cedit jour, a esté trespassez maistre Pierre Le Cerf[3], jadis procureur du Roy nostre Sire general.

Matinées, IV (X[1a] 4786), fol. 307 r°.

Samedi, xxvj[e] jour d'avril.

Cedit jour, estoient presques touz messeigneurs de Parlement malades de reume et fievre tout ensemble, par une pestilence d'air qui a couru et cuert puiz l'entrée de ce present moiz, telle que à peinne puet l'en trouver povre ne riche, et par especial à Paris, qui ne se sente de ceste maladie, les uns plus, les autres

---

1. Raymond de Turenne, comte de Beaufort, avait formé des projets menaçants pour la sécurité de la ville de Brive la Gaillarde, et ne se fit point scrupule de faire assassiner, le 7 août 1405, Aimeri de Montragoux, consul de cette localité, envoyé à Paris par les habitants pour défendre leurs intérêts. (V. la notice consacrée à Aimeri de Montragoux dans notre recueil de *Testaments enregistrés au Parlement de Paris*, p. 171.)

2. Robert d'Acquigny, conseiller au Parlement, doyen de Saint-Omer, dont les dispositions testamentaires, en date du 1er juillet 1403, se trouvent au registre des Testaments (X[1a] 9807, fol. 112 r°).

3. Pierre Le Cerf fit son testament le 15 octobre 1401; on en trouvera la teneur au registre des Testaments (X[1a] 9807, fol. 111 r°).

moins; et par especial en la chambre de Parlement, aux jours des Plaidoiries, a telle tousserie de touz costez que à peinne le graphier, qui a esté surpriz de la dicte maladie à viij heures, puet enregistrer au vray. Diex par sa grace y vueille pourveoir[1].

Conseil, XII (X^{ia} 1478), fol. 153 v°.

Venredi, xvj^e jour de may.

Cedit jour, maistre Deniz de Maurroy, advocat ceans, a esté receu en office de procureur du Roy general, ou lieu de feu maistre Pierre Le Cerf, et a esté esleu ledit Deniz par la plus grant partie de messeigneurs du Conseil.

Conseil, XII (X^{ia} 1478), fol. 156 v°.

Mercredi, iiij^e jour de juin.

Cedit jour, pour ce que esclande estoit sur ce que pour boire à matin en la Chambre des Enquestes, pluseurs vallez et gens estranges se boutoient es chambres du Conseil de ceans, et povoient percevoir les secrez de la Court *in periculum et scandalum Curie*, et faisoit l'en trop grandes buveries, et y occupoit l'en le temps que l'en devoit emploier à conseiller, et si faisoit l'en trop excessive despence, et pour autres causes qui ont meu la Court, ycelle, les ij Chambres assemblées, a ordonné que d'ores en avant pour boire à matin en la Chambre des Enquestes dessusdicte ne sera despendu plus haut de viij solz parisis, et quicunques fera le contraire encourra l'indignation d'icelle Court, et sera griefment puni[2].

Conseil, XII (X^{ia} 1478), fol. 158 r°.

---

1. Ce passage est reproduit par D. Félibien, *Histoire de la ville de Paris*, preuves, t. IV, p. 547.

2. Une mention analogue se rencontre au registre des Matinées;

Cedit jour, a esté receu maistre Guillaume de Beze en la Chambre des Enquestes ou lieu de maistre Bertran Quentin, lequel a esté receu en la Grant Chambre ou lieu de maistre J. de Saulx, lequel a resigné sondit lieu au prouffit dudit de Beze.

Matinées, IV (X^{ta} 4786), fol. 324 v°.

Samedi, viij° jour de juin.

Cedit jour, messire Rolant Belier, prestre, a miz et baillié devers la Court, comme executeur de feu maistre Robert d'Acquigny, jadis conseiller du Roy nostre Sire, un volume non relié contenent xxiij coiez, ou quaternes, ouquel volume estoient contenus les tractiez qui s'ensuivent[1], c'est assavoir : *Bernardus de colloquio Symonis ad Jhesum; Augustinus de agone christiano; De transquillitate Ecclesie* Marcilii de Padua; *Disputatio inter clericum et militem; Quedam conclusiones magistri Johannis Wicliff, s. anglici; seu tractatus qui dicitur de ordine christiano et speculum Ecclesie militantis; et tractatus Guillelmi Parisiensis de collatione beneficiorum*. Lequel volume l'en disoit feu maistre Guillaume Liroiz, duquel ledit Acquigny avoit esté executeur, avoir ordonné estre baillié et miz devers la dicte Court[2].

Matinées, IV (X^{ta} 4786), fol. 326 v°.

deux brocs grossièrement figurés à la marge accompagnent cette décision du Parlement.

1. A la marge se trouve cette note : *Redditi fuerunt inquisitori fidei, ad requestam suam et domini episcopi Parisiensis ex precepto Curie, quinque vel sex codices de scriptis hujus Wiclif, quos dicebant in fide suspectos et in statum Ecclesie injuriosos.*

2. Les traités compris dans ce volume sont tous bien connus; il suffira de rappeler les noms de leurs auteurs : saint Bernard,

Lundi, xvj° jour de juin.

Au jour d'ui, messire H. de Marle, premier, et maistre Jaques de Ruilly, presidens ceans, l'evesque de Limoges, maistre Laurens de La Mongerie, chanoinne de Paris, nommez executeurs ou testament de feu messire J. Tabary, evesque de Terouanne, ont renuncié au fait et charge de ladicte execution, maiz ilz se sont offers et offrent à conseiller le fait de ladicte execution de leur povoir, et de ladicte execution se sont chargiez m. P. Manhac, P. Buffiere, Laurens de Lambel, J. de Rameiz, Junien Le Fevre, et P. de Quenauvillier, et pourront les vj ou v ou iiij ou iij accomplir ladicte execution par la vertu du testament.

Matinées, IV (X^{1a} 4786), fol. 332 r°.

Juesdi, xix° jour de juin.

Au jour d'ui, maistre Guillaume de Celsoy, conseiller du Roy nostre Sire en la Chambre des Enquestes, a protesté que la reception de maistre Pierre Buffiere en la Grant Chambre par vertu de certein mandement royal ne lui prejudicie point, attendu que par l'ordre il precedoit et devoit avant venir en la dicte Grant Chambre que ledit Buffiere.

Conseil, XII (X^{1a} 1478), fol. 160 r°.

Venredi, xj° jour de juillet.

Ce jour, la Court a ordonné que sur l'argent qui est devers le graphier venant de l'amende de J. du Boiz, jadis procureur du Roy à Meaulx, ledit graphier delivre sur l'ouvrage des aysemens de Parlement au maistre

saint Augustin, Marcile de Padoue, Jean Wiclef et Guillaume d'Auvergne.

charpentier du Roy, nommé Foucher, ou à son ordonnance, xx libvres, par maniere de prest, à recouvrer sur les amendes de Parlement.

Matinées, IV (X¹ᵃ 4786), fol. 349 v°.

Samedi, xij° jour de juillet.

Cedit jour, le graphier a delivré xx libvres parisis à Michiel Salmon, marchant de merrien, pour les aysemens de Parlement refaire, et par l'ordonnance de la Court, selon le registre de venredi derrain passé.

Cedit jour, sont commencées les chaleurs de ceste année, ou ij ou iij jours par avant, devant lesquelx de ceste année n'avoit fait chaut, maiz *continue* froit par vens et pluies qui ont esté continues depuiz fevrier, quasi telement que les rivieres en ce moiz de juillet et ou moiz precedent ont esté plus hautes que n'avoient esté toute l'année, maiz avoient esté en l'iver moult basses, et se Dieu de sa grace n'eust regardé son povre pueple, les biens de terre estoient en grant peril et par consequant le pueple, nonobstans les travaulx que sueffre en moult de manieres, *sed peccata nostra meruerunt*.

Matinées, IV (X¹ᵃ 4786), fol. 349 v°.

Samedi, xix° jour de juillet.

Au jour d'ui, avant ce que l'en pronunçast les arrests, sur ce que le xiiij° jour de ce moiz l'Université de Paris, en alant à Saincte Katerine du Val des Escoliers en procession et pelerinage, par maniere d'aniversaire pour la paix de l'Eglise, du royaume et de la santé du Roy, avoit esté moult enormement injuriée en pluseurs de ses supposts en ladicte eglise, *dum missa celebrabatur*, et dehors en la rue S. Antoine et derriere l'eglise dudit S. Anthoinne, en la rue où estoit la maison de messire Charles de Savoisy, chevalier, et en sa dicte maison par aucuns ses vallés et autres qui avoient batu d'espées et trait de ars et saiettes pluseurs escoliers de la dicte Université impourveument et dont ne se donnoient garde; et avoit esté cest outrage à l'occasion d'aucuns pages qui, près de la dicte eglise de Saincte Katerine en genetant leur chevaulx, *sua consueta insolentia*, empeschoient lesdiz escoliers à entrer en ladicte eglise, pourquoy les enfans escoliers leur giterent pierrettes pour les faire arrester et soy tenir en paix, dont lesdiz pages s'en fuirent, comme l'en dit, audit hostel ou environ, et esmurent lesdiz maufaicteurs qui vindrent en grant fureur, et firent lesdiz excès. Ycelle Université, au jour d'ui dessusdit, a requiz en ladicte Court, pour ce que au Grant Conseil estoit appoincté que ladicte Court leur feroit justice desdiz excès, y luy pleust d'arrester prisonnier ledit chevalier. Si a ordonné ladicte Court que ledit chevalier sera arresté, et lui sera faicte defence à peinne de bannissement, de confiscation de touz ses biens, et d'estre attains de touz les malefices ledit jour perpetrez, que de la ville de Paris ne se parte, jusques à ce que icelle Court en avera autrement ordonné[1].

Conseil, XII (X^{1a} 1478), fol. 166 v°.

Samedi, xxvij° jour de juillet.

Cedit jour, a esté apportée par le prevost de Paris en la Court la cedule dont la teneur s'ensuist :

---

1. Ce récit des scènes de désordre, qui dégénèrent en lutte à main armée, entre les suppôts de l'Université et les gens du sire de Savoisy, a été reproduit par D. Félibien, *Histoire de la ville de Paris*, t. IV, p. 547.

Pour ce qu'il est venu à la cognoiscence du Roy et de nos seigneurs que, depuiz ce que appoincLié avoit esté que la Court de Parlement cognoistroit de certain descort meu ou esperé à mouvoir entre l'Université de Paris et aucuns autres, et voloit le Roy que toutes voies de fait cessassent d'un costé et d'autre, et aussy ceulx de la dicte Université eussent miz certeinnes cedules en pluseurs lieux en defendant aux suppoz d'icelle toute voie de fait, et depuiz ce aucunes personnes incogneues et meues de mauvaise volenté ont miz et ataché aux portes de l'eglise de Nostre-Dame de Paris et de pluseurs autres eglises certeinnes cedules diffamatoires en langage françoiz, le Roy defent à toutes manieres de gens, de quelque estat qu'ilz soient, que d'ores en avant aucun ne soit si hardi, ne si osé d'atacher aucunes teles cedules aux portes desdictes eglises ne autre part, sur quanque ilz doubtent encourir son indignation à tousjours, et sur quanque ilz se puent mesfaire envers lui; et s'aucun est trouvé faisant le contraire, on en prendra tele punition que ce sera exemple à tous autres.

Ceste cedule dessusdicte a esté cedit jour publiée en la grant sale à la fenestre par Robert Chaurre, huissier.

Matinées, IV (X^{1a} 4786), fol. 359 r°.

Vendredi, premier jour d'aoust.

Au jour d'ui, a esté apporté et miz par devers la Court par J. Vrien, examinateur ou Chastellet de Paris, ce qui s'ensuit[1] :

---

1. Le fait que rapporte ici Nicolas de Baye ne semble pas offrir en lui-même un grand intérêt, mais, si nous le rapprochons de la plaidoirie qui y fait immédiatement suite, nous voyons qu'il ne s'agit rien moins que d'un conflit entre deux juridictions jalouses de leurs privilèges, celle du prévôt de Paris, d'une part, et celle du grand maitre de l'hôtel du Roi, d'autre part. Les scènes populaires décrites dans la plaidoirie en question ne sont mentionnées dans aucune des chroniques de cette époque, c'est ce qui nous engage à reproduire par extrait quelques-uns des passages les plus curieux :

« Entre le grant procureur du Roy et le prevost de Paris, d'une

Primo, en un sac, iij fons d'escuelles d'argent avec pluseurs bordeures et rongneures d'icelles escuelles,

part, et aucuns singuliers que nommeront, se mestiers est, d'autre part. Proposent lesdiz procureur et prevost, en supposant premierement que l'onneur du Roy comme roy c'est justice, qui est sa dextre main, et la justice souverainne, c'est celle de Parlement qui est capital; la derreniere, c'est celle du Chastellet de Paris, laquelle le prevost de Paris, le procureur du Roy et les commissaires du Chastellet representent, et qui à eulx resiste, au Roy et à sa justice resiste. Et puiz, en venant au cas, dient que Guillaume de Fretin ala mardi derrain passé au Chastellet de Paris, comme serviteur de messire Pierre de Navarre, et dist au lieutenent du prevost criminel que Guillemin Auffroy estoit souspeçonnez d'avoir osté audit messire Pierre de Navarre iij escuelles d'argent, en requerant le remede de justice. Pour quoy, maistre Robert de Tuillieres, lieutenent criminel, commist maistre J. Vrien, en lui disant qu'il interrogast le larron qui estoit en franchise, et s'informast, et le preist, si povoit, et saisist ses biens. Si ala Vrien où estoit le larron, l'interroga et trouva presumptions contre lui, et après s'informa, et outre trouva ij chevaulx en ij lieux que l'en disoit estre audit larron, et les mist en la main du Roy en faisant les defences acoustumées. Et puiz ala à la maison de Symon de St Benoit, ou mesnage Alain de Compans, où ledit larron avoit mandé que l'en destornast ses biens, et là trouva un coffre, duquel offri la clef la femme dudit St Benoist. En icellui coffre furent trouvées pluseurs roigneures et fons d'escuelles d'argent, signées aux armes dudit Navarre, et autres choses. Ce fait, adjourna ledit Vrien ledit larron à iij briefs jours, et ce relaté à Tuillieres, il ordonna que lesdiz chevaulx seroient amenez ou Chastellet, à quoy ledit Vrien commiz ala sur un appellé Guillemin Notar et un autre, où estoient lesdiz chevaulx par avant, et trouva que Jehan et J. le Roy les avoient desplacé nonobstant les defences faictes, et estoient miz iceulx chevaulx sur ledit J. le Roy. Pour quoy Tuillieres, ce oy, ordonna maistre Jaques Cardon pour amener lesdiz chevaulx en l'estable du Roy oudit Chastellet. Si ala Cardon en la maison dudit J. le Roy, et trouva l'un desdiz chevaus et le fit mener ou Chastellet, et l'autre chevauchoit ledit J. le Roy, auquel par un sergent à ce commiz fu fait commendement entre le Palaiz et Chastellet qu'il baillast ledit cheval pour mener ou Chastellet, dont fu refusant, maiz plus, ou contempt de ce fery en aucunes desquelles rongneures sont empraintes les armes de messire Pierre de Navarre, pesant tout

le cheval de l'esperon et le fit monter sur les piez dudit sergent, et derechief devent le Chastellet lui fit ledit sergent pareil commendement. Si lui dist J. Le Roy qu'il estoit un très mauvaiz garson, et lui bailla le cheval. Dient que après disner, ou contempt de ce que dit est, messire Robert du Boissay, chevalier, le Grant Perrot, J. Yvrenage, le Grant Hannequin, J. Ranguet, Reyneval, Paulet, Olivier Le Carrelier, J. Le Roy, Husson Françoiz, un appellé Bouquet, Henry Le Franc, un dit de Rouvres, un autre appellé Nyvelot et plus d'un c d'autres, accompaigniez de pluseurs, vindrent par les rues de Paris en grant assemblée et multitude, et entrerent atout espées nues en l'ostel dudit maistre Jaques Cardon, et firent Yvrenage garder l'uiz, sercherent tout l'ostel, et après midrent espies en pluseurs lieux pour trouver Cardon, lequel revenant dudit Chastellet par la rue de la Cordouannerie près de la Tableterie, fu arresté par ledit Bouquet, en metant la main à lui de par le Roy, et en disant : De par le Roy et de son commendement de bouche, venez en prison, et parlerez à Boissay. Et combien qu'il appellast de lui, de Boissay et de ses commandemens, le prist et l'amena et bailla à Boissay, qui lui dist ou ses gens que se rendist, lors leur signifia son appel que fait avoit et ancor faisoit. Et après fu miz sur un chevalet et menez par la rue de la Voirrerie et autres rues à grant huy et cry, à l'ostel du Roy, à S. Pol, le pueple tout esbahy de ce que l'en faisoit au commiz du prevost de Paris, et à ce huy vindrent pluseurs sergens aux quelz Boissay dist qu'il se traïssent arrieres ou mal pour eulx, et furent reculez en aventure de grant peril et de vitupere des menistres de justice ; car aucuns disoient que ledit Cardon estoit cellui qui avoit desrobé Navarre, les autres autrement. Dient que ledit Cardon amené à S. Pol fu presenté au grant maistre d'Ostel qui lui fit bailler caution, et puiz fu gardéz en la chambre Boissay, nonobstant qu'il maintenist et deist par especial à Blanchet Braque, qu'il avoit appellé et ancor appelloit.

« Pour quoy se sont traiz devers la Court, qui, après ce qu'elle en a fait mettre aucuns en la Conciergerie, a ordonné que ceans seroient les parties oyées. . . . .

« Pour quoy concluent..... que ceulx qui ce ont fait soient condempnez à ramener Cardon honorablement et publiquement de Saint Pol à la Tableterie et en autre amende honorable à la dis-

ce quatre marcs une once douze estellins et obole.
Item, une ceincture d'argent esmaillée sur un tissu

cretion de la Court, et ceulx qui sont de moindre estat que Boissay soient puniz hola, *quia criminale*, et soient condempnez à amendes proufitables de xx^m libvres, dont sera fait œuvre publique ou Chastellet ou ailleurs . . . .
et requerent que Boissay et ses complices soient menez ou Chastellet jusques à ce qu'ilz aient nommé tous leurs complices...

« Partie adverse defent et dit que ledit larron embla lundi derrain passé iij escuelles d'argent à S. Pol, pour quoy s'en ala pour franchise avoir en l'eglise de S. Pol, où fu interroguez par maistre J. Le Roy, procureur en l'ostel du Roy, et confessa le cas, et pour ce fu adjornez à iij briefs jours, et fu ordonné par le grant maistre d'Ostel que ses biens seroient inventoriez et miz en la main du Roy, attendu mesme que ledit larron se disoit vallet de chambre du Roy, et fu tout ce fait avant l'exploit fait et proposé par partie. Dit que le larron bailla son anneau comme pour enseigne, afin que l'en ne feist effraction où ses biens estoient, et par ce furent inventoriez, et furent ses chevaus miz en l'ostel dudit J. Le Roy, où Cardon mena xxx sergens et grant nombre d'autre gens, qui est chose de mauvaiz exemple, et prist l'un desdiz chevaulx, nonobstant que l'en lui deist que de par le grant maistre d'Ostel estoient miz leans lesdiz chevaulx. Et après ce ala Vrien dessus nommé en l'ostel Symon de St Benoist, où prist les biens appartenans audit larron, combien que l'en lui deist qu'ilz estoient en la main du Roy et de ses maistres d'Ostel, et les emporta ou Chastellet ou ailleurs, et après que J. Le Roy fust venus ceans pour avoir conseil sur ledit fait, fu suiz de pluseurs sergens jusques au Chastellet, où fu arrestez, et le fit l'en descendre de dessus son cheval. Dit que à l'eure que le dit Boissay estoit hier alez à Saint Bernart avec le grant maistre d'Ostel du Roy pour parler à l'Université, le prevost de Paris, ou son lieutenent Tuillieres prist grant assemblé et ala es Hales adjourner Boissay et ledit J. Le Roy à troiz briefs jours à trompes le jour de la S. Germain, en presence de plus de iiij^m personnes, et estoit la forme de l'adjornement pour ce qu'il empeschoient, comme il disoient, le bien de justice, en injuriant sanz cause et sanz raison ledit Boissay qui est si noble que chascun scet, qui si bien a servi le Roy, et qui est sages, riches et chevalier bien resseant, et non fuitiz, qui onques ne fu approuchez ne reprinz d'aucun crime. . . . .

de soye à xj cloz, boucle et mordant d'argent. Item, une dague, atout la gainne garnie d'argent. Item, deux bourses à boutons d'argent, en l'une desquelles a trois gros blans. Item, six plates d'argent à faire six hanaps, six souages pour asseoir soubz lesdiz hanaps et quatre filez à mettre soubz quatre d'iceuls souages, et une plate d'argent en masse, tout ce pesant sept mars quatre onces, ou environ, pesez par Robin Beson et J. Hebert, orfevres jurez; lesquelles choses ont esté trouvées en un coffre appartenent à Guillaume Hefroy dit l'Ainsné, trouvé ycellui coffre en l'ostel de Alain de Compans, orfevre, demourant à Paris, devent le Palaiz, comme disoit ledit Vrien.

Matinées, IV (X^{1a} 4786), fol. 364 v°.

Mercredi, vj° jour d'aoust.

Cedit jour, monseigneur l'evesque de Paris a confessé avoir eu et receu par la main de certeins commissaires de ceans certains biens dont l'inventoire est registré dessus le premier jour de ce present moiz, lesquelz biens estoient devers la Court, pour l'occasion du larron appellé Guillemin Aufroy qui par avant avoit lesdiz biens, et lequel larron, pour ce qu'il a esté trouvé clerc, a esté rendu audit monseigneur l'evesque.

Matinées, IV (X^{1a} 4786), fol. 370 r°.

Pour quoy concluent en demandant contre le prevost, Tuillieres, Cardon et Vrien, pour le procureur du Roy en son Hostel pour Boissay et ceulx qui ont esté criez à amende honorable à la discretion de la Court et prouffitable audit procureur du Roy de x^m (lib.) et soit dit ledit exploit et cry torçonnierement et dampnablement avoir esté fait pour quoy soit dit nul, et soit ainsy cryé à trompes par Paris. . . . .
et soient condempnez à Boissay en x^m et au grant maistre d'Ostel

Mardi, xix⁰ jour d'aoust.

Ce jour, l'Université de Paris a proposé[1] ceans par la bouche d'un frere mineur à l'encontre de messire Charles de Savoisy, chevalier, par theme : *Deprecabantur eum, ut imponeret ei manum*, Marc[2], en ce demenant par ce que, comme par un sirurgien est guerie la plaie, aussy sera ceste doloreuse plaie, qui est divulguée par tout le monde, que a fait ledit chevalier, en prenant la similitude d'un chien qui met sa pate et langue à sa plaie. Et puiz vient au cas : que, le lundi que fu xiiij⁰ de juillet, l'Université ala, assemblée de toutes ses facultez et nations, en pelerinage solonelment pour la paix de l'Eglise, santé du Roy et biens de terre à Saincte Katerine, où furent premierement petis enfans estudians assailiz *in primo ordine* et puiz autres indifferaument par les gens de messire Charles de Savoisy, en l'ostel duquel se retournerent et d'où estoient issus, et là furent par lui receptez, aidez, confortez, montez et armez pour faire lesdiz cruelx crimez, quel merveille, à tel pot, tel cuiller, à tel chien, tel os. Ledit chevalier a esté son temps et est garniz de mauvaises gens et serviteurs bateurs et crimineulx : *Rex iniquus iniquos ministros habet*, et dit que yceulx maufaiteurs batirent, fraperent et navrerent pluseurs à xᵐ et à J. Le Roy et à Bouquet en autres xᵐ libvres avec amende honorable. . . . . »

1. Il faut rapprocher ces propositions, soutenues au nom de l'Université de Paris, de la plainte de la même Université au Parlement contre Charles de Savoisy, présentée par le chancelier Jean Gerson. (Du Boulay, *Hist. Univ.*, t. V, p. 96-106.)

2. Voici le texte dans son entier, d'après l'évangile selon saint Marc, chap. vii, vers. 32 : *Et adducunt ei surdum et mutum, et deprecabantur eum, ut imponat illi manum*.

escoliers qui très doucement et devotement et simplement aloient en procession, non armez ne que aigneaux, et, qui pis est, les poursuirent et chaccrent à espées, dagues, couteaux, ars et saiectes en traiant sur eulx et jusques en l'eglise de S. Caterine, à l'eure mesme que *corpus Domini* estoit entre les mains du prelat qui disoit la messe, à ce que l'en veist avenir ce qui est dit des paiens : *Deus, venerunt gentes in hereditatem tuam, polluerunt templum sanctum tuum, posuerunt Jerusalem in pomorum custodiam*[1], qui est moult grief et de moult grant punition que violer le temple de Jhesu Crist, où toutz doivent estre asseurs. Recite à ce propos les histoires de Troies, d'Achilles qui fut tué ou temple d'un des Diex, de Helene qui fut ravie ou temple Venus, quelle vengence et comme cruelle et longue fu faicte et prise de ce, par plus fort raison ou present cas, de crestiens ou qui se dient crestiens à telx crestiens que sunt les enfans et innocens estudians, et ou saint Temple de Dieu assemblez pour les iij causes dessusdictes, *quia in presens, si inimicus maledixisset mihi, sustinuissem utique, et si is qui oderat me, super me magna locutus fuisset, abscondissem me forsitan ab eo. Tu vero homo unanimis, dux meus, et notus meus, qui mecum dulces capiebas cibos*, etc. Sequitur *Veniat mors super illos et descendent in infernum (viventes). Veniat*, id est, veniet, scilicet in glosam, *quoniam nequitie in medio eorum*[2]. *Declarat quia posuerunt Jherusalem in pomorum custodiam*, id est Universitatem in

---

1. Cette citation qui, sauf le début, ne se trouve indiquée que par les premières lettres de chaque mot, est empruntée au psaume 78, vers. 1.

2. Tout ce passage est extrait du psaume 54, vers. 13 à 16.

desertionem, pour ce que l'en ne lit, ne presche, ne despute l'en a par especial en ceste noble theologie ou college de Serbonne en ce temps present qui est ordonné auxdictes desputoisons, maiz sont espars les escoliers et seront plus, se remede n'y est miz, pour ce que *posuerunt morticina servorum suorum*[1], et pour ce que les escoliers et serviteurs de Dieu qui faisoient le divin service à S. Caterine et l'oyoient, et où estoit faicte predication pour les iij poins dessusdiz, furent en ce service delessiez et dechacez, quant les ennemiz de Dieu et persecuteurs survindrent, en tant que sembloit que la persecution de Saint Thomas de Cantorbie fust retournée, car les saiectes voloient près du prelat qui celebroit et estoit près de la perception, et falu qu'il attendist la fureur un peu passée, aussy falu que le prescheur cessast, et tout par le fait de Savoisy et de ses menistres qui a acoustumé de faire telz choses. Il bati le procureur du Roy, il a batu la fille du Roy, c'est assavoir, l'Université de Paris qui ly puet dire : *Multa opera bona ostendi vobis, propter que vultis me lapidare*[2]. Se il la welt lapider, pour ce qu'elle prioit pour la paix de l'Eglise, il n'est pas bon crestien, se pour prier pour la santé du Roy, ce que faisoient, il n'est pas loyal au Roy, se pour les biens de terre dont le pueple vit, il n'est pas digne d'estre entre gens, comme tourbleur de police. Qui est plus cruel que eulx qui batoient petis innocens de non pas de pommes,

---

1. Ces paroles sont tirées du psaume 78, vers. 2.
2. La citation est écourtée; voici le véritable texte, tel qu'il est fourni par l'évangile selon saint Jean, chap. x, vers. 32 : *Multa bona opera ostendi vobis ex patre meo, propter quod eorum opus me lapidatis.*

maiz de cousteaux, et sanz nulle resistence, car combien que les juesnes hommes, artistes fors et apers, qui n'avoient de quoy eulx defendre eussent prinz, l'un le baston à estaindre les chandoilles de l'eglise, les autres ce que povoient trouver par l'eglise, toutevoie au seul signe du recteur se souffroient, n'onques l'en ne les vit plus obeissans ne plus devotement assemblez que ledit jour. Helas, ceste plaie a jà longuement duré sanz remede, et si n'y a ancor aucun qui l'ait confortée : *Vulnus et livor et plaga tumens* [1], se dit le prophète, *et non est circumligata, neque curata medicamine, neque fota oleo.* Il y a un moiz qu'elle ne cesse de crier, de latrer comme le chien, à qui souvant sont comparez les clers selon les docteurs de l'Eglise, pour ceste plaie curer et la leche souvant, et si ne ly ayde l'en pas, elle fait son povoir et de sa langue, à ce que la pate et main y soit mise et sinon a point d'effect : *Sagite parvulorum facte sunt plage eorum, et infirmate sunt contra eos lingue* [2]. Aucuns d'eulx furent navrez ou cuer de saiectes qui sont en peril, les autres ou chief, autres es bras, autres es gembes, autres es mains, pour quoy, *conturbati fuerunt qui videbant eos et timuit omnis homo* [3], tellement que pluseurs de plus de iij jours ne povoient revenir à eulx, dont un religieuz est devenus *alienatus a mente*, maiz *letabitur justus, cum viderit vindictam manus suas*, etc. [4], combien que le sanc ne demande point.

1. Ce texte appartient au livre d'Isaïe, chap. I, vers. 6. Le prophète s'exprime en ces termes : *A planta pedis usque ad verticem, non est in eo sanitas, vulnus et livor*, etc.

2. Cette citation est empruntée au psaume 63, vers. 9.

3. Ces paroles sont tirées du même psaume, vers. 10.

4. Le texte en question fait partie du psaume 57, vers. 11; il

Maiz retournent à la Court à ce que souvereinement y pourvoie, et telement que soit acomplie de Gedeon *Judicum : Duc populum ad aquas*[1], etc., *Populus* Université est, Madian est Savoisy et ses menistres qui ce ont fait, aussy fit batre son pere pluseurs escoliers en la Cousture S. Caterine. *Duc*, donques, *populum ad aquas, scilicet sapientie hujus Curie*, qui weille metre la pate à ceste plaie agravée. Allegue outre à un autre point la iiij° declamation de Seneque[2], *in declamationibus*, applique le seigneur ou pere à Dieu, qui dissimule la prostitution de son espouse, l'Eglise, et le filz puet estre dit Savoisy, que ne venga pas celle prostitution, ce que povoit, car lui voiant batre en sa maison le bedel de theologie, duquel ne fit pas comme le recteur, qui ce jour garda un que l'en disoit des gens Savoisy d'estre batu, maiz en envoya les maufaiteurs garniz de chevaulx, si ne doit point estre dit filz, maiz le prevost de Paris qui a dissimulé, si doit

doit être ainsi complété : *Manus suas lavabit in sanguine peccatoris.*

1. Ce passage se trouve dans le livre des Juges, chap. vii, vers. 4. Voici le texte intégral : *Dixitque Dominus ad Gedeon :* « *Adhuc populus multus est, duc eos ad aquas, et ibi probabo illos.* »

2. Afin de mieux faire comprendre ce passage, assez obscur, du plaidoyer en faveur de l'Université, Nicolas de Baye a jugé à propos de mettre en regard le thème développé par Sénèque, en le faisant précéder de cette rubrique :

VERBA MISTERIOSA SEQUENCIA.

Declamacio Senece :

Adulterum cum adultera qui deprehenderit, dum utrumque corpus interficiat, sine fraude sit.

Liceat adulterium in matre et filio vindicare. Vir fortis in bello manus perdidit : deprehendit adulterum cum uxore, de qua filium adolescentem habebat; imperat filio ut occideret, non occidit, adulter effugit, abdicat filium.

estre abdiqué, pour quoy la Court sera la fille bonne et juste qui y metra remede. Et dit que combien que le fait soit notoire, *tamen facte sunt plures informationes*, si requierent que soit verifié en la Court ce que est *Danielis quinto*, de Baltazar qui vit *in pariete manum scribentem : Mane, Techel, Phares*, par iij doiz, *pollicem, indicem et medium*, qui signifient iij estaz en la Court, presidens, conseillers, advocas et notaires, et escripvirent *in candelabro aule* — *luminari fidei*, MANE, *numerus numerando inconvenientia longi temporis ;* TECHEL, *appensio ponderis, pensando circonstancias facti*, et PHARES, *divisio*, — *Curia dividat lucem a tenebris et palliationes a veritate*. Et soit adverti par la Court, comme ilz supplient, un privilege qu'ilz eurent du temps de Philippe le Conquerant contre un prevost de Paris appellé Thomas, sur l'occasion de v escoliers tuez en plainne rue, ce qu'il en fut ordonné.

Messire Charles de Savoisy ou maistre Guillaume Cousinot, son advocat, propose les excusations dudit chevalier, en soy excusant envers l'Université, et propose que *peccata suos debent tenere auctores et non ultra progredi*, allegue la loy, et ce dit à la justification dudit chevalier, et dit que le fait de Saincte Katerine ne se puet justifier, ne ne le voudroit, ne ne velt justifier ne excuser, et ce proteste. Maiz, quant audit chevalier ne son pere, onques ne firent ne procurerent mal contre l'Université, maiz estoit son pere un grant piller pour l'Université envers le Roy Charles. Quant à lui aussy ne voudroit mespranre vers elle, ne ne volt onques, aussy eut de ses freres escoliers en l'Université, et de present aussy y a de ses parens, si n'est point presumption qu'il voulsist rien faire contre elle, maiz vouldroit tousjours ycelle reverer. Quant au cas, il y a ij faiz, un sien et un autre touchans autres qui n'est point son fait. Et quant à son fait, dit qu'il est noble de generation et chambellain du Roy, lequel a servi noblement et comme il appartient, et à bien faire a emploié sa juenesce. Dit que en juillet derrain arma en Normandie une galiote de compaignons d'armes, dont il estoit venus à Paris en chevauchant hastivement, et estoit mahaitiez, si manda le xiiij^e de juillet derrain le medecin qui ala à lui et lui dist que se reposast, et estoit environ viij heures, et fu en son lit jusques à ix heures, que en son hostel avoit grant murmure, et lui dist l'un de ses serviteurs que l'en tuoit ses gens : si vint à une fenestre atout un jupon et mist la teste dehors, et peut estre que vit l'un de ses gens qui wolt fraper un long vestus, ne scet s'il est bedel, et lui cria que ne le ferist, *alias* le feroit pendre, et ne fu pas feru par la parolle dudit Savoisy. Après defendi à ses gens que ne feissent mal, maiz cloissent les huiz, et ce a eu son conseil de sa bouche. Et tost après assés ij de l'Université vindrent à lui de par le recteur, si les salua tout esmeu de l'esclande que l'en faisoit à sa maison, et lui dirent que aucuns de l'Université avoient mespriz en son hostel, et leur en desplaisoit, et les puniroient, et aussy avoit de ses gens qui avoient mespriz envers l'Université et que les punist, et il respondi qu'il en pourchaceroit justice estre faicte, et ne faloit point qu'il eussent seurté de lui, et s'attendoit quant à leurs escoliers et supposts à culx, et les mercia, et se departirent honestement et paisiblement ; si appert par ce de son innocence, et voudroit que les nocens fussent icy presens pour grant partie de sa chevance. Dit oultre que ledit xiiij° jour, un vallet aloit ou venoit de la riviere atout un grant cheval, et en passant devent les enfans qui pipoient, comme aucune foiz font, le cheval s'esmut et esclissa aucuns, dont il cheterent et pierres et boes, tant que falu que descendist; après vindrent ij vallès de son hostel à ij chevaulx en la place non pavée pour trocer leur chevaulx qui s'esmurent pour les enfans qui cifloient, et crioient les escoliers *ad lapides*, et les suirent et poursuirent jusques à la maison de Savoisy, et *ad motum* iiij vel vj s'esmurent iij°, et tant que par force entrerent en la court de Savoisy, alors se revengerent ses vallès qui furent aucuns navrez de pierres, et fu lors que desmut ses gens. Et pour ce que rumeur fut que l'en tuoit les gens de Savoisy en son hostel, aucunes gens d'entour le bordeau de Tyron trairent et issirent de la taverne, et prirent ars et cousteaus, et tandis que les escoliers estoient en sa rue, les poursuirent et chacerent, non pas que les veist ne ne cognoisce, et ceulx sont dignes de punition, et non pas *innocentes*, car de raison ancor vaudroit miex *delictum remanere impunitum quam innocentem punire*. Allegue audit fait conjectures, car audit jour et heure avoit moult peu de gens, et n'y avoit un seul gentilhomme, ne en son hostel n'y avoit armeures, ne ars, ne saiettes, et pour ce que partie a requiz les delinquans soient puni, le welt, maiz parce qu'est innocent, lui ne doit point estre puni, attendues les conjectures, et lui plaist que la Court extende à ce cas sa main, à quoy s'atent et y a fiance. Et à ce que partie a dit de l'Université qui est bel joyeau, vray est, car par elle la foy et crestienté est essaucée; quant à lui onques ne fit excès, fors un du procureur du Roy en son hostel, dont en a esté delivrés par le Roy et sa justice de ceans, où sa grace et remission fu enterinée, maiz onques autre villain cas ne fist ; quant au cas present, il y a respondu, car de la venue de ceulx qui vindrent à son hostel, il n'en scet rien, ne n'en fit rien, ne ne doit point estre dit receptateur, attendu la nature de receptation, où science est requise et communication, et s'il eust sceu que maufaiteurs y eussent esté, ne les eust pas laissié issir, maiz doit estre dit, cel fait plus *fato* estre avenu que de propos et volenté. Et à ce que l'en lui pourroit dire que le povoit empescher et ne l'a pas fait, dit que ce est à dire et entendre, quant aucun scet aucun voloir faire delict ou crime, et à lui apartient de l'empescher et ne l'empesche, il en est tenu, *non sic in proposito suo*, car il ne scavoit rien du fait, maiz furent aggresseurs les escoliers, et si a fait bonne diligence d'envoier ses gens en Chastellet ou en la Conciergerie. Quant à ceulx qui s'en sont fuiz, ne sont pas à lui, et si les savoit à LX lieux, les poursuiroit par justice, si requiert estre excusé, et soient veues les information faictes à sa justification, si ne conclud autrement, veu que partie aussy n'a point conclu, et si faloit conclurre, sa conclusion s'ensuit *ex suo facto*.

Ce fait, le president a recommandé la Court en prenant ces mos : *Opera que ego facio testimonium perhibent de me, et a fructibus eorum cognoscetis eos*[1]; la Court fera si bien justice et raison telement que parties s'en tendront pour contens. Et a dit la

---

1. Ces paroles sont extraites de l'évangile selon saint Jean, chap. v, vers. 36, et de l'évangile selon saint Mathieu, chap. VII, vers. 20.

Court que se les parties wellent soy arrester aux information et à ce que tout soit fait souverenement et de plain, et en ce cas la Court parleroit de bouche audit chevalier, et en oultre fera ce qu'il appartendra. Et sur ce le procureur de Savoisy, interrogué s'il advouoit son advocat, a dit que oy.

L'Université par son proposant a dit au contraire de ce que partie avoit dit que ij des maistres ou supposts avoient envoié audit Savoisy, qu'il n'en est rien, et après ont mercié la Court et priz jour à respondre sur ce que la Court a interrogué les parties, si se wellent rapporter aux informations, l'Université a priz à revenir sur ce dire leur responsce à demain à ix heures, et partie adverse a dit que n'est pas raison qu'ilz dient leur responce, jusques à ce que l'Université ait dit la sienne, attendu qu'il est defendeur, et pour ce parlera le conseil dudit chevalier à lui, et aussy en revendra à demain à ix heures.

Mercredi, xx° jour d'aoust, au Conseil.

Cedit jour, environ x heures, par maistre André Cotin, advocat ceans, a fait proposer non pas par lui comme advocat, maiz comme suppost d'icelle Université, en respondant à certain interrogatoire hier fait par la Court, en remerciant la Court de la bonne affection et diligence qu'elle a eu et a adès à ladicte Université en ce fait selon justice et raison, en suppliant en oultre qu'elle weille perseverer en leur justice, et proteste qu'il ne tend que à fin civil. Et dit que après le propos hier fait par elle et la response de messire Charles de Savoisy, chevalier, et que la Court exposa partie de la besoigne, et pour ycelle abbreger demanda se les parties voudroient descendre à pranre droit par les informations, et que sur ce eust delay; si a deliberé sur ce ycelle Université et dit qu'elle a requiz la Court representans le Roy, à qui a acoustumé de recourir, et ce que proposa hier et ancor propose, ce ne fait pas ne ne fit comme partie formelle qui se face contre Savoisy, maiz comme denunciant les excès qui lui ont esté faiz par ledit Savoisy, pour en avoir justice et y estre procedé souverenement et de plain, et pour ce a amenistré tesmoins, à ce que par la prise dudit Savoisy l'en l'y face justice. Et ancor supplient et requierent que la Court, *ex suo nobili officio*, procede à lui faire raison et justice, et si n'y a assez preparatoires, est preste de les administrer, et que le procureur du Roy face ce que lui appartendra. Si dit que par ceste maniere la Court y doit proceder, et ce requierent.

La Court ou le president pour elle recite que en la Court est acoustumé par le stile de proceder aucune foiz par voie ordinaire, aucune foiz par voie extraordinaire, *ut in criminibus*, es quelx aussy selon l'exigence du cas l'en procede par voie ordinaire, maiz par informations n'est pas accoustumé de condempner, maiz seulement de mettre parties en procès. Et pour ce que l'Université, que la Court voudroit adès conforter et ayder par justice, ne se welt point rapporter aux informations, selon ce que avoit hier esté interrogué, ne saveroit ne ne pourroit condempner ou absoudre.

Savoisy propose et dit que, attendu l'appoinctement hier fait par la Court, se l'Université eust respondu *formaliter*, eust aussy respondu trancheement, et pour ce que la maniere et propos de l'Université n'est pas accoustumée, c'est assavoir que la Court à la seule denunciation d'une partie face droit, maiz se doit ycelle Université constituer partie, autrement pourroit gaigner contre raison, et *claudicaret judicium, quod equa lance procedere debet.* Dit qu'elle doit respondre premierement, et, ce fait, est prest de respondre, *aliàs* n'est recevable ne raisonnable la requeste de l'Université, maiz apartient au procureur du Roy ce que elle requiert et offre de respondre par peremptoires, si doit estre oy, non pas estre priz, ne contre lui estre procedé par voie extraordinaire.

La Court après ce et les parties oyes offre à faire justice et dit qu'elle verra les informations, et, ce fait, fera ce qu'il appartendra.

L'Université propose et dit qu'elle n'a pas parlé à Savoisy ne à Cousinot son advocat, et pour ce ne welt point repliquer au propos de Savoisy, maiz requierent justice à la Court, laquelle a dit qu'elle a ouvert les manieres de proceder ceans, et pour ce se arreste à son autre responce cy devent faicte, si procedera *ex nobili officio,* et autrement, comme il appartendra.

Matinées, IV (X^{1a} 4786), fol. 379 v° et suiv.

Samedi, xxiij° jour d'aoust.

Cedit jour, a receu le graphier la cedule de certainne ordonnance ou condempnation [1] faicte par le Roy en son Grant Conseil, pour et au prouffit de l'Université de Paris à l'encontre de messire Charles de Savoisy,

---

1. Le texte de cette condamnation prononcée contre Charles de Savoisy a été reproduit par Du Boulay, *Hist. Univ.*, t. V, p. 107, et par Dom Félibien, *Histoire de la ville de Paris*, t. IV, p. 547.

chevalier et chambellain du Roy, et aucuns ses vallés et familiers, et autres crimineulx, sur le propos d'icelle Université, d'une part, et dudit Savoisy, d'autre part, le xixᵉ de ce moiz, ou livre des Plaidoiries de l'an CCCC IIII, et du xixº de juillet, ou livre du Conseil oudit an. Et combien que la Court de ceans, pour ce que au temps du crime par les dessusdiz Savoisy et vallés crimineulx perpetré, le Roy estoit mauhaitié, si n'y povoit pourveoir en sa personne, eust esté ordonnée et chargée ou grant Conseil de pourveoir à ladicte Université, que par ja près de v sepmaines avoit cessé de sermons et faiz scolastiques, toutevoie, pour ce que le propos et entention de l'Université tendoit à fin et maniere non accoustumée ceans, pour ce qu'elle protestoit qu'elle ne se faisoit, ne ne voloit faire partie, maiz requeroit *ex nobili officio Curie* estre satisfaite et reparée desdiz crimes et malefices, et que l'en n'a ceans accoustumé en fait de justice, fors proceder es causes où il a demandeur et defendeur, le Roy retourné en santé, en son Grant Conseil, consideré lesdiz malefices, propos dessusdiz et ce qui faisoit à considerer, a ordonné estre fait et dit ce qui s'ensuit, par une cedule baillée audit graphier pour estre enregistrée.

Il sera dit que le Roy ordonne que la maison messire Charles de Savoisy sera demolie et abatue [1] aux coulx et despens de la matière d'icelle maison, et le residu d'icelle matiere sera baillée à l'eglise de Saincte Katerine du Val des Escoliers, en laquelle eglise partie des offenses et malefices proposez par l'Université

---

1. V. au Criminel (Xᵃᵃ 14, fol. 206 vº) la teneur de l'ordonnance rendue en présence du Roi en son Grand Conseil, portant que la maison de Savoisy serait démolie.

furent faiz, et se commencera la demolition mardi prouchain, qui sera faicte par les officiers du Roy et par justice. Avecques ce, le Roy condempne ledit messire Charle de Savoisy en cent libvres parisis de rente admortie, qui sera assise à l'ordonnance de la Court de Parlement, pour fondation de chappelles, et aussy le condempne en mil libvres tournoiz pour satisfaire aux blessiez de ladicte Université par l'ordonnance d'icelle Université, et en autres mil libvres tournoiz au prouffit de l'Université. Et delivre le Roy ledit messire Charle de l'arrest ou mainmise en la personne dudit messire Charles, et de touz procès contre ladicte Université. Et n'est mie l'entention du Roy que les serviteurs, familiers, ne autres quelcunques coulpables des crimes et malefices commiz contre ladicte Université soient en rien comprins en ceste ordonnance ou condempnation, maiz welt le Roy qu'ilx soient tres bien puniz selon leurs demerites, et enjoint à ses gens de Parlement, au prevost de Paris et tous autres ses justiciers que ilz les preignent et facent pranre où ilz pourront estre trouvez, et en facent telle justice qu'il en soit memoire et exemple partout[1].

Ce que dessus est dit a esté pronuncié en la presence du Roy en la grant sale de son hostel lez Saint Pol, à Paris, par le premier president de Parlement, le vendredi xxij^e de ce present moiz, presens le Roy de Navarre, les ducs de Berry et de Bourbon, oncles du

---

[1]. V. au Criminel l'arrêt du 6 septembre 1404 condamnant Ferran Discalle, espagnol, Gillequin Le Queux et Gérard l'Autrussier, serviteurs de Charles de Savoisy, à faire amende honorable en chemise, avec une torche allumée, à être fustigés et bannis du royaume. Ce document a été publié par M. Douët d'Arcq dans son *Choix de pièces inédites sur le règne de Charles VI*, t. I, p. 263.

Roy, l'Université de Paris, pluseurs contes, barons, chevaliers et escuiers, pluseurs du Grant Conseil et de la Court de Parlement et pluseurs autres. *Et qui vidit et audivit, testimonium perhibet de his*, present aux piez du Roy, ledit graphier. (Signé :) BAYE [1].

Conseil, XII (X¹ᵃ 1478), fol. 172 v°.

Vendredi, xxix° jour d'aoust.

Alexandre des Marez, changeur de Paris, a dit en la Court qu'il avoit ij mil frans touz prest de par messire Charles de Savoisy, et d'autre cousté mil et v° frans, d'autre cousté pour certeinne rente de c libvres parisis pour l'Université de Paris, envers laquelle avoit esté ledit Savoisy, huy a viij jours, condempnez, et ce a esté requiz estre enregistré.

Matinées, IV (X¹ᵃ 4786), fol. 389 v°.

Vendredi, v° jour de septembre.

L'evesque de Paris a requiz que l'en lui lesse mettre une eschelle à la Croix du Tiroir pour escheller ij maufaicteurs faulseres [2].

Matinées, IV (X¹ᵃ 4786), fol. 399 v°.

---

1. En marge se lisent les mots : *Pronunciatum in presencia Regis in sua domo, prope Sanctum Paulum Parisius, per primum Curie presidentem,* xxııᵃ *hujus mensis.* Un peu au-dessous de cette mention officielle, le greffier a ajouté cette note en quelque sorte personnelle, dont l'écriture est plus pâle :

Presens arrestum per quamplurimos scolares Universitatis, quoad dicte domus demolitionem, executatum fuit in promptu et quasi dicto cicius.

2. Le procureur du Roi forme opposition en se basant sur ce que : « La police generale de Paris appartient au Roy, ne des « haus justiciers n'a aucun qui doie avoir signe de haute justice « dedans les anciens murs de Paris mesques le Roy, combien « que aucuns se sont sur ce efforcez, maiz *non obtinuerunt*, car, « se ce avenoit, l'en ne verroit à Paris que pilloris. » Il ajoute

Mercredi, x⁰ jour de septembre.

Cedit jour, a esté ordonné que   , prestre, que l'en a trouvé nayé en Seinne, seroit enterré en terre saincte, nonobstant le procès pendant entre le Roy, d'une part, et l'evesque de Paris, d'autre, et sanz le prejudice du droit des parties.

Matinées, IV (X¹ᵃ 4786), fol. 401 r°.

Venredi, xij⁰ jour de septembre.

Cedit jour, ont esté presentées certeinnes lettres patentes sur la retardation d'un procès jugié dont l'arrest estoit à pronuncier, d'entre les religieus de Saint Germain d'Aucerre, d'une part, adjoint le procureur du Roy, et messire Gacelin du Boiz, chevalier, bailly de Senz et dudit Aucerre, Pierre Cousinot, procureur du Roy audit Aucerre, maistre J. Mauduit, lieutenent

que le Roi « est voier à Paris et n'y a que l'evesque qui ait voierie,
« non pas tele que le Roy, et se l'evesque a d'un cousté d'une
« rue et un autre de l'autre cousté, le Roy demeure justicier, et
« au lieu de la Croix du Tiroier a voirie et haute justice, ne autre
« là ne puet mettre signe de justice, et si est en possession oudit
« carrefour de faire batre et fustiguer. »

L'évêque repousse cette prétention et déclare être en possession de la haute, basse et moyenne justice dans l'enceinte de Paris, en observant que *telle n'ont pas S. Germain des Prez et le Temple*, et soutient qu'il n'a usé que de son droit en faisant *bannir, auriculer et fustiguer à la Croix du Tirouer, où furent hommes eschellez à eschelle droite*. A ce propos, le groflier note en marge que Villiers et Lefevre, conseillers en la Cour, furent *deputez à examiner certeins tesmoins à cause de l'eschielle*.

On peut remarquer ici une tendance non équivoque de la royauté à restreindre dans des limites aussi étroites que possible l'exercice du droit de justice dont jouissaient à Paris, ou du moins dont prétendaient jouir nombre de seigneurs ecclésiastiques, en tête desquels figure l'évêque.

dudit bailli, et autres, d'autre part, et lequel procès avoit esté jugié *supra*, le iij° de ce moiz de septembre[1], sur l'enterinement desquelles lettres, tout veu et considéré, a esté deliberé par tous messeigneurs dessusdiz, hors l'oppinion d'un ou de ij, que la Court n'obtemperera point auxdictes lettres[2].

Conseil, XII (X^{1a} 1478), fol. 176 r°.

Mercredi, xij° jour de novembre.

Cedit jour, fu ordonné, que non obstant que aucuns advocas et procureurs de ceans et autres eussent empetré devers le Roy nostre Sire l'office, bourses et gages de graphier criminel vacants ceans par la mort de feu maistre Jehan de Cessieres, jadis et en son vivant graphier criminel[3], que election seroit faicte du plus ydoine et convenable homme à tel office, qui n'estoit pas impetrable, maiz electif.

Conseil, XII (X^{1a} 1478), fol. 181 r°.

---

1. Par cet arrêt, le Parlement avait condamné le bailli de Sens et consorts à rétablir à leurs frais les édifices démolis par eux dans l'abbaye de Saint-Germain d'Auxerre, et avait enlevé toute juridiction aux officiers royaux d'Auxerre sur cette abbaye et son temporel, la faisant passer dans le ressort du siège de Villeneuve-le-Roi (Conseil, X^{1a} 1478, fol. 174 r°).

2. En marge, se trouve consignée cette curieuse observation du greffier : « Par defaut de secré garder on a souvent defaut ceans *ex levi verbo*, dont sont pluseurs *et de majoribus in magnam verecundiam culpati.* »

3. Jean de Cessières occupait le poste de greffier criminel du Parlement depuis le commencement de l'année 1375. Le 15 février, Denis Tite étant venu à mourir, « le Roy donna et ottroia ledit office à maistre Jehan de Cessieres, qui avoit esté clerc dud. m° Denis oudit office xii ans et plus (Conseil, X^{1a} 1470, fol. 135 r°). » On voit par le registre criminel (X^{2a} 14, fol. 209 r°) que Jean de Cessières décéda le 1er octobre 1404.

Juesdi, xiij° jour de novembre.

Ce jour, furent assemblez messeigneurs des ij Chambres et pluseurs des maistres des Requestes de l'Ostel du Roy, le procureur du Roy et les ij advocas du Roy, et fu esleu par la plus grant partie de mesdiz seigneurs maistre J. du Boiz, paravant notaire du Roy, en graphier criminel, et lui fu dit qu'il averoit les bourses et gages que avoit maistre J. de Cessieres, par avant graphier criminel, comme annexées audit office par l'ordonnance du Roy faicte au temps que le graphier civil qui est à present fu esleu.

Conseil, XII (X^{ta} 1478), fol. 181 v°.

Samedi, xv° jour de novembre.

Après ce, furent assemblées les iij Chambres, c'est assavoir de Parlement, des Enquestes et des Requestes du Palaiz, et fu faicte election du lieu vacant par le trespas de maistre Ja. Bouju, et combien que les voix de messeigneurs churent sur pluseurs et divers, toutevoie maistre J. Romain eut pluseurs voix.

Conseil, XII (X^{ta} 1478), fol. 182 r°.

Cedit jour, Jehan Perrigny, dit Corbelet, s'est consenti et consent que J. Brifaudin, prisonnier en la Conciergerie, soit eslargi jusques à la Chandeleur prouchainement venant, à peinne de c libvres parisis à appliquer au Roy, de rendre ses comptes de l'execution et recepte que ledit Brifaudin avoit faicte ou paiz de Champaigne pour la rançon du conte Duglas qui doit rendre à messire Phelippe des Essars, et maistre Jaques de Ruilly, president, qui de present sont absens, ou à leurs commiz, dedans ledit temps, si ne tient auxdiz commiz, et ce a promiz ledit Brifaudin qui a renuncié à un appel qu'il avoit fait dudit J. Perrigny, le xiij° de ce moiz, et par ce doit lx solz.

Matinées, V (X¹ª 4787), fol. 3 v°.

Mercredi, xix° jour de novembre.

Ce jour, a esté receu maistre J. Romain, licencié en loiz, en Parlement, en la Chambre des Enquestes, ou lieu de maistre Guillaume de Celsoy qui a monté de ladicte Chambre des Enquestes en la Grant Chambre, ou lieu de feu maistre Jaques Bouju, et a fait ledit Romain le serment, après ce qu'a esté publié le scrutine par maistre Eustace de Laitre, maistre Robert Mauger et P. Buffiere, commiz à ce de par la Court, pour ce que messire P. Boschet, president, commiz à ce de par monseigneur le Chancellier empeschié, n'estoit peu venir ceans aggravez de maladie.

Conseil, XII (X¹ª 1478), fol. 182 v°.

Mardi, xviij° jour de novembre.

Ce jour, ont esté delivrez c frans de l'argent deposé aux Maturins apartenens au prieur de Cerfroy, à cause de l'execution de messire Raoul de Chenevieres, audit prieur pour faire une cloche en l'eglise où ledit Chanevieres a ordené certeinne messe, et ceste delivrance a esté faicte par l'ordonnance de maistre Th. Tiessart, conseiller du Roy nostre Sire ceans, et à compter l'argent a esté present J. Hutin, clerc du graphier, pour ce que ledit graphier n'y povoit estre, et ce ly a relaté.

Matinées, V (X¹ª 4787), fol. 9 r°.

Vendredi, xxviij° jour de novembre.

Ce jour, a esté maistre Henry de Cessieres, filz de

feu maistre J. de Cessieres, jadiz graphier criminel, receu en office de notaire ou lieu de maistre J. du Boiz, jadiz notaire du Roy ceans, et à present graphier de Parlement criminel, et a donné congié la Court audit Henry d'aler à Orleans pour soy faire licencier en droit civil de cy à la Chandeleur prouchainement venant.

Item, cedit jour, a requiz à la Court maistre N. de Lepoisse, graphier des presentations, que comme il eust un filz licencié en droiz civil et canon, et il eust volenté de le instruire en office de notaire, et de lui pourveoir ou faire pourveoir par le Roy nostre Sire des bourses et gages, ou de l'un des deux, en esperance qu'il puist venir *tandem*, selon ce qu'il verra que sondit filz se portera à l'office qu'il a, il pleust à la Court d'avoir ce agreable, nonobstans certeinnes ordonnances que l'en dit estre faictes de l'union de bourses et gages avecques les offices de graphiers. A quoy a respondu la Court que à elle n'est pas d'ordonner desdictes bourses et gages, toutevoie ce qu'il plaira au Roy ordonner ou cas dessusdit, attendu que ledit N. a longuement, louablement, notablement et sagement et aussy loyaument exercé sondit office, averont bien agreable, ce qu'a requiz ledit N. estre enregistré.

Conseil, XII (X¹ª 1478), fol. 184 r°.

Lundi, premier jour de decembre.

Ce fait, s'est levée la Court pour aler aux exeques de feu maistre Jaques Bouju, jadiz conseiller du Roy en la Court de ceans.

Matinéos, V (X¹ª 4787), fol. 19 r°.

Samedi, xiij° jour de decembre.

Ce jour, l'abbé de Saint Nycolas ou Boz, maistre

J. de Monnentueil, chanoine de Paris, Girart d'Athies et Gilot de Pont de Pierre, executeurs de feu monseigneur l'arcevesque de Besançon[1], ont requiz à la Court que, comme monseigneur l'evesque d'Arras, l'evesque de S. Flour et sire Mahiu de Lignieres, maistre de la Chambre des Comptes du Roy nostre Sire, nommez executeurs dudit de Bezançon en son testament, se soient excusez du fait de ladicte execution quant à receptes, mises et comptes, et aussy eulx premierement nommez, empeschez pour pluseurs besoignes autres, ne puissent pas continuelment entendre au fait de ladicte execution, y pleust à la Court de leur bailler pour coadjuteur maistre J. Fleury, notaire du Roy, et jadiz serviteur dudit de Bezançon, et ouquel se fioit en sa vie, pour miex faire et parfaire le fait de ladicte execution, ce que la Court leur a octroyé, et ce ont requiz estre enregistré et en avoir lettres[2].

Conseil, XII (X¹ᵃ 1478), fol. 186 rº.

Dimenche, xiiij° jour de decembre.

Curia vacat. Ce jour, l'evesque d'Arras a dit et pro-

---

1. Gérard d'Athies, qui occupait depuis 1391 le siége archiépiscopal de Besançon, décéda à Paris le 22 novembre 1404; aux termes de son testament daté du 9 février 1403 (X¹ᵃ 9807, fol. 129 vᵉ), son corps reçut la sépulture dans l'église Saint-Éloi de Noyon, et son cœur dans l'église Saint-Étienne de Besançon.

2. Nicolas de Baye fut chargé de dresser l'inventaire des biens de ce prélat, comme il a soin de nous l'apprendre par la note suivante, inscrite en marge du registre : *Ordinatus fui ad faciendum inventarium quod erat magnum, quia, sine utensilibus et jocalibus auri que erant in maximo valore, et que non inventoriavi, quia ad mei noticiam non devenerunt, erant plusquam VI^{xx} calices, et plusquam XII cappelle nove, cum pluribus aliis, quia dictus archiepiscopus generalis super financiis fuerat, licet mortuus in magnam vilitatem status.*

testé au graphier de Parlement que son entention n'est pas de soy meller aucunement de l'execution de feu l'arcevesque de Besançon, quant à ce qui regarde fait de recepte ou de mises, ou de compte rendre faire ou soy entremettre aucunement, nonobstant qu'il soit executeur nommé, maiz seulement comme conseiller et ami soy entremeller d'icelle execution, et y bien faire de son povoir à la conseiller seulement, et ce a requiz estre enregistré.

Matinées, V (X^{ta} 4787), fol. 24 v°.

Mardi, xxx° jour de decembre.

Cedit jour, maistre Pierre de Gynes, clerc et notaire du Roy, et secretaire de monseigneur de Berry, a miz et consigné devers la Court cent solz parisis que se dit devoir pour le terme de Noe derrain passé, pour la moitié de la rente de l'ostel où il demeure, assiz devent l'ostel du conte de Harcourt, emprès l'ostel maistre Jaques de Ruilly, president ceans, laquelle rente apartient au religieus de Molesme; ce depost fait, pour ce qu'il n'a trouvé aucun qui ait volu pranre ne recevoir lesdiz c solz, et afin que l'en ne luy puisse demander peinnes, et consent que ladicte somme de c solz soit baillée aux procureurs desdiz religieus, abbé et couvent, ou à leur procureur deument fondé.

Matinées, V (X^{ta} 4787), fol. 37 v°.

1405.

Samedi, iij° jour de janvier.

Sur ce que entre messire Guillaume Daguin, prestre et chanoine de Saint Aignen d'Orleans, et le chapitre de Saint Aignen d'Orleans, les procureur du Roy et du duc d'Orleans, d'une part, et l'Université d'Orleans et aucuns supposts d'icelle Université, c'est assavoir J. de Corbye, Jehan de Rambures, Guillaume de Craon et pluseurs autres, d'autre part, estoit meu un procès ceans pour occasion d'un excès et bateure faicte en la persone dudit Daguin, dont l'en disoit lesdiz singuliers estre coulpables, et à occasion dudit procès, ladicte Université eust privé ledit Daguin et ledit chapitre ou capitulans dudit St Aignan de ladicte Université, nonobstant inhibitions et defenses de la Court, maiz ou contempt de ce eussent lesdiz de l'Université fait pluseurs rebellions, excès et outrages contre l'onneur de ladicte Court et en la persone d'aucuns huissiers ou sergens royaulx, envoiez de par icelle Court, lesquelx avoient boutez hors de leur assemblée, quant il faisoit ou faisoient ou vouloient faire lesdictes inhibitions et defenses; sur lequel procès et inobeyssance eussent les coulpables esté adjornez en personne ceans, et au jour fussent venus messire Baude de Mascon, docteur en ladicte Université, et maistre J. Thomas, procureur general de la dicte Université, ceans, et par vertu de certeinnes lettres patentes d'icelle Université eussent dit à la Court qu'ilx avoient en mandement que, se ladicte Court ne voloit renvoier ladicte cause à Orleans, intimassent cessations. Et pourtant, consideree la simplece desraisonnable et arrogance d'icelle Université, et que renommée estoit que tant en general, es faiz d'estude comme autrement, et es particuliers et singuliers supposts ladicte Université se gouvernoit mal, eust ordonné que par lettres closes d'icelle Court seroient aucuns mandez, comme fu fait selon la teneur des lettres qui s'ensuit :

Venerabiles atque carissimi. Zeli fervor et ea, quam circa rei publice stabilitatem et permanentiam gerere debemus, cura, sollicitudo etiam, propriique officii necessitas, preterea decor regni, honor cleri, nec minus caritas et affectio quam erga vos habemus, nos excitant, inducunt, immo impellunt ut scandalis que statum vestrum dehonestant et prosternunt obviemus, et ejusdem honestatem prosequamur atque augere enitamur. Itaque, cum insolentie atque malorum morum procacis temeritatis cetum vestrum hactenus tam fructiferum perturbantis, inertie insuper atque desidie nonnullorum vestrûm rumores dudum, sepe et multum nostras permoverint aures, mandamus vobis, atque, si opus est, precipimus quatinus rectorem scolasticum, vestros magistros J. de Matiscone, Geraldum Bagouli, procuratores nationum Francie, Acquitanie, Picardie, Burgundie et Campanie, nec non magistrum J. Thome, J. de Corbye, J. de Rambures, Guillelmum de Credonio, priorem de Fougieres, Bertrandum Itier, fratrem prioris de Cemoy, Nycolaum Gehe, Hutinum de Dicy, Henricum Quellet et Theobaldum Carpentarii, bedellum vestrum, nonnulla honorem vestrum attinentia audituros et coram nobis secunda instantis januarii personaliter staturos transmittere nullatenus vos omittatis, quos feliciter conservet Altissimus. Scriptum Parisius, sub signeto Camere, xvi decembris. Baye.

Et au jour dudit mandement, qui fu hier, n'eust envoié aucuns icelle Université, mais seulement fussent venus J. de Corbye, nepveu de monseigneur le Chancellier dessus nommé, Guillaume de Craon et Hutin Dicy dessusdiz, et aussi eust icelle Université envoié lettres excusatoires, contenens en effect que pour l'empeschement de l'estude et pour defaut d'argent n'avoit icelle Université peu obeir au mandement de la Court. A delayé la Court à ordonner sur ce et respondre sur lesdictes lettres excusatoires jusques à un autre jour, et quant aus trois dessusdiz qui estoient venus en obtemperant et obeyssant à la Court, elle leur a donné congié d'eulx en retourner, jusques à ce que autrement en ait ordonné.

Conseil, XII (X^{1a} 1478), fol. 189 v°.

Mercredi, vij° jour de janvier.

Ce jour, la Court, pour ce que l'Université d'Orleans avoit desobey à envoier aucuns que la Court avoit mandé d'icelle Université, comme apert par le registre du iij° jour cy dessus, a ordonné que le graphier face ung mandement au premier huissier ou sergent [1], par lequel sera commendé à ladicte Université, sur quanque ilz se puent mesfaire envers le Roy et sa Court, qu'ilz envoient celx qui estoient mandez par icelle Court, et aussi auxdiz singuliers, que à peinne de prise et expletation de leur temporel ilz veignent et comparient ceans personelment le iij° jour de fevrier prouchain venant.

Conseil, XII (X^{1a} 1478), fol. 190 v°.

Cedit jour, la Court a donné congié à maistre Phelippe Villate d'aler hors en Picardie, pourveu que laisse ydoine substitut.

Matinées, V (X^{1a} 4787), fol. 39 v°.

Juesdi, viij° jour de janvier.

Cedit jour, messire Henry de Marle, president premier ceans, sire Mahiu de Lignieres, maistre en la Chambre des Comptes, Robert Le Tirant, J. L'Escuier, messire J. Guellan, prestre, et Mahiu de Brichancourt, executeurs du testament de feu mons^r le viconte d'Acy [2],

---

1. Ce mandement, daté du même jour et portant assignation de l'Université d'Orléans, se trouve au registre des Jugés (X^{1a} 52, fol. 20 r°), au 3 février; il reproduit les noms des suppôts de cette Université qui devaient comparaître devant le Parlement.

2. Le testament de Jean La Personne, vicomte d'Acy, chambel-

ont soubmiz l'execution à la Court, de laquelle se sont excusez et deschargez messire H. de Marle et sire Mahiu de Linieres dessusdiz, quant à mise, recepte et rendre compte, maiz quant à conseiller ladicte execution se sont offers et presentez. Et se sont chargez de faire le fait et charge, mise et recepte de ladicte execution messire J. Guellan, prestre, et Mahiu de Brichancourt, escuier, dessus, à la requeste et conseil de leurs co-executeurs.

Item, cedit jour, maistre Phelippe de Boisgillou et maistre Pierre Le Fevre ont esté ordonnez à oir le compte de ladicte execution.

Venredi, ixe jour de janvier.

Cedit jour, la Court a ordonné au graphier par une requeste baillée par les gens de messire Charles de Savoisy qu'il face delivrer audit messire Charles mil et v^c frans qui sont au change Alexandre des Marès, qui les avoit en depost pour acheter rente qu'il a trouvée pour l'assiete faire à l'Université de Paris, selon certeinne condempnation faicte par le Roy nostre Sire en son hostel de St Pol, en aoust derrain passé.

Matinées, V (X^{1a} 4787), fol. 40 r°.

Venredi, xvj^e jour de janvier.

Ce jour, Aleaume Cachemarée a relaté au graiphe que, pour ce que hier ly apparu certeinnement que messire Charles de Savoisy, chevalier, ou ses gens et officiers pour lui avoient acheté c libvres parisis de rente rendues à Paris de messire Renier Pot, a fait,

lan du Roi, est du 4 juin 1403 ; il fait partie du registre des Testaments (X^{1a} 9807, fol. 140 v°).

par l'ordonnance de la Court, delivrer audit de Savoisy ou à ses diz gens la somme de mil et v^c frans, deposée au change Alexandre des Marez pour emploier en fondation de certeinnes chappellenies au prouffit de l'Université de Paris.

Item, a relaté ledit Aleaume qu'il a defendu à J. Hure et Miles Du Brueil, notaires ou Chastellet de Paris, et en la presence desquelx ledit achat avoit esté fait, qu'il ne rende les lettres dudit contract, ne ne baille audit Savoisy ne à ses gens sanz le congié et consentement de la Court.

Matinées, V (X^{1a} 4787), fol. 46 r°.

Lundi, xixe jour de janvier.

L'Université de Paris par un maistre en theologie a proposé et dit que m^e Pierre de la Casteigne, maistre en medicine, a demouré xxx ans en l'estude de Paris, et fu licenciez en ars, en la premiere audition et en medicine le second, et si a esté député legat ou fait de l'union de l'Eglise, si supplie que la Court l'ait pour recommendé en sa bonne justice, et par especial en une cause[1] que ledit Casteigne a ceans, qui touche l'onneur du Roy, de l'Eglise et de l'Université et de l'eglise de France, si vendront à demain les parties à plaider.

Matinées, V (X^{1a} 4787), fol. 46 v°.

Mercredi, xxj^e jour de janvier.

Au jour d'ui, Raoulet Grison, clerc du Roy nostre Sire, comme l'en dit, et du mareschal de Rieuz, lequel

---

1. Il s'agissait d'un procès entre Pierre de la Casteigne et J. de Seillons, pour une prébende à Tours qui fut adjugée à Pierre de la Casteigne par arrêt du 27 août 1407 (Conseil, X^{1a} 1478, fol. 336 v°).

avoit refusé à porter tesmoignage ceans un jour de la sepmainne passée après disner devant aucuns de messeigneurs de la Court, commissaires, et à qui à leur commendement avoit desobey, et s'estoit defendu de fait et rebellé à l'encontre des huissiers de ceans qui par le commendement desdiz commissaires le vouloient mener en la Conciergerie pour tenir prison, et les avoit injuriez de paroles et par especial l'un d'eulx, après ce que il eust esté prisonnier et eslargi et qu'il se fust repenti pluseurs foiz en pleurant et disant qu'il estoit abuvrez de vin à l'eure, est venus en jugement, et à ij genoulx et en pleurant a crié mercy à la Court à mains joinctes, en suppliant qu'elle lui voulsist pardonner son meffait, et aussy en suppliant audit huissier pardon, pour quoy la Court a remiz au Conseil la taxation de l'amende.

Matinées, V (X^{1a} 4787), fol. 49 v°.

Venredi, xxiij^e jour de janvier.

Cedit jour, mons^r l'evesque de Paris, d'une part, et l'evesque de Lodeve, d'autre part, sur certain descort qu'il ont ensemble à l'occasion des biens d'un prisonnier larron qui est es prisons dudit de Paris, se sont rapportez au jugement de la Court.

Conseil, XII (X^{1a} 1478), fol. 193 r°.

Lundi, xxvj^e jour de janvier.

Cedit jour, a esté ordonné que un appellé Brifaudin, sergent royal, qui estoit adjornez et estoit prisonnier pour cause de certein argent que devoit avoir receu pour la redemption d'aucuns prisonniers en Angleterre, c'est assavoir messire Pierre des Essars et autres, s'en ira jusques au landemain de mi caresme que comperra en personne pour rendre compte, et est mise au neant l'obligation qu'avoit fait ledit Brifaudin à un huissier d'armes qui l'avoit emprisonné, et tout du consentement de messire Phelippe des Essars, à la relation de maistre Ja. de Ruilly, president.

Cedit jour, a esté ordonné par requeste que mil escus qu'avoit ordonné messire J. de Poupaincourt, jadis president premier ceans, pour la fondation de certeinnes messes, seront mises devers la Court pour convertir en la rente admortie desdictes messes que la Court arbitre à L libvres parisis, et seront tenus le chapitre de Roye, en l'eglise duquel lesdictes messes avoient esté ordonnées, et les executeurs dudit Poupaincourt de querir ladicte rente, pour laquelle, se lesdiz mil escus ne souffisent, y sera fourni selon la teneur du testament dudit defunct [1].

Matinées, V (X1a 4787), fol. 54 v°.

Mercredi, xxviij° jour de janvier.

Cedit jour, la Court, à la requeste faicte par l'abbé de S. Mard de Suessons, a octroyé que ledit abbé joisse de son temporel pleinnement soubz la main d'icelle Court.

Messire Guillaume de Vierville, chevalier, a asseuré Guillaume Taupin et Thomas de Condey, auxquelx la Court a defendu qu'il ne parlent outrageusement ne ne meffacent audit chevalier, à peinne de grosses et arbitraires peinnes.

1. Jean de Popincourt avait légué mille écus d'or pour la fondation d'une chapellenie dans l'église Saint-Florent de Roye et pour la célébration d'une messe perpétuelle, et affecté, dans le cas où le legs en question serait insuffisant, ses héritages de Pont-Sainte-Maxence et de Pompoint.

Maistre J. de Combes, procureur en Parlement, a au jour d'ui eu congié d'aler à Pontoise pour faire certeinne information en l'ostel Dieu d'icellui lieu.

Matinées, V (X¹ᵃ 4787), fol. 56 r°.

Mercredi, iiij° jour de fevrier, au Conseil.

Ce jour, a rendu le graphier ij clefs du cofre de fer appartenent à l'execution de l'arcevesque de Besançon, qui estoit à S. Cloud, ouquel n'avoit rien, comme disoient les gens dudit Besançon, à Thiebaut Amaurri, familier de Casin, à qui les executeurs l'avoient lessié.

Matinées, V (X¹ᵃ 4787), fol. 60 r°.

Venredi, vj° jour de fevrier.

Cedit jour, comparurent messire Raoul du Refuge, escolatre d'Orleans, messire Gerault Bagouli, docteurs en ladicte Université regens, maistre J. Thomas, licencié *in utroque* et procureur general de ladicte Université, non pas comme tel, et les procureurs des nations de France, de Picardie, Bourgoigne, Acquiteinne et Champaigne, non pas comme procureurs, Guillaume de Craon, J. de Rambures, Hutin de Dicy, Henry Quellet, et pluseurs autres estudians d'Orleans, auxquelx la Court sur le gouvernement petit de ladicte Université, tant en meurs que en faiz de l'estude, a parlé en les reprenant, et par especial sur les cas plaidoiez le v° dudit moiz, et finablement a ordonné la Court que les defaus de ladicte Université et aussy remedes seront miz en certeinnes cedules par chacun desdiz docteurs et Thomas *ad partem* et en secret, et renvoieront devers la Court leur adviz et lesdictes cedules, sanz ce que l'un sache de l'autre, et puiz la Court advisera la provision, et puiz en a renvoié lesdiz de l'Université.

Conseil, XII (X¹ᵃ 1478), fol. 195 r°.

Vendredi, vj^e jour de fevrier, au Conseil.

Cedit jour, Pierre Le Nourrissier et Colin Tuebeuf, poissonniers et bourgoiz de Paris, et fermiers du fossé devers S. Victor lez Paris, ont consigné et deposé devers la Court la somme de x libvres parisis que devoient au receveur de Paris pour le Roy nostre Sire, pour le terme de la Chandeleur derrain passé, pour ce qu'ilz ont esté contrains à paier ladicte somme par Jaques de Buymont, huissier, par vertu de certain arrest et executoire d'icellui donné au prouffit de Pierre Marquier contre les prevost et procureur de la Marchandise de Paris [1].

Au jour d'ui a esté dit au graphier que face lettre à maistre P. Le Fevre, conseiller du Roy, par laquelle puisse faire inventoire des biens estans à Mayencourt, appartenans à l'execution de l'arcevesque de Besançon.

Matinées, V (X^{1a} 4787), fol. 61 bis.

Samedi, xxj^e jour de fevrier.

Ce jour, la Court a defendu à peinne de v^c libvres à Jehan Marcheou, chastellain de Touars, qu'il ne meffacce ne mesdie à Colart par soy.

Matinées, V (X^{1a} 4787), fol. 74 v°.

Lundi, xxiij^e jour de fevrier.

Cedit jour, a dit mons^r le president premier au registre qui par la Court estoit ordonné que la main du Roy mise aux biens de Bertran Bruneau avoit esté levée par ladicte Court au proufit dudit Bruneau.

Matinées, V (X^{1a} 4787), fol. 76 v°.

---

1. Un arrêt du 4 septembre 1404 avait condamné les prévôt et procureur de la Marchandise de Paris à payer, sur les revenus de la corporation, 473 livres, 9 sols, 6 deniers à Pierre Marquier (Conseil, X^{1a} 1478, fol. 176 v°).

Juesdi, xxvj⁰ jour de fevrier.

Ce jour, a esté levée la main des biens et corps de Bertran Bruneau qui y estoit mise pour cause de iijᶜ libvres en quoy avoit esté condempnez envers le Roy, et si a la Court miz certain appel entrejeté par le procureur du Roy d'une sentence donnée au proufit dudit Bruneau par les gens des Requestes de l'Ostel du Roy au neant.

Samedi, derrain jour de fevrier.

Aleaume Cachemarée a requiz qu'il soit enregistré que, du congié et auctorité de la Court, il va ou païz de Pons de Cardilhac pour executer l'arrest de la Court, ce qui lui a esté octroyé.

Matinées, V (X¹ᵃ 4787), fol. 79 r°.

Juesdi, v⁰ jour de mars.

Cedit jour, a esté publiée une lettre royal sur l'impost d'une taille imposée sur les subgès de ce royaume[1].

Matinées, V (X¹ᵃ 4787), fol. 81 v°.

Lundi, xiij⁰ jour d'avril.

Ce jour l'arcevesque de Toulette, nepveu du Pape[2],

---

1. Cf. la *Chronique du Religieux de Saint-Denis* (t. III, p. 231-244) au sujet de ce nouvel impôt établi, malgré l'opposition des ducs de Bourgogne et de Bretagne, à l'instigation du duc d'Orléans et publié le 5 mars au Parlement et au Châtelet, au nom du Roi que l'on avait laissé dans l'ignorance la plus complète de cette mesure fiscale; la taille en question fut levée avec une rigueur impitoyable et absorbée par le duc d'Orléans et par Isabeau de Bavière qui, dit-on, envoya en Allemagne plusieurs chariots d'argent monnayé.

2. Pierre, évêque élu de Tolède, avait été chargé par Benoît XIII de faire publier dans le royaume une dîme sur l'Église gallicane

est venu en la Court au jour d'ui et a exposé l'affection que le Pape a à la Court, à laquelle a recommendé les causes touchans les eglises et personnes d'eglise, et oultre s'est offert à parler à nostre Saint Pere sur ce que la Court voudra ; laquelle Court a remercié en la personne dudit arcevesque ledit S. Pere et de sa bonne affection qu'il a devers la Court, ce qui est apparu en especial es prerogatives qu'il a données à ladicte Court en son roole, et après ce s'est offerte audit Saint Pere.

Mardi, xiiij° jour d'avril.

Cedit jour, fu plaidoiée la cause d'entre Renault d'Azincourt et autres, d'une part, et le procureur du Roy, Pierre Aymery et autres, d'autre part, sur un excès fait en l'ostel des filles dudit Aymeri soubz umbre de mariage[1].

Conseil, XII (X¹ᵃ 1478), fol. 205 v°.

Mercredi, xv° jour d'avril.

Ce jour, avant les arrests, sur ce que l'en disoit que les prevost et eschevins et loy de la ville de Cambray avoient banni aucuns dont mention sera faicte cy après, et dont procès avoit esté et estoit ceans, est appoincté

pour couvrir les frais de son voyage à Gênes en faveur de l'union de l'Église (*Chronique du Religieux de Saint-Denis*, t. III, p. 237).

1. Ces plaidoiries sont au Criminel (X²ᵃ 14, fol. 241-244). Il s'agit du procès intenté à Renaud d'Azincourt et consorts, pour l'invasion à main armée, la nuit, d'une maison de la rue Saint-Denis, habitée par la veuve d'un épicier, et pour la tentative de rapt d'une jeune fille de quatorze ans, sœur de l'épicière, « dont l'esclande en fut grande en la ville de Paris et en fu parlé au Grand Conseil. » (V. l'article de M. Le Roux de Lincy dans la *Bibliothèque de l'École des chartes*, 2ᵉ série, t. III, p. 316.)

que l'evesque et les prevost et eschevins et loy de la
ville de Cambray, ou nom d'eulx et eulx faisans fors du
Roy des Romains, leur souverain signeur, et moiennant certainnes lettres par eulx sur ce obtenues dudit
Roy des Romains, rendront et recevront l'abitation et
demourance de ladicte ville damoiselle Marie du Cavech,
Nycaise de Vaulx, Jaquemart de Dompierre, Jehan de
Billy, Hannequin L'Orfevre, Nycaise Daneau, Jaquemart
Huvot et Philibert Linart, boucher, que lesdiz de Cambray avoient banniz et condempnez clers laiz, et leur
rendront tous leurs biens, se aucuns en ont esté prinz,
et se ilz sont en nature, ou sinon la juste valeur et esti-
mation d'iceulx, et promettront bonne paix et bon
accort avec lesdiz banniz et condempnez, et leurs
parens et amiz, et si les remetront et recevront aux
droiz, honneurs, franchises, libertez et prerogatives
des citoiens et habitans de ladicte ville, tout ainsi que
se onques n'eussent esté banniz ou condempnez ; et
usera damoiselle Marie du Cavech et Girardin du Cavech,
son frere, de change et marchandise en la maniere
que les autres changeurs de ladicte ville en usent. Et
seront tous les procès de court de Romme et des
cours de Reins et de Cambray et de Parlement, pour
occasion de ce et autrement faiz et encommenciez, miz
du tout au neant. Et promettront lesdiz de Cambray
que, pour occasion desdiz procès et des choses par
lesquelles lesdiz banniz et condempnez avoient esté
banniz et condempnez, ne pour les circunstances et
dependances ilx ne leur porteront, ne feront ou feront
faire par eulx ne par autre injure ne villenie, ne à leurs
amiz, et ne les tendront, ne ne metront en aucuns
procès, et de ce bailleront si bonnes lettres, comme

l'en pourra faire en tel cas. Et quant aux injures, despens, dommages et interests lesdiz banniz et condempnez, qui ont frayé toute leur chevance en ceste poursuite pour la bonne esperance qu'il ont tousjours eue de la bonne justice de la Court de Parlement, ilz s'en sont rapporté du tout en la bonne ordonnance de ladicte Court, laquelle a ordonné que l'argent, qui par l'ordonnance et appoinctement de ladicte Court a esté queully et levé pour l'issue du royaume pour la cause dessusdicte par commissaires ordonnez à ce par le bailli de Vermendoiz, sera baillé et delivré à ladicte damoiselle et auxdiz Nycaise de Vaulx et Jaquemart de Dompierre, qui ont fait et paié les despens de la poursuite faicte contre lesdiz de Cambray. Fait du consentement de maistre Jaques Gregoire, vicaire dudit evesque, Baudart de la Conquerie, receveur, Guerart de Bousort, conseiller, et J. Aubri, clerc des iiij hommes et gouverneurs de la ville et cité devent dicte, pour ce presens à ce en leurs personnes ou nom et soy faisans fors comme dessus, d'une part, et maistre Jaques Le Fer, procureur de Marie du Cavech, de Nycaise de Vaulx, Jaquemart de Dompierre, J. de Billy, Hannequin L'Orfevre, Nycaise Daneau, Jaquemart Huvot et Philibert Linart, boucher, d'autre part.

Conseil, XII (X^{1a} 1478), fol. 206 r°.

Venredi, xxiiij^e jour d'avril.

Cedit jour, l'Université de Paris est venue en la Court, et, par la bouche d'un frere augustin, maistre en theologie, a proposé et prinz *pro themate : Docete omnes*, en le deduisant et concluant à ce que la Court, quant elle sera appellée au Conseil sur le fait de l'union de l'Eglise, mesme attendu que l'antipape de Romme[1] a envoié en l'Université par bulles et lettres bonnes nouvelles, elle s'en weille acquiter, telement que l'en puisse avoir brief union, et aussi que la Court ne weille pas souffrir que des benefices qui ont esté donnez ou temps de la substraction qui fu faite à Nostre Saint Pere par le Conseil de l'Eglise et Court de France, les procès touchans icelle substraction ne soient demenez à Court de Romme.

Conseil, XII (X¹ⁿ 1478), fol. 207 r°.

Lundi, xj^e jour de may.

Ce jour, la Court a commendé à maistre Jaques Le Fer que soit avec maistre Michiel Mignon à l'encontre de l'Université de Paris.

Matinées, V (X¹ⁿ 4787), fol. 129 v°.

Mardi, xij^e jour de may.

Au jour d'ui, la Court a ordonné que maistre Guillaume Barrau, secretaire du Roy et de monseigneur de Berry, et Seguier Lauze auront delay de cy à lundi pour bailler leurs lettres et procès mieux et plus arreement à l'encontre des evesques de St Pons, du Puy et pluseurs abbez et autres ; et, quant au temporel desdiz evesques, abbez et autres, qui estoit en la main du Roy, la Court leur recroit soubz ladicte main jusques à ce que autrement en soit ordonné, et, pendent ce procès, s'il avient que aucuns desdiz evesques, abbés et autres, dont le temporel estoit empesché, soit translaté ou alé de vie à trespas, la Court pour-

---

1. Innocent VII, qui occupa le trône pontifical de 1404 à 1406, était considéré comme antipape depuis la reconnaissance de l'autorité de Benoit XIII, souverain pontife d'Avignon.

verra auzdiz Barrau et Seguier, au regart du salaire que demandoient auxdiz evesques, abbez et autres.

Conseil, XII (X^{1a} 1478), fol. 208 v°.

Mardi, derrain jour de juin.

Ce jour, la Court, oye la relation de maistre Guillaume de Villiers, conseiller du Roy et commissaire en ceste partie, a delivré aux Carmes de Paris par requeste la somme de cccc libvres tournois, restant de plus grant somme venant des deniers et biens de dame Perrenelle de Crepon, et laquelle somme estoit en depost de par la Court au change demy sur le Pont.

Matinées, V (X^{1a} 4787), fol. 166 v°.

Venredi, xvij^e jour de juillet.

Cedit jour, après disner, en la presence de messire H. de Marle, Y. de Boisy, presidens, et pluseurs autres conseillers du Roy nostre Sire ceans, maistre J. Hoynart, procureur de l'Université de Paris, et pluseurs maistres d'icelle Université ont permiz que, sanz prejudice de leurs droiz et privileges, frere J. Bruillot, prisonnier en la Conciergerie, lequel avoit demandé l'arcevesque de Rouen, lui soit bailliez et rendus, attendu qu'ilz ont esté et sont anformez autrement qu'ilz n'estoient au jour qu'ilz avoient fait ceans leur requeste sur la reddition dudit prisonnier, et ce ont requiz les parties estre enregistré.

Matinées, V (X^{1a} 4787), fol. 184 r°.

Lundi, iij^e jour d'aoust.

Au jour d'ui, a relaté messire H. de Marle, premier president en Parlement, au graphier que à l'entrée de juillet, à un jour, à l'issue du siege, messire Anthoinne de Craon, chevalier[1], qui voloit aler espouzer femme à Arras, doubtans que il ne fust pas à Paris au premier jour d'aoust, renouvella dès lors pour ledit premier jour d'aoust la caution de mil libvres que autrefoiz avoit baillée pour ramener J. de S. Pere à tel jour que plaira le eslargir de nouvel.

Matinées, V (X¹ᵃ 4787), fol. 201 r°.

Mardi, xj° jour d'aoust.

Au jour d'ui, avant les Plaidoiries, la Court a ordonné que jusques à la Septembresche, J. de Saint Pere sera elargi et *interim* fera tout son effort de contenter ses crediteurs, et aussy messire Anthoinne de Craon et la femme dudit de S. Pere le plegeront, *ut alias*.

Matinées, V (X¹ᵃ 4787), fol. 207 v°.

Mercredi, xix° jour d'aoust.

Cedit jour, le Roy estant malade en son hostel de Saint Pol à Paris de la maladie de l'alienation de son entendement, laquelle a duré dès l'an mil CCC IIII^{xx} et XIII, hors aucuns intervalles de resipiscence telle quelle, et la Royne et le duc d'Orleans Loiz, frere du Roy, estans à Melcun, où l'en menoit le Dauphin, duc de Guienne, aagié de ix ans environ, et sa femme, aagiée de x ans ou environ, au mandement de la Royne, mere dudit Dauphin, Jehan, duc de Bourgoigne et contes de Flandres, cousin germain du Roy et pere de la femme dudit Dauphin, qui venoit au Roy, comme l'en dit, pour faire hommage après le deces de Phelippe, son pere, oncle du Roy jadis, de

---

1. Antoine de Craon, chambellan du Roi, qui devint grand panetier de France en 1411, épousa Jeanne de Hondeschote.

ses terres, et pour le visiter et aviser, comme l'en disoit, du petit gouvernement de ce royaume, souspeçonnans, comme l'en dit, que la Royne n'eust mandé ledit Dauphin pour sa venue, chevaucha hastivement et soudainnement à tout sa gent armée de Louvres en Parisis où il avoit geu, en passant par Paris environ vij heures au matin, et aconsuit ledit Dauphin, son gendre, qui avoit geu à Villejuyve, à Gevisy. Et ledit Dauphin, interrogué après salus où il aloit, et si voudroit pas bien retourner en sa bonne ville de Paris, a respondu que oy, comme l'en dit, le ramena environ xij heures contre le gré du marquiz du Pont, cousin germain du Roy et dudit duc, et contre le gré du frere de la Royne et d'autres qui le menoient. Auquel Dauphin alerent au devant le Roy de Navarre, cousin germain, le duc de Berry et le duc de Bourbon, oncles du Roy, et pluseurs autres seigneurs qui estoient à Paris, et le menerent ou chasteau du Louvre pour estre plus seurement, dont se tindrent mal contens lesdiz duc d'Orleans et la Royne, telement que *hinc inde* s'assemblerent à Paris, du cousté dudit duc de Bourgoigne, le duc de Lambourc, son frere, à grant nombre de gens d'armes et ou plat païz pluseurs de pluseurs païz, et à Meleun et ou païz environ du cousté dudit d'Orleans, pluseurs, comme l'en dit. Que l'en avendra, Dieu y pourvoie, car en lui doit estre esperance et fience, et non *in principibus, nec in filiis hominum, in quibus non est salus*[1].

Conseil, XII (X^{ta} 1478), fol. 222 r°.

---

[1]. Le récit de cette tentative d'enlèvement du Dauphin est au nombre des extraits donnés par D. Félibien, *Hist. de la ville de Paris*, t. IV, p. 548.

Juesdi, xx⁰ jour d'aoust.

Furent apportées lettres closes de par le duc d'Orleans devers la Court, quant l'en plaidoit, contenans *in somma* que l'en avoit priz le Dauphin contre la volenté du Roy, de la Royne et du duc d'Orleans, son oncle, et qui est le plus prouchain après pere et mere, l'avoit l'en miz au Louvre, en commettant crisme de lese magesté, comme à l'ayde de Dieu et de Nostre Dame pençoit à maintenir, si requeroit la Court qu'elle ne souffrist ledit Dauphin estre transporté, ne entré plus gens d'armes par les portes de Paris pour paeur de commotion. *De data XIX hujus (mensis*[1]*).*

Conseil, XII (X¹ᵃ 1478), fol. 222 v°.

Mercredi, xxvj⁰ jour d'aoust.

Cedit jour, fu apportée une cedule à la Court, dont la teneur est enregistrée en la fin de ce livre du Conseil de ceste année[2], de par le duc de Bourgoigne par maistre Baude des Bordes, son secretaire, de laquelle cedule a autant baillié à l'Université de Paris, et en pluseurs autres lieuz et citez de ce royaume, comme l'en dit.

Conseil, XII (X¹ᵃ 1478), fol. 222 v°.

---

1. V. également D. Félibien, *Hist. de la ville de Paris*, t. IV, p. 548.
2. Cette cédule fait partie, non du registre du Conseil, mais de celui des Ordonnances (X¹ᵃ 8602, fol. 186 v°); elle a pour titre : *C'est ce que les ducs de Bourgoigne, de Lembourg et le conte de Nevers, freres, avoient en entencion de exposer au Roy nostre Sire, et, en son absence, l'ont fait et exposé à monsʳ de Guienne, presens le Roy de Navarre, monsʳ de Berry et monsʳ de Bourbonnois, et pluseurs autres de son sang et de son Conseil.* Quatre points y étaient examinés et mis en lumière : l'abandon de la personne royale, la mauvaise administration de la justice, la dilapidation du domaine, les exactions qui frappaient les gens d'Église, les nobles et le peuple.

Venredi, xxviij⁰ jour d'aoust.

Cedit jour, à matin et après disner, a esté plaidoiée une cause de gage de bataille sur la mort de feu messire Bernard de Castelbayart, chevalier, entre messire Bertran de Terride, d'une part, et le s^r de Castelbayart, nepveu du feu de Castelbayart. *Criminale.*

Matinées, V (X^{1a} 1787), fol. 217 v°.

Samedi, v° jour de septembre.

Cedit jour, après disner, les ij Chambres assemblées, furent apportées lettres de creance, de par le duc d'Orleans, par aucuns de ses officiers, avec lettres patentes seellées du grant seel dudit duc, responsoires à la cedule envoiée à la Court du xxvj° d'aoust derrain passé, dont la teneur est ou livre des Ordonnances[1].

Conseil, XII (X^{1a} 1478), fol. 225 v°.

Samedi, xij° jour de septembre.

Cedit jour, ont presenté lettres seellées des seaulx des ducs de Bourgoigne, de Lambourc et le conte de Nevers, freres, par iij ou iiij chevaliers ceans de par le duc de Bourgoigne, lesquelles lettres estoient comme replicatives aux lettres envoiées par le duc d'Orleans,

---

1. Ces lettres du duc d'Orléans, en réponse à la cédule envoyée par le duc de Bourgogne, sont du 2 septembre 1405, et se trouvent dans le registre des Ordonnances (X^{1a} 8602, fol. 188 r°), à la suite de la cédule en question; elles ont été publiées d'après leur original par M. Douët d'Arcq (*Pièces inédites relatives au règne de Charles VI*, t. I, p. 273). Une note du greffier à la fin de l'acte inséré au volume des Ordonnances mentionne la remise des lettres du duc d'Orléans et leur lecture à huis clos en présence des conseillers.

de toutes lesquelles la teneur est contenue ou livre des Ordonnances[1].

Cedit jour, fina le Parlement, et fu dit, comme puiz xv° avoit esté ordonné par lettres patentes royaulx[2], que par les vacations s'aucuns des seigneurs, *in debito et competenti numero*, vouloient venir ès Chambres et juger des procès, gaigneroient et averoient leurs gages.

Conseil, XII (X¹ᵃ 1478), fol. 227 r°.

Juesdi, iiij° jour d'octobre.

Cedit jour, a esté commandé, et autre foiz au graphier, qu'il signast la commission d'entre Guillaume de Buschaille, d'une part, et la dame de Giac, d'autre part, à maistre Phelippe de Boisgillou, J. Charreton et G. Petit Sayne, et *cuilibet cum adjuncto*, non obstant qu'elle fust distribuée à maistre O. Gencien et Ja. du Gard, car les dessusdiz sont du païz, et a esté Gencien recompensé par Charreton, ou cas qu'il feroit l'enqueste, et aussi sera recompensez du Gard par cellui qui fera ladicte enqueste.

Matinées, V (X¹ᵃ 4787), fol. 220 r°.

Mercredi, derrain passé, qui fu xviij° jour de ce moiz (de novembre), les maistres, procureur et escoliers et chappellains du college de Dormans fondez à Paris ou

---

[1]. La réponse collective des ducs de Bourgogne et de Limbourg, et du comte de Nevers, en date du 8 septembre 1405, se trouve également transcrite dans le registre des Ordonnances (X¹ᵃ 8602, fol. 190-194).

[2]. Cette ordonnance pour l'expédition des procès au Parlement pendant les vacations, en date du 24 août 1405, est reproduite au registre des Ordonnances (X¹ᵃ 8602, fol. 193 r°).

Cloz Brunel[1], des bourses desquelx la collation est nouvellement devolue et venue à la Court de ceans par le trespas de messire Guillaume de Dormans, jadis arcevesque de Senz, nepveu de messire J. de Dormans, en son temps, chancellier de France et cardinal au temps du regne du roy Charle quint, pere du Roy present, lequel cardinal fonda ledit college, et aussi par le moien d'un certain accort[2] ou arrest fait et passé ceans entre l'abbé et couvent de S. Jehan ès Vignes lez Suessons, d'une part, et lesdiz escoliers et ledit Guillaume, d'autre part, dont la teneur appert ou livre des Ordonnances de ceans, sont venus ceans et ont fait reverence et obeyssance à ycelle Court en suppliant qu'elle les ait pour recommendez, et ce ont requiz estre enregistré. *Commissarii deputati pro collatoribus Marle et Mauger*[3].

Conseil, XII (X^{1a} 1478), fol. 239 r°.

Samedi, xxj° jour de novembre.

Cedit jour, messire Henry de Marle, chevalier et premier president ceans, en pronunçant l'arrest d'entre maistre Matelin Waroust, clerc et notaire du Roy, et clerc au Tresor, d'une part, et maistre Mahiu de St Omer, et Raymon Lorier, notaire du Roy, d'autre

---

1. La fondation du collège de Dormans par Jean de Dormans, évêque de Beauvais, remonte au 8 mai 1370.

2. Cet accord, relatif au droit de présentation et de collation des bourses et chapellenies du collège de Dormans, autrement dit de Beauvais, est du 19 septembre 1388. (Accords homologués au Parlement, X^{1c} 57.)

3. Le paragraphe ci-dessus a été reproduit par D. Félibien, *Hist. de la ville de Paris*, t. IV, p. 549. En marge est figurée une bourse, avec les mots : *Collège de Dormans*.

part[1], pour ce que ledit Matelin s'appelloit en ses lettres graphier du Tresor, dist que la Court de ceans estoit souverainne Court du royaume et si notable que chascun veoit et savoit, et pour ce appartenoit bien que les offices de la Court eussent preeminence et auctorité singuliere, tant en nom que autrement, devent tous autres, et pour ce qu'[en] nul lieu hors ceans n'avoit, ne ne devoit estre aucun qui se doie appeller graphier, et que nul ne doit estre appellé graphier, sinon le graphier de ceans, si defendi à tous clercs que nul ne se appellast d'ores en avant graphier, *alias* la Court le punira, et pareillement que autres sergens d'autres chambres ou cours de justice ne se appellassent huissiers, hors les huissiers de ceans[2].

Conseil, XII (X^{1a} 1478), fol. 239 v°.

Lundi, xxiij° jour de novembre.

Cedit jour, furent leuz en la Court certains articles par maniere de memoire, qui par la Court avoient esté faiz et baillés au Grant Conseil du Roy sur les defaus qui sont en la justice de ce royaume pour icelle reformer, et par l'ordonnance de nos seigneurs les ducs de Berry, d'Orleans, de Bourgoigne, de Bourbon, les roiz de Jherusalem et de Navarre, à l'occasion du debat qui avoit esté entre les ducz d'Orleans et de Bourgoigne, dont registre a ou moiz d'aoust derrain

---

1. Cet arrêt, entérinant les lettres de Mathurin Waroust et déboutant les opposants, fut rendu le 18 novembre. V. à cette date au Conseil (X^{1a} 1478, fol. 238 v°).

2. La marge de droite est ornée d'un dessin à la plume représentant un personnage avec un bâton levé; dans celle de gauche se voit une main tenant une plume, accompagnée de cette légende : *De grapherio et hostiariis Curie*.

passé et ou livre du Conseil, et plus à plain ou livre des Ordonnances, et pour ce que le Grant Conseil approuva assez lesdiz articles, ordonna oultre que, sur lesdiz articles, la Court advisast les remedes et les responses auxdiz articles et defaus, et fussent articulées; pour quoy ycelles remedes et adviz furent leuz en la Court, afin que, s'il y avoit aucune chose à corriger, fust corrigée par icelle Court pour plus seurement estre leuz et baillez audit Grant Conseil, et par ce soit miz remede auxdiz defauz faiz en la justice, comme dit est. *Dicte ordinationes prius rupte quam lecte fuerunt*[1].

Mardi, xxiiij° jour de novembre.

Cedit jour, a vaqué la Court audit Conseil à visiter, lire et conseiller les remedes articulez sur les defaus de la justice de ce royaume, articulez et bailliez au Grant Conseil pour y pourveoir, selon ce que enjoint avoit esté à la Court, comme dit est dessus, le xxiij° de ce moiz.

Conseil, XII (X^{1a} 1478), fol. 239-240.

Juesdi, xvij° jour de decembre.

La Court a ordonné que, pour les abuz et entreprises qui, à Paris et en la viconté de Paris, sont fait par pluseurs de la court ecclesiastique de l'evesque de Paris, ou prejudice du Roy et de ses subgiez, information sera faicte par maistre P. Drouart et O. Baillet, conseillers du Roy nostre Sire[2].

Matinées V (X^{1a} 4787), fol. 249 v°.

---

1. Observation personnelle de Nicolas de Baye.
2. En marge se lit cette note du greffier : *Nichil factum, sed dissimulatum*.

Samedi, xix° jour de decembre.

Au jour d'ui, la Court a envoyé le graphier de ceans au Chancellier lui dire, de par la Court, qu'il seellast certain adjornement en cas d'appel et d'attemptas pour les habitans de Bar sur Aube, appellans à l'encontre d'un des serviteurs de la duchesse d'Orleans et un sergent appellé Jaquet de Chaalons, à l'occasion de la capitenie dudit Bar qui estoit donnée audit serviteur appellé Pirmen, lequel adjornement estoit signé par la Court, ou defaut dudit Chancellier qui l'avoit refusé auxdiz habitans, *alias*, la Court y pourverroit, auquel graphier a respondu ledit Chancellier que le scelleroit.

Conseil, XII (X^{ta} 1478), fol. 245 v°.

1406.

Samedi, ij° jour de janvier.

Cedit jour, a ordonné la Court que maistre Loiz Blanchet, prisonnier, duquel la prison avoit esté extendue par le Palaiz jusques à au jour d'ui, demourra en cest estat jusques à lundi prouchain, et ce pendent sa partie adverse verra les lettres par lui impetrées.

Juesdi, vij° jour de janvier.

Avant les Plaidoiries, fu dit au graphier que certain accort, que messire Pierre de Craon, Anthoinne, son filz, et le sire de Honcourt requeroient estre receu et passé ceans, n'y seroit point passé ne receu, maiz alassent les parties ou Chastellet le passer, se bon leur sembloit.

Conseil, XII (X^{ta} 1478), fol. 247 r°.

Juesdi, xiiij° jour de janvier.

Cedit jour, Colart de Laon, peintre, a promiz de parfaire le tableau et ouvrage qui est ou parquet de Parlement dedans le mi-caresme, par ce que J. de la Cloche, bourgoiz de Paris, qui avoit donné ledit tableau, outre ce que ledit Colart avoit eu de lui, lui a delivré et baillié xij frans, l'entention toutevoie dudit Colart est que, se il aura plus desservi qu'il n'a eu, que les commissaires à oïr les parties lui facent raison [1].

Matinées, V (X¹ᵃ 4787), fol. 268 v°.

Mercredi, xx° jour de janvier.

Au jour d'ui, pour ce que certain arrest ou jugié avoit esté fait en la Chambre des Enquestes d'entre messire Gaucher de Chastillon, curateur de messire J. de Chastillon, son frere insensé, d'une part, et la contesse de Harcourt, d'autre part, et icellui arrest, avant ce que l'en l'eust pronuncié, eust esté revelé, comme l'en creoit *verisimiliter*, parce que le Roy et aucuns de nosseigneurs avoient mandé les presidens de ceans, et avoient volu et voloient que ledit procès fust veu par les trois Chambres, et, au contraire, ledit Gaucher avançoit ledit arrest, et sur ce eust presenté lettres patentes à la Court, a esté dit et ordonné que

---

1. Ce passage concernant le tableau du Parlement a été publié par M. J. Guiffrey dans les *Nouvelles Archives de l'Art français*, 1879, p. 7. Aux renseignements biographiques que l'on possède sur ce peintre, nous ajouterons une mention concernant la date approximative de son décès. D'après un arrêt du Parlement du 13 août 1418, confirmant une sentence de la Prévôté de Paris du 27 mai 1417, la veuve et les héritiers de Colart de Laon possédaient une maison rue Saint-Denis, chargée de 14 livres de rente (Jugés, X¹ᵃ 63, fol. 29 r°).

ledit arrest sera pronuncié des premiers qui se pronunceront.

Au jour d'ui, maistre Pierre Le Pingre, clerc et negociateur de messire J. Le Meingre, chevalier, mareschal de France, a dit en la Court que, pour ce que les habitans de Brive la Gaillarde requeroient leur estre pourveu de gens d'armes ou de finance pour gens d'armes, à resister à l'entreprise de fait et guerre[1] que à eulx et aux païz d'environ leur faisoit messire Raymon de Turenne, chevalier, entre lequel, d'une part, et ledit mareschal estoit ceans procès de la conté de Beaufort en cas de nouvelletté, pour quoy estoit certainne finence en la main de la Court, comme en la main du Roy, laquelle lesdiz habitans demandoient leur estre baillée et prestée, que ledit mareschal avoit dit que de ce et de ses autres choses de ce royaume lui plaisoit que le duc de Berry en feist à sa volenté, à laquelle se rapportoit; pour quoy maistre Renier de Bouligny, clerc et secretaire dudit de Berry, a dit de par le duc que lui plaisoit que l'en preist de ladicte finance pour pourveoir auxdiz habitans jusques à la somme de ij^m escus, pourveu que se obligeront de les restituer *tempore et loco*.

Conseil, XII (X^{1a} 1478), fol. 248 v°.

Samedi, xxiij° jour de janvier.

Ce jour, messire Jaques de Bourbon, chevalier et parent du Roy, est venus à la Court atout lettres de

---

1. Voir à ce sujet la notice placée en tête du testament d'Aimery de Montragoux, consul de Brive-la-Gaillarde, assassiné à Paris le 7 août 1405, à l'instigation de Raymond de Turenne (*Testaments enregistrés au Parlement de Paris sous le règne de Charles VI*, p. 171).

creance, et a requiz, de par le Roy, que l'arrest, en quelque estat que fust de pronuncer, se en ce estat estoit, d'entre la contesse de Harcourt, tante du Roy, d'une part, et messire Gaucher de Chastillon, chevalier, *nomine quo procedit*, d'autre part, fust differé de cy à mardi prouchain, sur quoy lui a esté respondu que l'en en feroit du miex que faire se pourroit. Et, pour ce que ceste responce, comme trop general, ne lui souffisoit pas, a esté sur ce conseillée la Court, present ledit de Bourbon, qui est du Conseil du Roy, et considerées les ordonnances de ceans et de pluseurs roiz, et aussy que le Roy paravant envoia lettres patentes de haster la besoigne ceans, a esté dit que l'en ne differeroit point [1].

Conseil, XII (X^{1a} 1478), fol. 249 v°.

Samedi, xxxe jour de janvier.

Cedit jour, en la Tournelle criminelle où estoient pluseurs des seigneurs laiz de ceste Court, a la Court obtemperé à certeinnes lettres obtenues par les fermiers de Tholouse et a miz l'appellation au neant, et,

---

1. En effet, le Parlement ne se laissa point influencer et termina ce même jour le procès engagé entre Gaucher de Châtillon, comme curateur de son frère Jean, interdit au mois de novembre 1374 pour ses prodigalités, et Catherine de Bourbon, comtesse de Harcourt. Jean de Châtillon, obéissant à de perfides suggestions, avait vendu au comte de Harcourt la terre de la Ferté-en-Ponthieu pour 21,080 livres tournois que s'étaient partagées le comte de Braine et le sire de Montmorency, ne laissant au vendeur qu'une somme de 6 livres et une selle à chevaucher. Par un arrêt longuement motivé, la Cour invalida le contrat de vente attaqué par Gaucher de Châtillon, et condamna la comtesse de Harcourt à restituer la seigneurie de la Ferté, avec les arrérages des revenus (Jugés, X^{1a} 53, fol. 330 v°).

en obtemperant à certeinnes autres lettres obtenues par maistre J. de Ruilly, la Court a renvoié et renvoye les parties par devant les generaulx sur le fait de la justice ou païz de Languedoc au xx° de mars prouchain venant, touz despens reservez en diffinitive.

Ce jour, a la Court commiz messeigneurs H. de Marle, president, et R. Mauger à conferer les bourses du college de Dormans, *et cetera facere que, juxta accordum in Curia dudum passatum, facere debet Curia.*

Conseil, XII (X¹ᵃ 1478), fol. 250 v°.

Venredi, v° jour de fevrier.

Au jour d'ui, la Court a defendu à maistre Pierre de Perach, clerc et licencié, sur peinne d'encourre l'indignation du Roy et de la Court, c'est de corps et de biens, que en nulle maniere il ne conseille, ne ayde, ne conforte messire Raymon de Turenne, chevalier, ou prejudice du Roy, de son honneur, ne de sa Court, maiz le induise et enhorte de son povoir à obeir au Roy et à sa Court, et à leurs commendemens, comme bon vassal et loyal doit faire à son seigneur.

Conseil, XII (X¹ᵃ 1478), fol. 251 v°.

Samedi, vjᵉ jour de fevrier.

Messire Estienne Haton, prestre et chanoinne d'Arras, requiert à l'encontre de l'evesque et chapitre d'Arras provision de juge en un cas dont est accusez à tort, provision de vivre et eslargissement.

L'evesque d'Arras dit au contraire que partie, c'est assavoir Haton, est accusez et souspeçonnez *crimine pessimo* dont s'est rendu coulpable, parce que s'en fui, dont deust avoir la cognoissence, maiz se la Court welt ordonner juges, de par Dieu soit, maiz Haton ne sera point eslargi.

Chapitre d'Arras consent que la Court baille juges audit cas, maiz de l'eslargir non. Si a appoinctié la Court que maistres J. Charreton, G. Ponce et Ja. Gelu, conseillers du Roy, seront juges en la cause et appelleront avec eulx maistres G. de Gaudiac et autres de la Court, ou cas que les parties ne s'accorderont de juges, et fait la Court provision audit Haton de XL livres.

Matinées, V (X^{1a} 4787), fol. 283 r°.

Au jour d'ui, a dit la Court au graphier que le sire de Terride et celx qui avoient plegié et cautionné Diago d'Avesche, escuier[1], ont rappellé ladicte caution et plegerie.

Conseil, XII (X^{1a} 1478), fol. 252 r°.

Mercredi, xvij^e jour de fevrier.

Cedit jour, à l'occasion de certeinnes lettres baillées par le Chancellier au graphier et envoiées ceans pour presenter, lire et publier ès Chambres de ceans, contenens en substance que, pour pluseurs très grans defaux et negligences que ou fait de la justice estoient ès iij Chambres de Parlement, parce que pluseurs de conseillers dudit Parlement avoient obtenu lettres de gages à vie, pour quoy le Roy rappelloit tous gages à vie desdiz conseillers[2], fors de ceulx qui avoient servi

---

1. Diego d'Avèche était un écuyer du roi de Portugal, envoyé en France pour réclamer une nef, et qui avait été incarcéré à la Conciergerie, à la poursuite d'un certain Guillaume Langlois, comme prisonnier de guerre ayant manqué à sa parole. (V. à la date du 8 février les plaidoiries relatives à cette affaire, X^{1a} 4787, fol. 284 v°.)

2. Par lettres du 5 février 1406 (n. st.) (X^{1a} 8602, fol. 194 v°),

xx ans et au dessus, et oultre ordonnoit que les presidens de Parlement contraignissent et peussent contraindre lesdiz conseillers par suspension de leurs offices et par autres voies à faire leur devoir, en leur donnant de ce plain povoir et auctorité; maistre Robert Mauger, de par la Court, presens icelles ij Chambres dessusdictes, prist la parole de l'appostre¹ : *Solliciti servare unitatem in vinculo pacis*, et alibi, *non sint in vobis scismata*, et alibi, *non sitis inanis glorie cupidi, neque inter vos contendentes, nec vobis invicem invidentes*, en debatant lesdictes lettres de falseté, surreption et iniquité, contre l'onneur mesme des presidens, quant au premier point, et aussi comme de nulle valeur, et non soustenables quant au point de la contrainte, car les presidens n'estoient que membre de la Court, comme les conseillers, ja soit ce qu'il eussent prerogation d'avancer les besoignes et arrests, et, comme ilz ne peussent suspendre ne priver le moindre procureur de ceans, maiz la Court, par plus fort raison, ne povoient ne ne devoient suspendre lesdiz conseillers de leurs offices, attendue aussi l'auctorité, noblesse et preeminence desdiz conseillers, toute notoire, et l'auctorité souverainne de ceste Court qui estoit communement nommée fonteinne de justice,

---

Charles VI révoqua tous gages à vie, sur le domaine et sur les aides, accordés aux membres du Parlement, à l'exception de ceux qui justifieraient de vingt années de service.

1. Ces trois citations sont extraites, la première, de l'Épitre de saint Paul aux Éphésiens, chap. IV, vers. 3; la seconde, de l'Épitre de saint Paul aux Corinthiens, chap. I, vers. 10; la troisième, de l'Épitre de saint Paul aux Galates, chap. V, vers. 26, où l'apôtre s'exprime en ces termes : *Non efficiamur inanis glorie cupidi, invicem provocantes, invicem invidentes.*

par quoy l'en devoit avoir et tenir lesdiz conseillers en grant reverence et honneur, et non pas les mannier ou demener, comme enfans d'escole, sers ou serviteurs; car mesme le Roy en ses ordonnances, en ses lettres et mandemens les honeure grandement, les appellans maistres de son Parlement et tous autres seigneurs; si n'est pas raison que soient en telle subjection, car aussi sont il en grant nombre, à ce que s'aucun ou aucuns presidens ou aucuns d'eulx *invicem* avoient ou sur eulx ou contre eulx indignation, que un, ne ij, ne iiij, ne vj ne les puissent pas punir, maiz toute la Court. Oultre disoit qu'il ne faloit ja causer ladicte lettre pour venir à la provision faicte par icelle lettre, qui estoit moult petite et de très petit proufit au Roy, car toute la provision ou ordonnance, hors miz les exceptez, ne comprenoit que v ou vj, desquelx les uns avoient servi le Roy xix, les autres xviij, les aucuns xvij ans, et l'exception estoit de celx qui avoient servi le Roy vint ans, que le Roy voloit joir de gages à vie, *tandem*, à fin, après pluseurs paroles, que la lettre fust revoquée, dessirée et corrigée ou amandée. Sur quoy s'excuserent les presidens par la bouche de messire H. de Marle, premier president, en disant qu'il ne tendoient tousjours que à paix, et ceste est la fin de la Court et d'eulx, *quia opus justitie pax*[1], ne ne se voloient point donner l'auctorité contenue en ladicte lettre, *quia scriptum est, constitui te unum ex illis non extollaris*, en soy excusant et en disant que par eulx, ne à leur instance, ne en leur presence, ne par leur conseil ladicte lettre n'avoit

1. Ces mots se trouvent dans le livre d'Isaïe, chap. xxxii,

esté empetrée, ne faicte. Et fu *tandem* conclu que la Court requeroit que ladicte lettre fust dessirée, revoquée et refaicte, et après ce fu ordonné par le Chancellier, qui, pour autre chose cy après contenue, survint à la Court, et avec lui les evesques de Noyon, de Paris, de Chalon et de Saint Flour, que ladicte lettre seroit corrigée et refaite.

Item, après ce à conclurre ou procès[1] d'entre messire Olivier de Mauni, d'une part, et le Borgne de la Heuze, chevaliers, d'autre part, sur le plaidoié du xij° de janvier derrain passé, et tout veu, a esté conclu que l'en attendroit la santé du Roy, lequel, si voloit ou welt croire le conseil de la Court, ne mettra à Saint Maalo en Breteigne pour capitain ne ledit Olivier, ne ledit Borgne[2].

Conseil, XII (X¹ᵃ 1478), fol. 254 r°.

Mardi, xxiij° jour de fevrier.

Messire Pierre Symeon, prestre, executeur du testament de feu madame Ysabel de Germaincourt[3], dame de Baucey, a au jour d'ui baillié à la Court la somme de soixante escus d'or, laquelle somme ladicte Ysabel avoit laissié en sondit testament à ladicte Court pour emploier en livres ou en autres usages, au plai-

---

1. Le procès en question, relatif à la capitainerie de Saint-Malo, ne fut terminé que le 2 juillet 1407 par un arrêt du Parlement, déclarant valable le don dudit office en faveur d'Olivier de Mauny (Conseil, X¹ᵃ 1478, fol. 328 v°).

2. V. aux Matinées (X¹ᵃ 4787, fol. 265).

3. Les testament et codicille d'Isabeau de Germaincourt, dame de Bocé, veuve de Jean Pelerin, chevalier, en date des 12 février 1402 et 22 décembre 1403, furent soumis au Parlement et figurent dans le registre des Testaments (X¹ᵃ 9807, fol. 112 v°).

sir d'icelle Court, et a requiz ledit Pierre ce estre enregistré, et a eu autant du registre signé par le graphier.

Matinées, V (X^{1a} 4787), fol. 300 r°.

Vendredi, xxvj^e jour de fevrier.

Cedit jour, la Court a defendu à maistre Dominique qu'il ne mesdie, en quelque maniere que ce soit, à maistre N. d'Orgemont.

Matinées, V (X^{1a} 4787), fol. 302 v°.

Mercredi, vij^e jour d'avril.

Ce jour, la Court a octroyé à Josserant Frepier, à l'encontre du roy de Castelle, sommation *pro prima vice* en cas de marque, tout consideré.

Conseil, XII (X^{1a} 1478), fol. 263 r°.

Samedi, xxiiij^e jour d'avril.

Ce jour, ont esté revisitées les ordonnances sur le fait de la justice, qui, autre foiz, avoient esté avisées pour bailler devers le Grant Conseil par l'ordonnance de nos seigneurs de France, et autre chose n'a esté fait.

Conseil, XII (X^{1a} 1478), fol. 265 r°.

Mardi, xxvij^e jour d'avril.

Ce jour, a esté la Court empeschée, pour ce que pluseurs des presidens et autres des seigneurs sont alez devers nosseigneurs pour certeinnes rebellions faictes ou païz de Guienne et de Languedoc contre l'execution d'un arrest obtenu par Regnault de Murath contre Pons de Cardilhac, et pour ce n'a pas esté plaidoié.

Cedit jour, après ce que par la Court, ou m. N. d'Orgemont et J. Accart, commiz à ce, le graphier present, fust avisié que les sieges et bancs et porches de la Chambre du Parlement estoient vielx, derompus, et moult malhonestes, et aussy malaisez et trop bas d'environ pleinne paume ou demi piet, pour quoy l'en ne povoit entendre les advocas si bien qu'il apartenoit, et pour ce eust esté fait marchié à Guillaume Cyrace, par la maniere qu'est contenu en la fin du Conseil de ceste année, bourgoiz et hucher à Paris, pour le priz de ij^c escus qu'il en doit avoir, parmi ce qu'il rendra tout prest et assiz à ses despens hors ferreures dedans la Toussaint prouchain venant, et ce a promiz en la main du graphier, ycelle Court a ledit marchié approuvé, et ordonné que ... de certain argent estant devers ledit graphier, venant d'une amende en laquelle avoit esté condempné J. Corieu, procureur ou Chastellet, envers le procureur du Roy[1].

Conseil, XII (X^{1a} 1478), fol. 265 v°.

Mercredi, xxviij^e jour d'avril.

Cedit jour, oultre les seigneurs cy-dessus nommez, furent au Conseil pour le fait des marques, et par especial pour conseiller sur certain accort avisié entre aucuns officiers et gens du Roy, d'une part, et les gens et officiers du roy d'Arragon, d'autre part, au regart des marques ou temps passé *hinc inde* adjugées, et dont l'execution pendoit :

Messire Arnault de Corbye, chancellier, le patriarche d'Alexandrie, l'arcevesque d'Aux, l'evesque de Paris,

---

1. Jean Corieu avait été condamné à une amende de 300 livres tournois et suspendu de son office de procureur au Châtelet pendant un an par un arrêt prononcé le 27 mars 1406 (Conseil, X^{1a} 1478, fol. 260 r°); il effectua le paiement de cette somme le 3 avril.

l'evesque de Tournay, l'evesque de Limoges, l'evesque de S. Flour, m. Jaques de Ruilly, president, m. Tristan du Boz, m. E. de Laitre, m. P. de l'Esclat, m. A. Marchant, m. B. Quantin, m. J. Boyer, m. P. Buffiere. Il a esté ordonné que Loiz Jehan qui se opposoit audit accort sera oy à demain.

Conseil, XII (X¹ⁿ 1478), fol. 266 r°.

Sur ce que le bailly de Tournay et de Tournesis avoit requiz à la Court que aucun ne fust receu en son office de bailli, ne d'icellui ne fust aucunement despoinctié sanz le oïr avant, attendu qu'il offroit à respondre par peremptoire à ce que l'en lui voudroit demander à l'occasion d'aucunes informations que l'en disoit estre faictes contre lui, a esté respondu en la requeste baillée par escript par ledit bailly : *Audietur, antequam aliquid minutetur. Actum xxviij aprilis CCCC VI*, et ce a requiz estre enregistré en la Court ledit bailly.

Matinées, V (X¹ª 4787), fol. 340 v°.

Mercredi, v° jour de may.

Ce jour, la Court a appoincté que toutes informations cesseront contre le bailli de Tournay et de Tournesis, et s'en pourra aler jusques à ce que, veuz le procureur du Roy les cas qui lui seront baillez, en sera autrement ordonné, attendu que ledit bailli a offert à respondre personelment et peremptoirement ceans à ce que l'en lui voudra demander.

Conseil, XII (X¹ª 1478), fol. 267 r°.

Lundi, xvij° jour de may.

Cedit jour, la Court a eslargi J. du Ru, prisonnier en la Conciergerie et nagueres geolier d'icelle, pour occasion de certeins prisonniers qui s'en estoient eschappez de ladicte Conciergerie, par Paris, *sub penis et summissionibus* et moiennant caution de LX libvres que ledit du Ru sera tenus de bailler.

Conseil, XII (X^{ia} 1478), fol. 269 r°.

Mardi, xviij° jour de may.

Messire Foulques d'Acre, chevalier, est au jour d'ui venu au registre, à heure de vespres, et a dit que non obstant qu'il fust adjornez au xxj° de ce moiz ceans pour asseurer maistre Oudart Correl, procureur ceans, estoit prest de l'asseurer, et voloit que l'asseurement vaulsist autant comme s'il l'eust asseuré ledit jour, si plaist à la Cour, car il faloit ledit chevalier partir sur heure et chevaucher nuit et jour pour estre à la besoigne et bataille de Brantosne [1].

Matinées, V (X^{ia} 4787), fol. 349 v°.

Juesdi, xxvij° jour de may.

Ce dessusdit jour, a presenté l'Université, par maistre Pierre Cauchon, maistre J. Broillot et autres, ij lettres royaulx par lesquelles principal et executoire est mandé à la Court qu'elle face justice au procureur du Roy et à ladicte Université sur certeinne espitre injurieuse faicte et envoiée par l'Université de Tholouse dès le temps de la substraction faicte au Pape et contre icelle, en la deshonneur du Roy, de son Conseil, de son royaume et de ladicte Université, et ont requiz lesdiz Cauchon et Broillot ce estre enregistré.

Et cedit jour ladicte Université, en grant compai-

---

[1]. Il s'agit du siège mis par les Français devant la place de Brantôme, dans le Périgord. (Cf. la *Chronique du Religieux de Saint-Denis*, t. III, p. 407.)

gnie et assemblée, tant d'icelle Université que des seigneurs des deux Chambres, de prelas et des maistres des Requestes de l'Ostel du Roy, proposa par la bouche de maistre Pierre Plaoul, maistre en ars et en theologie et chanoinne de Paris, en disant pour theme : *Querite pacem civitatis et orate pro ea*[1]. *Jeremie, XXIX, hystoria prophetalis*....

Après ce se leva maistre J. Petit, maistre en theologie, qui dist que l'entente de l'Université estoit de monstrer en especial la faute et injure de ladicte espitre et declarer certains poins des griefs intollerables faiz par le Pape et ses officiers à l'Eglise, pour quoy requiert de par l'Université jour à proposer lesdiz poins, *singillatim* et en especial. Si leur a octroié la Court tel jour que voudront eslire, si se sont arrestez pour jour à d'ui à viij jours, après leur a esté dit par la Court, que pour ce que la matiere est grande, grosse et notable, et est expediens que chacun l'oie et entende, que le jour que parleront proposient en françoiz, pour ce que touz ceulx qui viennent ceans oïr les Plaidoiries n'entendent pas latin. Et ancor après ce, a requiz l'Université que, pour ce que ladicte espitre est notoirement diffamatoire, et se dampne de soy, et fust cheue du ciel, requierent que s'il y a aucuns à qui il touche et qui weillent aucune chose dire que comparient audit jour, si leur a dit la Court qu'il baillient les noms et surnoms d'iceulx, et il leur

---

1. Suit une fastidieuse harangue en latin, comprenant près de trois folios du registre, et qui, en son temps, fut loin d'être comprise de tous les assistants, puisque le Parlement invita l'Université à soutenir sa proposition en français dans la séance suivante, remise à huitaine.

sera signifié que, se aucune chose wellent dire, comparient ledit jour.

Matinées, V (X¹ª 4787), fol. 354 et suiv.

Venredi, xxviij⁰ jour de may.

La Court ce jour a ordonné que maistre N. d'Orgemont, G. Petit Sayne, P. Lefevre et R. Mauger interrogueront ceulx que l'Université de Paris leur baillera sur le fait d'une espitre injurieuse pieça envoiée au Roy, à la Court et à ladicte Université par l'Université de Tholouse sur le fait de l'universale substraction jadis faite au Pape.

Matinées, V (X¹ª 4787), fol. 356 v°.

Lundi, vij⁰ jour de juin.

Nota, septem folia sequentia, multum excellentia et notabilia in propositionibus sequentibus factis per excellentes clericos et doctores Sacre Scripture in presenti Curia [1].

Matinées, V (X¹ª 4787), fol. 359 r°.

Mercredi, xvj⁰ jour de juin, au Conseil.

Et cedit jour, entre vj et vij heures à matin et assez tost après vj heures, quant l'en visitoit les requestes en la Chambre, apparu eclipse de soleil tel que le soleil, qui une heure paravant luisoit moult bel, net et cler, souffri tel defaut de clarté ou bas monde que l'en ne voioit ne que à l'eure de x heures de nuit ou environ ij heures après minuit, et dura ce l'espace de la

---

[1]. Cette note de Nicolas de Baye, en marge du registre, précède la transcription des harangues de Pierre Plaoul et de Jean Petit, relatives à l'épitre injurieuse de l'Université de Toulouse, harangues en français hérissées de citations latines, comprenant cinq folios, dont nous ne pouvons reproduire le texte.

xij⁰ partie d'une heure ou environ, par especial en nostre climat¹.

Matinées, V (X¹ᵃ 4787), fol. 369 v°.

Venredi, xviij⁰ jour de juin.

Cedit jour, les notaires du Roy, sur certeinnes lettres qu'il avoient obtenues du Roy sur le paiement de leurs gages, c'est assavoir de vᵐ sur l'emolument du seel, à quoy s'estoit opposé le Chancellier, et mil sur les amendes, ont baillié certeinne requeste sur l'enterinement desdictes lettres, et en cas d'opposition venir ceans dire la cause d'opposition et d'oster l'empeschement miz aux bourses par ledit Chancellier et audiencier, sur quoy n'a pas esté ordonné, en attendant que les parties s'accordassent sanz procès.

Conseil, XII (X¹ᵃ 1478), fol. 274 r°.

Mardi, xxij⁰ jour de juin.

Fu si grant tempeste au lieu du Landict et à S. Deniz que, comme relatoient aucuns des seigneurs de la Court et de l'evesque de Paris, y chut greelle aussi grosse qu'est le poin à un homme et plus ancores².

Mercredi, xxiij⁰ jour de juin.

Cedit jour, la Court a defendu à mᵉ Henry Mauloué, audiencier de la Chancellerie, qu'il ne delivre l'argent de la Chancellerie ou seau d'icelle à aucun jusques à

---

1. Une mention analogue, extraite du registre du Conseil, a été insérée par M. Douet d'Arcq dans son *Choix de pièces inédites relatives au règne de Charles VI*, t. I, p. 287; en regard de cette mention, on a eu la prétention de représenter un soleil rayonnant.

2. Ce paragraphe, publié par D. Félibien dans son *Histoire de la ville de Paris*, t. IV, p. 549, a été reproduit par M. Douet d'Arcq dans son *Choix de pièces relatives au règne de Charles VI*, t. I, p. 288.

ce que la Court en ait autrement ordonné, et ce a esté à la requeste des notaires, et a dit la Court audit Mauloué que, si se voloit opposer ne estre oy, qu'il venist venredi prouchain, à quoy dist que la distribution dudit argent ne lui appartenoit pas, et qu'il ne se opposoit pas.

Conseil, XII (X¹ᵃ 1478), fol. 275 r°.

Samedi, xxvj° jour de juin.

Ce jour, la Court a ordonné et ordonne que les advocas et procureurs soient prests chascun jour que l'en plaidera après disner à iiij heures de leurs causes, *aliàs* sera executé chascun advocat de LX solz et procureur de XL solz, qui defaut fera.

Conseil, XII (X¹ᵃ 1478), fol. 275 v°.

Mercredi, derrien jour de juin.

Cedit jour, le procureur du Roy et l'Université de Paris requierent que l'espitre de l'Université de Tholouse envoiée dès l'an CCCC I au Roy[1], et contre laquelle a ceans esté proposé par l'Université et par les gens du Roy, *sine expectatione seu procrastinatione judicetur*, attendu qu'elle est dampnable de soy, et fussent les compositeurs ou compositeur mors, à quoy la Court leur a dit que, pour ce que l'Université avoit requiz defaut contre maistre Guigon Flandin, que l'en dit compositeur de ladicte epistle, et adjornement,

---

1. Cette lettre, par laquelle l'Université de Toulouse protestait contre la déclaration royale qui retirait le royaume de l'obéissance du pape Benoit XIII, a été imprimée par Du Boulay (*Histoire de l'Université de Paris*, t. V, p. 4-24), qui a également reproduit les délibérations du Parlement de Paris des 30 juin et 2 juillet (t. V, p. 117), mais le texte laisse bien à désirer sous le rapport de la correction.

attendoit à juger l'un avec l'autre, à quoy ont dit ceulx de l'Université que, attendu que ladicte Université de Paris a grosses besoignes entreprises pour le bien publique, et ne puet pas vacquer à tant de choses ensemble, comme poursuir ledit Guigon qui se defuit et rend fuitif, et si est fait separé, si welent et requierent, attendu ce que dit est, le jugement sur ladicte espitre, et puiz après à leur bon temps et loisy poursuiront leur defaut et ce que ont à poursuir à l'encontre dudit Guigon, pour quoy a esté ordonné que venredi prouchain s'assembleront les Chambres et prelas estans du Conseil, et sera rapportée la besoigne en Conseil pour juger.

Venredi, ij^e jour de juillet.

Cedit jour, environ viij heures, se sont assamblez au Conseil en la Grant Chambre de Parlement, sur ce qu'avoit esté requiz par l'Université de Paris et le procureur du Roy mercredi derrien passé touchans ladicte Université de Paris et ledit procureur du Roy sur l'adjugement de certeinne epistle envoiée au Roy par l'Université de Thoulouse dès l'an CCCC I contre l'ordonnance faicte sur la substraction qui par avant avoit esté faicte au pape Benedic XIIIe, c'est qui s'ensuivent : messire H. de Marle, Pierre Boschet, Y. de Boisy, presidens.

(Suivent les noms de soixante-doux prélats, maitres des requêtes et conseillers du Parlement.)

A conseiller se l'en jugera l'espitre de Tholouse dessus dicte sanz appeller ceulx de l'Université de Tholouse, attendu que en icelle s'offrent à la soustenir envers et contre tous.

Dit a esté et conclu que l'espitre dessusdicte, les lettres de la restitution de l'obeyssance et tout ce qui appartendra à la matiere sera veu, et puiz les seigneurs diront et delibereront ce que bon leur semblera.

Samedi iij°, mercredi vij°, venredi ix° jour de juillet. A conseiller ladicte epistle de Tholouse. *Non est conclusum.*

Conseil, XII (X¹ᵃ 1478), fol. 276-278.

Mardi, vj° jour de juillet.

Le duc de Bourgoigne dit que, comme ait esté ceans proposé contre une epistle Tholousainne par le procureur du Roy, le duc de Berry et l'Université de Paris, et il soit informé qu'elle soit moult diffamatoire contre l'onneur du Roy, de son sanc et de son Conseil, il se adjoinct avec lesdiz procureur du Roy, de Berry et de l'Université, et tient les conclusions faictes par les dessusdiz comme faictes par lui, et aussy pareillement s'adjoinct avec les dessusdiz à l'encontre de messire Guigon Flandin, que l'en dit compositeur de ladicte epistle, en faisant pareilles conclusions comme autrefoiz ont esté faictes par les dessusdiz tant contre ladicte epistle que contre ledit Guigon, et requiert ce estre registré et en avoir lettre.

Depuiz l'Université, ou le recteur et les deputez d'icelle, sont ceans venus, et ont presenté lettres patentes royaulx, contenens mandement de delivrer le jugement de ladicte epistle tant en jours de Conseil que de Plaidoiries, et sanz intervalle de temps; après la lecture desquelles lettres a proposé et dit m° J. Petit, maistre en theologie, de par ladicte Université, que pour ce que pluseurs empeschent ledit jugement de l'epistle, et, par especial, aucuns dimenche derrain passé, à l'eure de xj heures de nuit que le Roy se voloit coucher et aler dormir, aucuns lui requirent que ledit jugement fust differé, et se n'eussent esté aucuns amiz de l'onneur du Roy et de l'Université, eussent empeschié ledit jugement, qui est moult grant peril au Roy et à sa lignée et au royaume, car s'il avenoit que la chose demourast empeschée et le Roy mouroit, veu que ladicte epistle maintient le Roy scismatique, l'en pourroit conquerir le royaume, comme le Roy mesme conquist *in simili casu heresis* la conté de Tholouse, et en tel cas aussi conquist le bastart d'Espaigne le royaume de Castelle, pour quoy à obvier à telx perilx et aventures requierent l'acceleration du jugement de ladicte epistle et dient qu'il ne cesseront de venir de jour en jour jusques à ce que ladicte epistle soit jugée, car en ce le Roy, la Court et ladicte Université demourront en paix, et si n'y avera ja interest pour les Plaidoiries, car se la Court emploie aucuns jours de Plaidoiries à conseiller et juger ladicte epistle, en pourra repranre autant des jours ordonnez à conseiller, et dit que ce sera honte à la Court, se la chose n'est jugée et expediée.

Matinées, V (X¹ᵃ 4787), fol. 382 rº.

Samedi, xᵉ jour de juillet.

A conseiller le jugement sur l'epistle de Tholouse, veuz les propos de l'Université de Paris, du procureur du Roy, des duc de Berry et de Bourgoigne, du xxviijᵉ jour de may et de juin ensuivant derrien passé, et tout veu et consideré.

Il sera dit que ladicte epistle apportée par messire Guigon Flandin, soy disant messager de Tholouse, est injurieuse et diffamatoire du Roy et de sa magesté royal, de ceulx de son sanc, de son conseil, du clergié de France et de l'Université de Paris, et comme tele sera despecée en pieces en la Court de ceans, et les semblables à Tholouse et sur le pont d'Avignon, et sera fait commandement à son de trompe par tous les bailliages, senechaucées et jugeries royaulx de ce royaume que quicunques avera la copie ou double d'icelle, qu'il apporte ou envoie en la Court dedans iij moiz après ladicte publication, sur peinne de cent mars d'argent et de quanques il se pourra meffaire envers le Roy et sadicte Court.

Conseil, XII (X¹ª 1478), fol. 279 r°.

Mercredi, xiiij° jour de juillet.

Cedit jour, maistre Pierre de l'Esclat et Hemonnet Raguier, tresoriers des guerres, ont dit de par la Royne que de la volenté du Roy elle ne demande rien à messire Morelet de Betencourt, à occasion de certeinne somme d'argent qui lui appartenoit, et laquelle somme l'en disoit que ledit Morelet avoit ottée par force à cellui qui l'apportoit à Paris, soubz umbre de ce qu'il disoit que le Roy lui devoit.

Conseil, XII (X¹ª 1478), fol. 279 v°.

Samedi, xvij° jour de juillet.

Cedit jour, fu pronuncié l'arrest, ordonnance ou jugement de l'epistle de Tholouse[1].

Conseil, XII (X¹ª 1478), fol. 280 r°.

Mercredi, xxj° jour de juillet.

Sur la provision requise par le curé de Chalemol, à

---

[1]. La teneur de cet arrêt se trouve au registre des Jugés (X¹ª 53, fol. 248 v°); il est reproduit in extenso dans Du Boulay, *Hist. Univ. Paris.*, t. V, p. 120.

cause des funerailles et beneissons de noces et d'espousailles à l'encontre de ses parroissiens, la Court a ordonné et ordonne que ledit curé aura par maniere de provision, durant le plait pendent entre lesdictes parties, pour la funeraille de chascun chief d'ostel de sa parroice xv solz parisis, soit homme ou femme, et de chascune autre personne non faisant chief d'ostel, aagée au dessus de sept ans, xij solz parisis, et de chascun enfant de vij ans et au dessoubz xxx deniers parisis, et pour chascune beneysson d'espousailles, de chascun chief d'ostel faiz en sa parroice x solz parisis, et d'autre viij solz parisis ; et pour remission ou licence de ceulx de ses parrociens qui se iront marier hors de sa parroice, aura ledit curé de chascun chief d'ostel xv solz parisis, et de chascune pucelle un pichot d'avoinne à la mesure de Bourbon Lanceiz et une geline, et de chascun autre non faisant chief d'ostel xij solz parisis.

Conseil, XII (X¹ª 1478), fol. 281 r°.

Juesdi, xxix⁰ jour de juillet.

Cedit jour, messire H. de Marle a relaté que le chancellier de monseigneur d'Orleans lui avoit dit de par ledit d'Orleans que, attendu que le doien de Paris, maistre J. Chanteprime, conseiller ceans, ne povoit vacquer, obstant son doienné, à sondit office et que maistre Giles de Clamecy, licencié en loiz, est son nepveu, bon clerc et suffisant homme, filz de Giles de Clamecy qui avoit bien servi le Roy, et au proufit duquel maistre Gile ledit doien voloit bien resigner son office dessusdit, lui sembloit que la Court povoit bien recevoir ledit maistre Giles, non obstant certeinnes ordonnances faictes sur l'election des offices de ceans.

Pareillement, maistre Michiel Le Buef, secretaire de monseigneur de Berry, et aussy maistre Geffroy Maupoivre et autres sont venu au jour d'ui ceans, et de par lesdiz de Berry et de monseigneur de Bourgoigne ont dit que, attendu ce que dit est de par monseigneur d'Orleans, la Court povoit bien et devoit recevoir ledit maistre Giles, si comme lui sembloit et plaisoit.

Samedi, derrien jour de juillet.

Ce jour, a esté receu ou lieu de maistre J. Chanteprime, doien de Paris, en la Grant Chambre maistre Renault Rabay, ou lieu duquel a esté receu en la Chambre des Enquestes maistre Giles de Clamecy, nepveu dudit doyen, qui en faveur de lui avoit resigné sondit lieu. Et pour ce que debat estoit entre maistre Germain Paillart, d'une part, et ledit Rabay, d'autre part, sur ce que ledit Paillart disoit qu'il devoit aler devent ledit Rabay, car il avoit esté primo receu ordinairement, combien que ledit Rabay eust eu lieu extraordinaire paravant lui, car il avoit servi ou lieu de maistre J. Gibour qui *mente captus* ne povoit servi, maiz il avoit eu manteaulx et gaiges ordinaires après ledit Paillart, les ij Chambres assemblées, a esté dit que Rabay devoit aler devent en la Grant Chambre. Et aussi, pour la difficulté de certeinnes ordonnances faictes d'eslire les seigneurs de ceans de cy en avant puiz un an, par le consentement de nosseigneurs les ducz, et attendue la resignation dudit Chanteprime qui longuement avoit servi ceans, qui aussy resignoit au prouffit dudit Clamecy, *non alias facturus* a esté receu ledit Clamecy et a fait le serment acoustumé.

Conseil, XII (X^{ta} 1478), fol. 283 r° et v°.

Samedi, xiiij° jour d'aoust.

Sur ce que le Roy avoit fait, ou par importunité de requerans ou moins pourveument, aucunes choses touchans les offices de la Chambre des Comptes, du Tresor, les maistres de son Hostel et autres offices contre les ordonnances faictes n'avoit que un peu par grant et meure deliberation, et avoit envoié publié les lettres[1], sur ce que dit est que estoit contre lesdictes ordonnances, a esté dit et deliberé que la Court ne soufriroit point qu'elles fussent ceans publiées, car ce seroit contre l'onneur du Roy.

Conseil, XII (X¹ᵃ 1478), fol. 285 v°.

Samedi, xxviij° jour d'aoust.

Cedit jour, le procureur du Roy general s'est opposé en la Court et s'oppose que maistre J. de Longueil, conseiller du Roy ceans, lequel l'en dit avoir obtenu l'office de general sur le fait de la Justice ou lieu de messire J. David, à present bailli de Rouen, ne soit receu à tenir les ij offices, c'est assavoir de general et de conseiller ceans, maiz en acceptant l'un laisse l'autre, et à ce a requiz d'estre oy, se mestier est, et ce estre enregistré.

Matinées, V (X¹ᵃ 4787), fol. 419 v°.

Mercredi, premier jour de septembre.

Cedit jour, fu ordonné que xij ou xiij de messei-

---

1. Il s'agit vraisemblablement de l'ordonnance générale du 7 janvier 1408, enregistrée au Parlement le 19 novembre suivant, réduisant le nombre des offices dans tout le royaume, notamment en ce qui concernait les généraux des Aides, les élus, les généraux des Monnaies, les maitres des Comptes et des Requêtes de l'Hôtel (X¹ᵃ 8602, fol. 218 v°).

gneurs avec les procureur et advocas du Roy iroient à S. Victor, où se doit tenir le Grant Conseil où doivent estre les ducs de Berry, d'Orleans et de Bourgoigne et de Bourbon, sur ce que hier le duc de Berri, duquel aucuns des gens puiz ij ou iij jour avoient esté miz ou Chastellet[1], pour ce qu'il estoient alez à minuit en l'ostel de la Banniere, en la rue des Lombars, où estoit logez l'evesque du Puy, et avoient rompu l'uiz et

---

1. Le registre du Criminel (X^{2a} 14, fol. 345, 346) donne les noms des auteurs de cette agression à main armée, notamment de ceux qui furent incarcérés au Châtelet, savoir : Lionnet de Châtillon, écuyer, Galeran du Plais, Étienne Champignac, Vidal Laurent et Guillemin Périer, tous au service du duc de Berry. Ces gentilshommes et leurs complices, sous prétexte d'enlever une « fillette » du logis de l'évêque du Puy, sis rue de la Vieille-Monnaie (et non rue des Lombards), en enfoncèrent la porte après avoir tiré une flèche contre l'évêque qui s'était mis à la fenêtre pour savoir ce qu'on voulait, firent irruption dans l'hôtel en criant : *Tuez tout*, blessèrent grièvement le varlet de l'hôtel, et, se faisant passer pour les gens du guet, arrachèrent au prélat, en lui mettant leur épée nue sous la gorge, la promesse de mille écus, de plus emportèrent comme gage un grand et petit bréviaire, une ceinture d'argent et une écritoire garnie, se contentant d'arracher les fermoirs d'argent d'une bible qu'ils laissèrent, « pour ce qu'elle estoit de trop menue lettre. » L'affaire fut portée devant le Parlement qui consacra plusieurs audiences à l'examen de cette cause. Les délinquants avaient obtenu des lettres de rémission, dont ils demandèrent l'entérinement et furent élargis le 2 septembre, sous une caution de 2,000 livres. Le 23 décembre suivant, Hélie de Lestranges, évêque du Puy, cédant, selon toute apparence, à d'influentes sollicitations, pardonna les méfaits dont s'étaient rendus coupables les gens du duc de Berry, et vint lui-même au Parlement déclarer qu'il consentait à la grâce et rémission accordées par le Roi (Criminel, X^{2a} 14, fol. 369 v°). Il n'est pas inutile de rappeler ici qu'Hélie de Lestranges, partisan acharné de Benoît XIII, se trouvait en lutte ouverte depuis plusieurs années avec le duc de Berry, qui à deux reprises fit saisir le temporel de ce prélat. (V. à la date du 14 décembre 1408.)

avoient prinz une bible, breviaire, ceincture et autres chosettes, et une fillette que l'en disoit que ledit evesque avoit, ou ses gens, et à les chacer par le chevalier du Guet et ses gens s'estoient rebellez et efforcez de les batre, et pour ce aussi que la Court avoit parlé à aucuns desdiz prisonniers de près, avoit dit ledit de Berri que s'en penroit aux singuliers seigneurs de la Court et à messire Ymbert de Boisy, president, qui avoit esté oudit Chastellet. Et pour ce que ce estoit contre les droiz et honneur du Roy qui à ce jour estoit encloz et enfermez malade, et que c'estoit empescher justice, mesme en la ville de Paris où moult d'excès se faisoient, et où chascun *impune* portoit espées, dagues et couteaux, et armeures pluseurs de plain jour portoient, les dessusdiz iroient pour aviser les seigneurs sur ce et *similibus*, et que il n'empeschassent point justice[1].

Conseil, XII (X¹ᵃ 1478), fol. 287 v°.

Juesdi, ij⁰ jour de septembre, après disner.

Cedit jour, sur ce que un appellé J. Gendreau avoit baillié certeinne requeste au duc de Berri contre messire P. Boschet, president ceans, et contre son honneur, en se plaignant de justice, ledit Gendreau s'en est rapporté à la Court, pour quoy, ladicte requeste veue, et tout consideré;

La Court a condempné ledit Gendreau à faire amende honorable audit Boschet, laquelle a faicte en icelle Court à genoulx en criant mercy audit Boschet, et

1. Au nombre des extraits donnés par D. Félibien dans son *Histoire de la ville de Paris* (t. IV, p. 549) figure ce paragraphe, mais avec quelques omissions vers la fin.

aussy en amende proufitable, la taxation à icelle Court reservée, et lui a esté dit que, se jamaiz il lui avient de ainsy faire, il sera puni du corps, comme il appartendra.

Conseil, XII (X¹ᵃ 1478), fol. 288 v°.

Lundi, vjᵉ jour de septembre.

A conseiller la taxation de l'amende proufitable de J. Gendreau à l'encontre de messire P. Boschet, il sera dit que la Court taxe l'amende proufitable à x libvres, et condempne la Court ledit Gendreau es despens du defaut obtenu contre ledit Gendreau par ledit Boschet.

Conseil, XII (X¹ᵃ 1478), fol. 290 r°.

Lundi, vjᵉ jour de septembre, au Conseil.

Cedit jour, en la presence de messeigneurs P. Boschet, Y. de Boisy, presidens, des arcevesques de Tours et de Tholouse, des evesques de Paris, de Beauvaiz, de Xainctes, de Limoges, de Nantes, l'abbé de Saint Deniz, des seigneurs des ij Chambres, de l'Université de Paris, de toute la Court et de pluseurs autres, a ceans proposé maistre J. Petit, docteur en ars et en theologie, pour ladicte Université, en disant, contre le Pape, que l'en baille au plus foible la chandoille tenir, pour ce qu'il estoit chargié de proposer en la Court, dont perdoit senz et memoire quant il consideroit sa foiblece et petitesse de son entendement et suffisance, la compaignie où le faloit parler et la cause pourquoy, toutevoie, quant il avisoit le droit et justice de la cause dessusdicte et de la Court, se confortoit. Disoit que l'Université de Paris se tient en la subtraction autrefoiz faicte à Benedict, et n'est point son entention de obeir à lui, car il est scismatique et suspect d'eresie ; si exhorte la Court que ainsy le face et face faire, et supposé que subtraction ne ly seroit faicte en tout, toutevoie, attendu son gouvernement, lui doit estre faicte subtraction en partie, c'est assavoir es finances qu'il a levées et lieve en ce royaume, et tiercement que les prelas soient assemblez, comme il a esté ordonné au regart du premier point. Et pour venir à sa matiere, prant pour theme : *Subtrahate vos ab omni fratre ambulante inordinate*, ij° ad Thessalonic. ultimo [1].

Soubtraiez vous d'un chascun frere, lequel en son gouvernement s'en va desordoneement et continuelment persevere [2].......

Matinées, V (X^{la} 4787), fol. 422 r°.

Samedi, xj° jour de septembre.

A conseiller l'arrest d'entre les procureur du Roy, du duc de Berry et l'Université de Paris, d'une part, et les officiers du Pape, de la Chambre apostolique et les Cardinaulx, sur le proposé par les parties du vj° jour de ce moiz, et tout consideré :

Il sera dit en obtemperant aux lettres royaulx obtenues par ladicte Université que Benedict pape dessusdict et ses officiers cesseront ou royaume et Dauphiné de exiger les premieres années des fruiz et emo-

---

[1]. Ces paroles sont empruntées à la deuxième épitre de saint Paul aux Thessaloniciens, chap. III, vers. 6.

[2]. La harangue de Jean Petit comprend cinq folios du registre des Plaidoiries ; à la suite vient le discours du procureur du Roi, puis la réponse de Pierre Plaoul au nom de l'Université de Paris ; en marge se trouve le dessin à la plume d'une tiare.

lumens des prelatures et autres benefices quelxcunques vacans, ou qui ont vaqué ou vaqueront, tant pour les premieres années, que aussy des fruiz et emolumens qui du temps de subtraction autrefoiz faicte audit Benedict et de la vacation des prelatures, dignitez et autres benefices, sont escheuz ou eschient en aucune maniere. Et aussi cesseront les exactions des procurations qui sont dehues pour les visitations et des arrerages quelxcunques deubz pour raison des choses dessusdictes ou d'autres exactions; et pourront pranre les prelas, arcediacres et autres ordinaires icelles procurations, quant il visiteront. Et cesseront aussi les Cardinaulx et le Chambellant de percevoir et pranre et exiger ce que prenoient et exigoient devent ce present arrest pour cause des premieres années et des arrerages quelxcunques deubs pour l'occasion devent dicte, en quelque maniere que ce soit. Et se aucune chose de ce qu'a esté levé pour occasion des choses dessusdictes est devers les collecteurs, ou soubcollecteurs, ou autres quelxcunques, sera arresté soubz la main du Roy, et leur sera defendu que audit Benedic ne à quelque autre n'en baillent ou delivrent aucune chose. Et aussi sera defendu à celx qui doivent audit Benedict ou à la Chambre apostolique ou aux Cardinaulx dessus diz qu'ilx ne paient ou baillent aucune chose. Et ordonne la Court que ceulx qui pour l'occasion dessusdicte sont excommuniez, seront relachez et jusques à ce que autrement en sera ordonné[1].

Conseil, XII (X¹ᵃ 1478), fol. 292 v°.

[1]. Cet arrêt important est reproduit dans sa substance par Du Boulay, *Hist. Univ. Paris.*, t. V, p. 127; on en trouvera la teneur complète au registre des Jugés (X¹ᵃ 53, fol. 280 r°).

Cedit jour, a esté pronuncié par messire P. Boschet, president, l'arrest d'entre les procureur du Roy et du duc de Berry et l'Université de Paris, d'une part, et le Pape ou les gens du Pape, d'autre part, sur certeinne provision requise par l'Université et Roy et Berry dessusdiz des finances que levoit le Pape en ce royaume : *Recurre super hoc ad proposita per Universitatem, registrata supra.*

Matinées, V (X^{la} 4787), fol. 426 v°.

Venredi, xvij° jour de septembre.

Cedit jour, les presidens et conseillers estans en la Chambre ont arresté prisonnier en la ville de Paris messire Phelippe Maalart, chevalier, et lui ont defendu le partir à peinne de mil libvres, jusques à ce qu'il ait contenté et paié Richart de Coloigne et J. Vaast, marchans de chevaulx, de certains chevaulx que ly ont vendu la somme de v^c escus, ou baillié caution suffisant de ladicte somme, et ont ordonné que ij chevaulx, dont l'un est arresté en main de justice et l'autre est devers ledit chevalier, presens Raoul de Garges et les parties, soient vendus le plus proufitablement que faire se pourra, et l'argent apporté en depost devers la Court pour en ordonner comme il appartendra.

Maistre Ja. du Gard et G. Le Clerc sont commiz à soy informer de l'estat de l'abbaie de St Cir.

Matinées, V (X^{la} 4787), fol. 427 r°.

Juesdi, xxiij° jour de septembre.

Raoul de Garges, huissier ceans, a deposé la somme de xxviij escus ceans, venans de la vendition d'un cheval brun bail appartenant à messire Phelippe Maalart, chevalier, à la delivrance se sont opposé Corrat Vernate, bourgoiz et hostelier de Paris, pour despense faicte en son hostel, et aussi Hennequin de Rivieres pour la garde dudit cheval, et avecques ce ledit huissier pour son salaire de l'execution.

Venredi, premier jour d'octobre.

Messire Ymbert de Boisy, president, s'est opposé et oppose pour et ou nom de mons^r l'evesque d'Amiens, son frere, que quittance ne soit baillée aux executeurs du testament du feu cardinal d'Amiens[1], jusques à ce que ledit evesque ait eu copie du compte de ladicte execution et l'ait veu et visité.

Mercredi, vj^e jour d'octobre.

Maistre J. Hoiguart, procureur de l'Université de Paris ceans, a consenti l'enterinement de certeinnes lettres royaulx[2], par lesquelles le Roy donne congié et auctorité à messire Charles de Savoisy, chevalier, de reedifier et restaurer son hostel qui avoit esté, par l'ordonnance du Roy et à l'instance de ladicte Université, abatu et demoli, comme plus especialment et plus à plain apert par la teneur d'icelles.

Mercredi, xiij^e jour d'octobre.

Le clerc maistre J. du Boiz, receveur des amandes de Parlement pour le Roy, maistre J. de Cahours, procureur en ceste partie de mons^r le duc d'Orleans et du marquiz du Pont, maistre J. d'Anisy, procureur de Arnoul Boucher, et maistre Girart d'Asy, procureur

---

1. Imbert de Boisy et son frère Jean de Boisy, évêque d'Amiens, étaient les neveux du cardinal Jean de la Grange, qui avait chargé Imbert de surveiller son exécution testamentaire.

2. Ces lettres, en date du 15 septembre 1406, sont insérées au registre des Ordonnances (X^{1a} 8602, fol. 203 v°).

de Jehanne la Gencienne, present aussy maistre Oudart Gencian, son filz, conseiller du Roy, ont consenti que maistre Loiz Blanchet, prisonnier en la Conciergerie, soit eslargi en estat jusques aux jours de la prevosté de Paris, prouchain à venir, par ce qu'il a juré et promiz, jure et promet, en tant que mestier est, qu'il ne pourchacera ne fera pourchacer par autre devers le Roy ou autrement, d'avoir lettres qui diminuent l'assignation que a faicte le Roy auxdiz mons' d'Orleans et le marquiz, ne à autres, sanz leur consentement, et s'aucunes lettres obtient sur ce pendent ce temps, il welt dès maintenant qu'elles soient nulles, presens Miles Baillet, Thomas Raart, maistre J. Hoiguart, messire Rolant Belier et autres.

Matinées, V (X^{1a} 4787), fol. 427 v°.

Venredi, xve jour d'octobre.

Pour ce que de nouvel l'assignation du paiement des notaires du Roy a esté faicte sur iiij^m frans à pranre sur l'emolument du seel de la Chancellerie, comme l'en dit apparoir par certeinnes lettres sur ce faictes, et à la contribution de ladicte somme je N. de Baye, graphier de Parlement, n'aye pas esté appellé, ne ne serè pas appellé, comme il est vraissemblable, pour ce que le graphier de Parlement a acoustumé estre paié de ses gages sur les amandes dudit Parlement, ay protesté et proteste de venir et retourner à ladicte contribution de ladicte somme de iiij^m frans, *pro rata vadiorum meorum*, toutes et quantes foiz que je ne serois pas souffisaument paiés sur lesdictes amendes, et que il se face ou ait fait assigner sur lesdictes amendes ou temps passé ou temps avenir.

Matinées, V (X^{1a} 4787), fol. 428 r°.

Lundi, xxv⁰ jour de ce moiz d'octobre.

Pierre Chenart et J. Godart, orfevres, demourans à Paris, rapporterent et affermerent par serment à moy Baye, graphier de Parlement, et commiz à faire l'inventoire des biens de l'execution de très reverent pere en Dieu, messire Guillaume de Dormans [1], nagaires arcevesque de Senz, que, à la requeste de maistre Regnaut Rabay, executeur du testament dudit defunct, ilz avoient pesé une croix d'argent et le baston d'icelle que l'en soloit porter devant ledit defunct, une crosse d'argent dorée et esmaillée, apartenent à ladicte execution, comme disoit ledit maistre Regnaut, au plus justement qu'il avoient peu, et après ce que je leur avoie fait faire serment solennelment que bien loyaument et justement à leur povoir priseroient et peseroient les choses dessusdictes. Et avoient trouvé que ladicte croix et pommeau d'icelle pesoient vj mars, j once, xvij estarlins et obole, et le baton d'icelle pesoit ix mars iiij onces et demie, dont estoit à rabatre, si comme il leur sembloit, ij mars ij onces et demie pour le fust qui estoit en icellui baston, ainsi pesé l'argent d'icelle croix xiij mars ij onces xvij estarlins et obole, dont ilz prisoient et estimoient chascun marc vij libvres tournois ; et aussi avoient trouvé que les trois bastons de ladicte croce pesoient ix mars vij onces et demie, et la croce pese ix mars iiij onces et demie, de laquelle croce et baton ilz prisoient et estimoient chascun marc valoir viij libvres tournois.

Matinées, V (X¹ᵃ 4787), fol. 428 r⁰.

1. Les testament et codicille de ce prélat, en date des 30 mars et 4 mai 1405, font partie du registre des Testaments (X¹ᵃ 9807, fol. 157 r⁰).

Venredi, xij° jour de novembre.

Et fu ordonné que de cy en avant chascun nouvel advocat receu au serment paieroit ij escus ou ij frans, et un chascun procureur samblablement receu de nouvel un escu, pour dire les messes acoustumées en la sale du Palaiz, auxquelles avoit defaut de paiement, et fu ce publié par le Chancellier.

Conseil, XII (X¹ª 1478), fol. 296 v°.

Samedi, xiij° jour de novembre.

Cedit jour, environ entre ij et iij heures après minuit, survint au graphier un flux de ventre qui par v jours ensuivans l'a tenu avec une autre maladie du stomac qui par xij jours en grant necessité l'a tenu, telement qu'il n'a peu venir ceans, n'exercer son registre par ledit temps, si a enregistré son clerc qui garde les procès[1].

Conseil, XII (X¹ª 1478), fol. 296 v°.

Mercredi, xvij° jour de novembre.

La Court a octroyé à Giraut Motet adjornement en cas d'excès et d'injures contre les reformateurs simplement, et en personne contre maistre Ligier Saboux, m° Regnault d'Ambonnay, procureur du Roy, J. Maillart et Mathiu Diren, sergens, à certain jour ordinaire ou extraordinaire pour respondre au procureur du Roy general et audit Motet et à chascun d'eulx.

Conseil, XII (X¹ª 1478), fol. 297 r°.

Juesdi, xxv° jour de novembre.

Hac die rediit grapharius a quadam fluxus valitudine

---

1. Nicolas de Baye mentionne également sa maladie au registre des Matinées et s'exprime en ces termes : *Hac die, egritudine correptus, recessi de Camera* (X¹ª 4787, fol. 432 v°).

adversa et stomachi gravedine, que eum per xij dies in lecto egritudinis detinuerunt, quo registrum facere et officium suum a prima die presentis incepti Parlamenti prepeditus fuit; qui per sex precedentes annos cum Dei gratia valuerat, et absque impedimento et solius dici infirmitate immunis fuerat et dictum officium exercuerat.

L'occasion ou cause de sa maladie print au disner sur le premier president premier jour de Parlement.

La Court a ordonné que le procureur du Roy face diligence en la cause touchant les mortemains et le collecteur d'icelles contre l'evesque de Chaalons à la poursuir ou delaisser, escripre ou faire ce qui y appartendra dedans les Brandons, comme autrefoiz a sur ce esté amonnesté ledit procureur par icelle Court.

Matinées, V (X^{ta} 4787), fol. 440 r°.

Samedi, iiij° jour de decembre.

La Court a octroyé secundes lettres requisitoire de marque à Josserant Frepier et Ymbert Marin contre le roy d'Espaigne.

Conseil, XII (X^{ta} 1478), fol. 298 r°.

Venredi, x° jour de decembre.

Au jour d'ui, la Court a appoincté, du consentement de l'evesque de Paris, que il relachera le cès par lui miz en l'eglise Saint Jaques de la Boucherie de Paris pour occasion de la prise du prisonnier faicte en ladicte eglise par le prevost de Paris, ou aucuns sergens de son commandement, jusques au iij° jour de janvier prouchain venant exclus, et ce pendent la Court fera raison et justice sur la requeste ce jour faicte par ledit evesque.

Conseil, XII (X^{ta} 1478), fol. 298 v°.

Mercredi, xv° jour de decembre.

Cedit jour, la Court a ordonné et ordonne que, ce que J. de la Chappelle a paié des ouvrages faiz par maistre Robert de Hellebuterne, lui sera alloué en ses comptes, et, par provision, ledit Hellebuterne se mellera des ouvrages jusques à ce que du debat meu entre lui, d'une part, et maistre J. du Temple, d'autre part, sera autrement ordonné, et iront maistre R. Mauger et un autre de messeigneurs de ceans en la Chambre des Comptes pour dire l'appoinctement de la Court.

Conseil, XII (X¹ª 1478), fol. 299 r°.

Au jour d'ui, André d'Espernon, changeur à Paris, a confessé et confesse avoir en garde et en depos de par la Court la somme de mil libvres tournois, laquelle il avoit receue par les mains de maistres Thomas d'Aunoy et J. de la Croix, conseillers du Roy nostre Sire et maistres en sa Chambre des Comptes, à Paris, dès le xxv° jour de septembre derrien passé, pour convertir en l'achat de la terre de Frontignan, en la senechaucie de Beaucaire pour le Roy nostre dit seigneur, laquelle somme de mil libvres il a promiz et promet à bailler et delivrer au mandement et ordonnance de la Court, si comme appert par la cedule signée de sa main, laquelle cedule est devers ladicte Court.

Matinées, V (X¹ª 4787), fol. 457 r°.

Lundi, xx° jour de decembre.

Cedit jour, après la cause de Hutin de Clamas dessusdicte plaidoiée, s'est levée la Court et est alée en la sale de Saint Loiz derrieres la Tournelle criminelle, où estoient assamblez monseigneur le Dauphin, lequel en l'aage de x ans ou environ avoit tenu le lieu du Roy au Conseil du Roy, où estoient assemblez les Roy de Sicile, duc de Berry, duc de Bourgoigne, conte de Nevers et les prelas de France, l'Université de Paris et pluseurs autres barons et clers, et gens d'eglise, sur ce que devoit proposer le procureur du Roy par la bouche de l'advocat du Roy sur le fait de l'Eglise et du pape Benedic[1], et par especial au regart d'aucunes choses qu'avoit proposé maistre Guillaume Fillastre, doien de Reins, pour le Pape en ladicte sale puiz iij sepmaines ou environ, et pour ce n'a point esté plaidoié oultre ladicte cause.

Matinées, V (X^{1a} 4787), fol. 458 r°.

Juesdi, xxiij° jour de décembre.

Au jour d'ui, a esté ordonné, oye la relation des commissaires que maistre Loiz Blanchet ait pour provision de son vivre et de sa femme sur la revenue de la terre de Lanque en Brie, c livres tournoiz pour ceste foiz.

Venredi, xxiiij° jour de decembre.

Cedit jour, la Court a ordonné que maistre J. Larchier, comme par main souverainne, fera une execution de II mil xxxii libvres ix solz parisis, d'une part, et

---

1. A la suite de l'élection du pape Grégoire XII, les prélats du royaume se réunirent en concile, dès la fin de novembre, et firent porter le débat sur la question de savoir si l'on devait se retirer de l'obédience de Benoît XIII ; Pierre aux Bœufs, cordelier, Jean Petit et Pierre Cramand prirent la parole et déclarèrent que l'on ne devait plus reconnaitre l'autorité du pape Benoit ; par contre, Guillaume Fillastre et Pierre d'Ailly prirent sa défense. Tous ces discours sont analysés par Du Boulay, *Hist. Univ. Paris.*, t. V, p. 133.

de ij^c xxxv libvres tournois, d'autre part, à la requeste des executeurs de feu Le Besgue de Villaines contre messire Pierre de Villaines, son filz, et madame de Malicorne, sa femme, a quoy les sergens à cheval se sont opposez que ledit Archier ne feist ladite execution.

Conseil, XII (X^{1a} 1478), fol. 300 r°.

Venredi, derrien jour de decembre.

Sur certeinne requeste que voloit l'Université de Paris et pluseurs prelas que feist le procureur du Roy ceans pour le Roy sur troiz ou iiij poins conclus par la plus grant partie des prelas assemblez à Paris contre le pape Benedic, pour les libertez de l'eglise de Galle, a conseillié ledit procureur la Court, qui ly a respondu qu'il en face ce que bon ly en semblera, et la Court fera ce que de raison.

Conseil, XII (X^{1a} 1478), fol. 300 v°.

1407.

Lundi, iij^e jour de janvier.

Environ ix heures, cessa la Court des Plaidoiries et se mist en Conseil sur certeinnes lettres closes envoiées par monseigneur le duc d'Orleans qui estoit en expedition publique[1] en Guienne, et tenoit le siege devant Bourc près de Bordeaux, sur ce qu'il avoit defaut de finance, et toutevoie ne tenoit qu'à finance qu'il n'eust bonnes nouvelles de son emprise; si fu conseillié de parler au chancellier d'Orleans sur ce que le duc dessusdit escripvoit que la Court tenist les

---

1. En marge, le greffier observe très judicieusement que « ce fu une besoigne de grant perte et de neant et entreprise de revel. »

mains à la besoigne devers le Roy, et ly voulsist remonstrer pour l'onneur et prouffit du Roy et du royaume, et tendoit que chascun moiz eust cent mil frans pour les gens d'armes paier[1].

Conseil, XII (X¹ᵃ 1478), fol. 300 v°.

Samedi, viij° jour de janvier.

Ce jour, la Court a ordonné que, en prenant obligation de maistre Thibaut Tiessart, maistre J. de la Marche et maistre J. de Bailli et d'un chascun *insolidum* de la somme de mil frans, et par ce le graphier baillera des cedules des deposts de ceans auxdiz Tiessart, Marche et Bailli jusques à ladicte somme, que seront tenus de rendre toutefoiz que requiz en seront, et est ladicte somme ordonnée pour l'execution de l'arrest obtenu ceans par Renaut de Murat contre Pons de Cardilhac, laquelle execution faisoit messire Jaques de Ruilly, chevalier, president ceans, *socer* dudit de la Marche et oncle desdiz Bailly, advocas ceans, et dudit Tiessart, conseiller du Roy ceans.

Conseil, XII (X¹ᵃ 1478), fol. 301 r°.

Mercredi xij° jour de janvier.

Ce dit jour, a esté declarié en la Chambre des Enquestes, comme a relaté maistre J. Mauloué, que l'execution de l'amende de LX libvres parisis, en laquelle Jehan Le Clerc a esté condempné ou nom qu'il procede par

---

1. Cette expédition de Guyenne échoua complètement; le duc d'Orléans assiégea infructueusement les places de Blaye et de Bourg, cette dernière depuis la veille de la Toussaint jusqu'au milieu de janvier, et revint après avoir gaspillé l'argent destiné à la solde de l'armée. (Cf. la *Chronique du Religieux de Saint-Denis*, t. III, p. 452.)

arrest pronuncié le xxviij° de novembre CCCC V pour cause d'un fol appel, se fera pour moitié sur les biens de sa femme et pour moitié sur les biens de lui, et pareillement l'amende de c solz en quoy il a esté condempnez es noms que dessus par ledit arrest.

Conseil, XII (X¹ᵃ 1478), fol. 301 v°.

Mardi, xviij° jour de janvier.

Cedit jour, est trespassé maistre J. d'Arcies [1], jadis conseiller de ceans, *natione Campanus*, qui en son office de conseiller avoit exercé par l'espace de xxxvj ans ou environ, ou lieu duquel puiz viij jours a esté receu maistre Pierre d'Arcies, son filx, par le don du Roy, moiennant la resignation dudit son pere en sa vie et maladie.

Matinées, V (X¹ᵃ 4787), fol. 473 r°.

Mercredi, xix° jour de janvier.

Ce jour, la Court a ordonné que maistre Guillaume Germe et Pierre de Montyon, notaire du Roy, soient separement miz prisonniers en la Conciergerie, et soit fait commandement à maistre J. de Rouvres que viegne demain parler à la Court à huit heures.

Venredi, xxj° jour de janvier.

Cedit jour, la Court a eslargi *sub penis et summissionibus* maistre Pierre de Montyon et Guillaume Germe, et comparront toutes foiz qu'il seront mandez [2].

Conseil, XII (X¹ᵃ 1478), fol. 302 r° et v°.

---

1. Le testament de ce conseiller, en date du 14 janvier 1407, fut soumis au Parlement et fait partie du registre des Testaments (X¹ᵃ 9807, fol. 166 r°).

2. V. l'arrêt rendu le 19 mars suivant (X¹ᵃ 1478, fol. 311 v°).

Venredi, xxviij⁰ jour de janvier.

Ce jour, monseigneur l'evesque de Paris a requiz en la Court, que comme un appellé Guillemin Gontier, clerc non marié et prisonnier en ses prisons, ait esté condempné envers Geffroy Gastebreze en la somme de c ou ij⁰ libvres et au Roy en autre grant somme, et à asseoir rente de xl libvres audit Gastebreze, et il n'ait pas vaillant xl solz, qu'il soit deschargez de la garde dudit prisonnier, et s'en est deschargé et descharge et en la presence du procureur du Roy.

Conseil, XII (X¹ª 1478), fol. 303 v⁰.

Venredi, xj⁰ jour de fevrier.

Au jour d'ui, a esté advisé et ordonné que à juger le procès d'entre les executeurs de feu maistre Dominique d'Alexandrie, d'une part, et le procureur du Roy, d'autre part, ne seront point appellez celx de la Chambre des Comptes[1].

Conseil, XII (X¹ª 1478), fol. 305 r⁰.

Mercredi, xvj⁰ jour de fevrier.

Cedit jour, a ordonné la Court maistres R. Rabay et R. Broisset à soy informer sur les excessiz salaires des notaires et du fait des inventoires, et aussi des excessiz salaires de examinateurs.

Item, a ordonné maistres J. André, P. Le Fevre et R. Mauger à veoir l'accort d'entre maistre Pierre de Fresnes, d'une part, et Pierre Le Gayant, d'autre part,

---

1. L'arrêt fut rendu le même jour : il ordonna mainlevée de la saisie des biens et leur délivrance aux exécuteurs testamentaires. En marge de cet arrêt se trouve le mot : *oultremontain* (X¹ª 1478, fol. 305 r⁰).

et le rapporter à la Court[1], et se informeront aussy sur le nouvel auditoire fait oudit Chastellet.

Conseil, XII (X¹ª 1478), fol. 306 r°.

Venredi, iiij° jour de mars.

Ce jour, a ordonné et ordonne la Court que par la main du Roy seront gouvernez les poiz et balances contentieux entre le duc d'Orleans, d'une part, et les religieus de St Mard de Suessons, par personnes non suspectes et le plait pendent.

Cedit jour, est venu ceans au Conseil le Roy de Sicile, duc d'Anjou, conte du Mainne, de Prouvence et de Roucy, accompaignié de pluseurs prelas et chevaliers, lequel après ce qu'il a recommendé la Court grandement et sagement de justice devent toutes cours du monde, car par icelle Court le royaume se soustenoit et soustient, comme disoit, et sans laquelle ne se pourroit soustenir, et pour ce avoit en icelle singuliere fience et esperance, et telle, que quant avoit aucunes causes ceans, se tenoit pour tout asseuré de justice, et pour ce qu'il avoit aucuns procès ceans moult grans et pesans, l'un de la Ferté Bernart contre le duc d'Orleans, l'autre pour la conté de Roucy contre le conte de Brenne, prioit que cellui de la Ferté Bernard lui fust delivré et jugié le plus brief que faire se pourroit[2]. Et quant à cellui de Roucy, pour ce que c'estoit moult grant et moult pesant chose, il pleust à la Court, quant

---

1. V. l'arrêt rendu le 26 avril 1407 au profit de Pierre de Fresnes (X¹ª 1478, fol. 319 r°).

2. Par arrêt prononcé le 4 juin 1407, le Parlement adjugea au roi de Sicile la terre de la Ferté-Bernard (X¹ª 1478, fol. 321).

vendra au juger appeller toutes les Chambres et par icelles le juger, comme autrefoiz avoit esté fait sur la recreance. Autre procès avoit ceans contre un Espaignot nommé[1] pour cause de certeinne grosse somme que lui demandoit ledit Espaignot et qui s'estoit plaint de lui à icelle Court, en disant que lui ou ses gens l'avoient menacé. Et quant à la dicte somme disoit que l'obligation dont partie se ventoit avoit esté faicte ou temps de son enfance ou juenesce, et que n'estoit pas si bien ne si deument gouverné, comme mestier lui estoit, car l'en faisoit de ses seaulx et seelloit l'en telx lettres que l'en voloit sanz discuter ou aviser les besoignes, si ne savoit rien de l'obligation. Et quant aux menasses, onques n'avoit eu entention ne volunté, ne ses gens aussi de menasser ne faire de fait contre ledit Espaignot ne autre aussy; car aussi n'estoit ce pas l'estat à un prince que voie de fait, ne n'avoit onques en sa vie feru aucun, maiz s'attendoit à la bonne justice de la Court, contre laquelle ne contre le Roy son seigneur, ne contre son honneur ne voudroit jamaiz forfaire, maiz le vodroit garder et servir à ses despens, si faire le povoit. Si requeroit que la Court l'eust pour excusé et ne creust point telx paroles, en soy offrant à icelle Court et en recommendant soy et ses besoignes.

Conseil, XII (X¹ᵃ 1478), fol. 308 rº.

Samedi, vº jour de mars.

Le dessusdit jour vº de ce moiz, a esté ordonné qu'il sera mandé au bailli de Tournay et de Tournesiz qu'il contraigne les religieux de S. Martin par prise de

---

1. Le nom est resté en blanc.

leurs corps, se mestier est, et les amener ou Chastellet de Paris, en cas de rebellion ou refus, le seel du couvent et pour cause, et icellui baillé en garde à ij bonnes personnes non suspectes.

Conseil, XII (X¹ª 1478), fol. 310 r°.

Venredi, xj^e jour de mars.

Cedit jour, la Court, present et non contredisant le procureur du Roy, a obtemperé à certeinnes lettres royaulx, de la date du xe de ce moiz, impetrées à la requeste de messire Hector des Marès, chevalier, et autres enfans de feu messire J. des Marès, docteur en loix, et, en son temps, advocat du Roy ceans, et lequel avoit esté executé avec pluseurs autres es Hales de Paris, l'an IIII^{xx} et II [1], par lesquelles le Roy octroye audiz requerans qu'il meissent les os dudit des Marès en l'eglise Saincte Katerine du Val des Escoliers en la chappelle qu'avoit fondée et sanz solennité, et à executer ceste lettre a esté ordonné Robert Chaurre, huissier de ceans [2].

Conseil, XII (X¹ª 1478), fol. 310 v°.

Samedi, xij^e jour de mars.

Au jour d'ui, le viconte de Vandosme et messire Guillaume de Lere, chevalier, ont dit de par le Roy et nosseigneurs de Berry et d'Orleans que l'en jugast le procès d'entre messire Olivier de Mauny, d'une part, et le Borgne de la Heuse, d'autre part, pour la capiteinnerie de S. Maalo.

---

[1]. Jean des Marais était l'un des chefs de la révolte des Maillotins. (Cf. Juvénal des Ursins, coll. Michaud, t. II, p. 451.)

[2]. Ce paragraphe figure dans le *Choix de pièces inédites relatives au règne de Charles VI*, t. I, p. 301.

Au jour d'ui, a esté miz et consigné en Court par maistres N. d'Orgemont et P. Le Fevre, conseillers du Roy, certeinne finance estant en un sac seellé, appartenant, comme il disoient, à maistre J. Trucan.

Mercredi, xvj^e jour de mars.

Au jour d'ui, a esté deliberé que, pour ce que autrefoiz avoit esté grant altercation d'entre le Borgne de la Heuse, d'une part, et messire Olivier de Mauny, d'autre part, sur la capiteinnerie de S. Maalo, sur quoy, combien que le procès, passé à un an, eust esté miz sus, toutevoie n'avoit point esté conclu de pronuncer l'arrest, a esté dit que, pour plus meurement faire, ancor seroit reveu le procès et lettres pluseurs, qui avoient esté impetrées *hinc inde*, par les ij Chambres, et seroit pronuncié l'arrest qui en sourdroit.

Venredi, xviij^e jour de mars.

A conseiller l'arrest d'entre Olivier de Mauny, d'une part, et le Borgne de la Heuze, chevaliers, d'autre part, qui, le xe de fevrier et le xvij^e dudit moiz, l'an CCCC V, avoit esté miz sus, comme apert par les registres dudit temps, veu le plaidoié du...

La Court a ordonné qu'elle attendra la bonne santé du Roy nostre Sire, en la presence duquel et en son Grant Conseil sera exposé ce que a esté fait en ceste matiere.

Conseil, XII (X^{1a} 1478), fol. 310, 311.

Mercredi, xxiij^e jour de mars.

La Court a delivré au jour d'ui certain argent venant de la vendition des vielx banc, porches et formes de ceste Chambre à Pierre Noé, huissier de ceans, à qui le Roy l'avoit donnez, pour ce que le concierge de céans, qui maintenoit que ce que dit est lui appartenoit à cause de son office de concierge, a consenti ladicte delivrance *sine prejudicio tamen suorum jurium*, comme a esté relaté par certains commissaires, conseillers de céans, à la Court.

Conseil, XII (X^{1a} 1478), fol. 314 r°.

Juesdi, xxiiij^e jour de mars.

Ce jour, ou Chastellet fu ordonné par messire Ja. de Ruilly, president, et les commissaires ordonnez que la lettre octroiées aux Freres Mineurs sur la reformation des dames de S. Marcel, *in juris subsidium*, seroient limitées, que translation, s'aucune en faisoient, fust faicte hors la prevosté de Paris et bailliage de Senliz.

Conseil, XII (X^{1a} 1478), fol. 315 r°.

Juesdi, vij^e jour d'avril.

Cedit jour, l'Université de Paris, par la bouche d'un maistre en theologie de l'ordre de la Trinité, a proposé en la Court ce qui s'ensuit[1], en prenant pour theme : *Hec est victoria que vincit mundum, fides nostra, prima Jo. V^{to} cap^{lo}*. . . . .
A quoy le premier president a respondu que la Court est fondée sur raison et, *partibus auditis*, a acoustumé faire droit et raison à chascun qui ceans vient, si orra ceulx qui à oïr seront, et, les parties oyes, fera droit afin de condempnation ou d'absolution.

Matinées, V (X^{1a} 4787), fol. 520 r°.

---

1. Ce discours, émaillé de citations latines, attaquait avec violence les fauteurs du schisme, en particulier les auteurs de l'épitre de l'Université de Toulouse.

Venredi, viij^e jour d'avril.

Ce jour dessus escript, qui fu venredi viij^e de ce moiz, pour ce que l'abbé de Saint Jehan es Vignes de Suessons, et à qui appartient la presentation des bourses du college de Dormans, et la collation à la Court de ceans, n'avoit volu presenter maistre Nycole Gomaud, né du diocese de Reins, prestre, maistre en ars et bacheler en theologie, et bon gramarien, suffisant homme tant en meurs que en discipline de lettres et expert à instruction d'escoliers, comme par information sur ce faicte avoit apparu à monseigneur Henry de Marle, premier president, et maistre Robert Mauger, conseiller du Roy, dont avoient escript audit abbé, attendu que du diocese de Suessons ne trouvoient aucun suffisant pour estre maistre dudit college, ja soit ce que ledit abbé avoit presenté maistre J. Sanute, maistre en ars, et né du païz de Suessons, qui n'estoit pas suffisant pour pluseurs causes, et avoit ledit college longuement esté sanz maistre, ou prejudice des escoliers et dudit college, ladicte Court a fait et ordonné ledit Gomaud, oye la relation desdiz Marle et Mauger, commissaires ordonnez par icelle Court à ladicte collation faire et aux pertinens, maistre dudit college, et a fait ledit Gomaud le serment acoustumé en la Court. Et si a ordonné la Court que Mauger dessusdit instituera et mettra en possession ledit Gomaud de la dicte maistrise, present le graphier, se pui y welt estre, pourveu que ce que dit est ne fera aucun prejudice aux droiz dudit abbé ou temps avenir. Et a ledit jour esté institué maistre dudit college ledit Gomaud par ledit Mauger en la sale dudit college, present ledit graphier, les procureur, soumaistre, chappellains et escolliers dudit college, et a renouvelé le serment fait en la Court ledit Gomaud en la presence des dessusdiz[1].

Mercredi, xiij° jour d'avril.

Cedit jour, ont esté interroguez en pleinne Court maistre Guillaume Barrau, secretaire du Roy et du duc de Berry, messire Vidal de Chastelmoran, soy disant arcevesque de Tholouse, sur certain recelement de lettres que l'en disoit apartenir à messire Ravat, soy aussy disant arcevesque de Toulouse, et lesquelles avoit envoiées à Paris pour sa cause à l'encontre dudit Vidal.

Conseil, XII (X¹ª 1478), fol. 316 v°.

Mardi, xix° jour d'avril.

Ce jour, les executeurs de feu maistre Pierre du Perier, jadis notaire et secretaire du Roy nostre Sire et du duc de Bourgoigne derrainement trespassé, ont donné et aumosné du residu des biens de l'execution dudit du Perier à la chappelle assise au bout de la grant sale du Palaiz, pour le divin service et salut de l'ame dudit du Perier, une chasuble de baudequin[2] de quatre soies, garnie d'estoles fanon, une aube de toile de lin parée dudit baudequin, iiij nappes d'autel de toile de lin, dont l'une est parée dudit baudequin et frangée de fine soye, un estuy à corporaulx avec les corporaulx de fine toile, et sur ladicte chasuble sont

---

1. A la marge se trouve la rubrique : *Pro collegio de Dormans*. Les mêmes faits sont rapportés, mais en termes moins explicites, au registre des Matinées (X¹ª 4787, fol. 520 r°).

2. Le baudequin était un riche drap de soie.

assiz deux escussons de broderie, un eau benoitier et une clochette, avec ij frans pour dire une messe à note en ladicte chappelle.

> Matinées, V (X^{1a} 4787), fol. 526 r°.

Mercredi, xxvij° jour d'avril.

Cedit jour, sur ce que certeinnes lettres adreçans à la Court, par lesquelles le Roy vouloit que la Court ne tint court, ne cognoisce de certains erreurs proposées par Jehan Miroflet et autres, qui avoient esté condempnez à l'encontre de Raoulin de la Chaucée par les generaulx sur la Justice, sur le fait des fermes des servoises et autre menus buvrages, desquelx erreurs adjornement avoit ja esté donné ceans et l'adjornement executé, comparens lesdiz generaulx ceans et requerans l'enterinement desdictes lettres, a esté dit par la Court, les ij Chambres assemblées et aussy presens les maistres des Requestes de l'Ostel du Roy, que la Court cognoistroit desdictes erreurs, maiz se lesdiz generaulx y voloient estre au juger, la Court les y receveroit[1].

Item, a esté dit à maistre Symon de Nanterre, conseiller du Roy ceans en la Grant Chambre et general sur le fait de la Justice, que, attendu qu'il estoit premierement de ceans où avoit premierement juré, ne devoit point faire requeste ne soustenir contre icelle Court, et que s'en gardast, à quoy a respondu qu'il se garderoit de mespranre. Sur quoy la Court l'a requiz qu'il venist et seist entre les seigneurs de ceans, veue la response par lui faicte qui n'estoit pas bien raisonnable, maiz sentoit opposition, auquel commendement ou requeste a obtemperé.

1. Rubrique à la marge : *Pro erroribus contra generales.*

Ce mesme jour, maistre Robert Mauger, conseiller du Roy ceans, pour ce que autrefoiz avoit eu la plus grant partie des voiz à election de president faicte ou lieu que pour lors tenoit messire Henry de Marle, premier president, comme l'en disoit, et aussi pour ce que aucuns de messeigneurs les presidens estoient pluseurs foiz empeschez, par quoy avoit eu defaut de presidens ceans aucunes foiz, et pour autres causes mouvens le Roy nostredit Seigneur, a au jour d'ui, par vertu de certeinnes lettres d'icellui Seigneur, esté receu en president, par ce qu'il servira comme president aux gages de conseiller et jusques à ce qu'il vaquera lieu de president, et a fait le serment acoustumé, presens et appellez les seigneurs des ij Chambres et les maistres des Requestes de l'Ostel du Roy, comme dessus.

Conseil, XII (X¹ⁿ 1478), fol. 319 v°.

Venredi, xxix° jour d'avril.

Un frere mineur, maistre en theologie de l'Université de Tholouse, à l'occasion d'aucuns et pluseurs escoliers et plus de c qui pour une rebellion[1] qu'il avoient

---

1. Les graves désordres auxquels il est fait allusion furent occasionnés par l'installation de Pierre Ravaut, que l'antipape Benoît XIII avait appelé à l'archevêché de Toulouse, en compétition avec Vital de Castelmoron, prévôt de la cathédrale et professeur en décret à l'Université, élu par le chapitre. Le 13 novembre 1406, jour fixé pour la prise de possession du siège archiépiscopal par Pierre Ravaut, les écoliers de l'Université, sous la conduite de leur recteur, Jean Corneille, se rendirent à l'église Saint-Étienne pour installer le nouvel archevêque. Philippe Bonne, juge mage de Toulouse, ayant voulu s'opposer à la publication des bulles, fut foulé aux pieds et si grièvement blessé qu'il mourut quelques jours après; ce fut le signal d'une sorte de prise d'armes des écoliers qui se fortifièrent dans les couvents des Jacobins et Cordeliers et se livrèrent aux

fait aux gens du Roy, à l'execution de certeinnes lettres impetrées par messire Vidal, soy disant arcevesque esleu par le temps de la subtraction à l'encontre de messire Pierre Ravat, par avant evesque de S. Pons, soy aussy disant arcevesque de Tholouse ordonné par le pape Benedic, et à ce que la Court eust compassion de ladicte Université de Tholouse, proposa en la maniere qui s'ensuist tout haut publiquement en icelle Court en disant[1] : . . . .

Ce fait, le president premier pour la Court a respondu que grant rumeur et clameur a esté du grant excès qui a esté fait à Tholouse par ceulx de la dicte Université, dont c'estoit grant merveille, attendue que ladicte Université est fondée du Roy qui a envoié par delà aucuns commissaires pour soy informer selon la Decretale : *Descendam et videbo*, etc., et ont esté rapportées les informations par deça, si tendra icelle Court

---

plus regrettables excès. (Cf. D. Vaissète, *Hist. du Languedoc*, t. IV, p. 423.) Le Parlement de Paris envoya Pierre des Essarts à Toulouse pour citer à sa barre les auteurs de ce tumulte, mais ce fut en pure perte ; le 12 mai 1407, Pierre Ravaut et ses adhérents, au nombre de vingt-quatre, ajournés à comparoir en personne et appelés à l'huis de la Table de Marbre, firent défaut. (Criminel, X2a 14, fol. 376 v°.) Pierre Ravaut fut chassé en 1408 et son compétiteur, Vital de Castelmoron, conserva le siège archiépiscopal.

1. Dans ce discours latin, qui comprend un folio et demi du registre, l'orateur prend pour thème les paroles adressées à Salomon par la reine de Saba au sujet de ses vertus et de sa sagesse, et cherche à innocenter l'Université de Toulouse, se basant sur ce que deux membres de la Faculté de théologie avaient pris part à la rébellion, un seul de celle des Arts, deux de celle des Décrets et aucun de la Faculté de médecine, ajoutant qu'il y avait quatorze religieux d'un âge avancé cités par la Cour, et que les autres ne pouvaient comparaître à raison de leur pauvreté.

la main à garder icelle Université, tant en general que en particulier, et fera la Court justice, *cum clementia et pietate et non cum rigore*.

Matinées, V (X^{1a} 4787), fol. 532 r°.

Sur le plaidoié du xix° de ce moiz d'entre le prieur de St Martin des Champs, d'une part, et le procureur du Roy, d'autre part, il sera dit que le prieur fera examiner autant de tesmoins qu'a fait examiner le procureur du Roy, oultre le nombre ordonné par la Court.

Conseil, XII (X^{1a} 1478), fol. 319 v°.

Samedi, derrain jour d'avril.

Ce jour, maistre Robert Mauger, president en Parlement, s'est opposé et oppose que aucun ne soit receu en l'office de conseiller ceans à x s. de gages, qu'il a exercé jusques à cy et ancor exerce, selon ce que contenu est en sa lettre de presidence, jusques à ce qu'il soit oy.

Maistres G. de Villiers et R. Rabay, conseillers du Roy, sont commiz à oïr le compte de l'execution de maistre Jaques Remon, jadis notaire du Roy.

Matinées, V (X^{1a} 4787), fol. 533 r°.

Samedi, vij° jour de may.

La Court a prorogué le delay donné aux marchans drapiers de Brouxelles de la Trinité prouchaine au landemain de la Magdaleine, et *interim* pourront vendre leurs draps au Landit prouchain pareillement, comme firent l'année passée.

Conseil, XII (X^{1a} 1478), fol. 321 v°.

Vendredi, xiij° jour de may.

Ce jour, a esté ordonné que Ysabel La Fraimbaude,

qui estoit en garde en la maison de maistre Guillaume Le Clerc, sera mise en l'ostel Robin Griveau, ne ycelle ne sera mariée, si non du consentement de ses parens de l'un et de l'autre costé, et seront gouvernez ses biens par ledit Robin jusques à ce que autrement en soit ordonné, et sera tenus Pierre de Brecourt, son oncle, rendre compte par devant maistres Guillaume de Celsoy et Guillaume Le Clerc des choses par lui administrées, et visiteront lesdiz commissaires les edifices d'icelle Ysabel, et iceulx visitez et le compte rendu et oy, se informeront des excès sommierement et de plain, *vocatis evocandis*, et l'information faicte en ordonneront et rapporteront à la Court, et cesseront aussi les procès pour occasion des choses dessus dictes commenciez es Requestes.

Conseil, XII (X^{la} 1478), fol. 322 r°.

Mercredi, xxv° jour de may.

Depuiz sont assemblez messeigneurs de la Chambre des Enquestes en la Grant Chambre pour juger le procès ou y conclurre, qui autrefoiz avoit esté visité et jugié en la Chambre des Enquestes d'entre le sire de Florensac et ses consors, d'une part, et le procureur du Roy, d'autre part, veues les enquestes et tout consideré.

Il sera dit que le procès ne se puet juger en l'estat qu'il est, maiz reprins les procés dessusdiz sera fait recolement des tesmoins produiz par lesdictes parties, auxquelx seront faiz certains interrogatoires, et sera faicte collation de tous les procès, actes, lettres et instrumens produiz par lesdictes parties, desquelx collation n'a esté faicte aux notes ou lettres originaulx en presence desdictes parties, selon l'appoinctement de ladicte Court. Et ordonne la Court que lesdictes parties pourront de nouvel produire tant de tesmoins qu'ilx voudront, tant sur le principal comme sur l'usage et coustume acoustumé d'ancienneté es lieux voisins des hauls justiciers de ladicte viguerie de Besiers, et, ce fait et tout joint au procès principal, la Court fera droit auxdictes parties, et baille la Court prefix aux jours ordinaires dou Parlement prouchain à faire ce que dit est, et seront produiz lesdiz tesmoins du temps que les procès commencerent entre lesdictes parties ou leurs predecesseurs sur la cognoiscence desdiz officiers.

Samedi, xxviij° jour de may.

Ce jour, a esté enjoint à maistre Deniz de Paillart[1], filx de feu messire Philibert Paillart, president en Parlement en son temps, qu'il alast veoir madame Jehanne de Dormans, sa mere, aggravée de maladie et près de sa fin, comme elle disoit; et pour ce que

---

1. Denis Paillard était le troisième fils de Philibert Paillard, président du Parlement, décédé le 2 août 1387 de la peste, et de Jeanne de Dormans, fille de Guillaume de Dormans, chancelier de France ; il mourut avant 1438, sans laisser de postérité de son mariage avec Alix de Biencourt. (Blanchard, *Généalogies des Présidents du Parlement,* p. 10.) Sa mère fit le 25 mai 1407 son testament, auquel elle ajouta un codicille le 14 août ; elle décéda peu de temps après, puisque le 20 août suivant ses exécuteurs testamentaires soumettaient au Parlement l'expression de ses dernières volontés. Cet acte, qui est inséré au registre des Testaments (X¹ᵃ 9807, fol. 183 r°, 187 r°), ne renferme aucune disposition préjudiciable à Denis Paillard ; au contraire, Jeanne de Dormans, tout en laissant son hôtel de Paris à ses filles, en réservait la jouissance à son fils Denis, dans le cas où il voudrait y fixer sa demeure.

ledit Deniz s'estoit longuement tenu et n'avoit volu aler devers sadicte mere, pretendens qu'elle le voloit faire renuncer à son heritage, la Court l'a asseuré de ce que, se par induction ou autrement contre sa volenté il consentoit aucune chose en son prejudice, la Court l'avera et tendra pour non fait. Si a accordé et consenti ledit Deniz d'aler à sadicte mere, et ce m'a esté enjoint à enregistrer.

Conseil, XII (X^{1a} 1478), fol. 324 r°.

Mercredi, xxij^e jour de juin.

Sur certeinnes lettres royaulx presentées à la Court de par les generaulx conseillers du Roy sur le fait de la Justice, a esté dit qu'elles seront moustrées au procureur du Roy, et sur ce les parties oyes, la Court leur fera droit et raison.

Conseil, XII (X^{1a} 1478), fol. 327 v°.

Mercredi, xxvij^e jour de juillet.

Ce jour, maistre J. du Boiz, receveur des amendes de ceans, s'est opposé et oppose à l'adjudication du decret des heritages de Robert de Jouval, requerans qu'il viegne à contribution pour cause de certeinne amende en quoy a esté ledit Robert condempné envers le Roy nostre Sire.

Matinées, V (X^{1a} 4787), fol. 582 r°.

Mardi, xvj^e jour d'aoust.

Cedit jour et aussy samedi derrien passé, la Court a entredit à maistre Deniz de Paillart, de present et *quousque*, l'alienation de ses biens immuebles, et a ordonné et ordonne que les amis charnelx dudit Deniz s'assembleront et esliront un curateur qui comparra en la Court pour faire le serment acoustumé et pour estre auctorisé[1].

Conseil, XII (X¹ᵃ 1478), fol. 335 v°.

Juesdi, xviij° jour d'aoust.

L'Université de Paris et maistre Arnoul de Lafons ramenent à fait leur requeste à l'encontre de pluseurs Cordeliers de Mascon et de Lyon qui defendent, et dient par especial ceulx de Mascon, supposé l'arrest obtenu par Lafons qui n'est que *ad tempus*, pour lequel executer Laurens Le Viguereux, qui n'est point sergens, leur a fait moult de griefs, car il les bouta hors de leur maison et eglise, et prist leur robes, livres et joyaux, et les banni hors de Mascon et du royaume, et defendi que l'en ne leur donnast rien, combien qu'il deissent qu'il estoient prests d'obeir, maiz que Arnoul qui estoit excommunié se feist absodre, et sur ce ont baillé requeste, et ancor requierent, attendu le temps d'aoust et vendenges, que puissent revenir en leur couvent servir Dieu.

Repliquent l'Université et Arnoul et dient qu'il dirent au rebelle que les sentences du Pape ne lioient point, comme portoient par instrument et par ordonnance de l'eglise de France, maiz il ne tindrent compte,

---

1. Denis Paillard fut interdit à la requête de Philippe de Poitiers, chevalier, et autres héritiers de Jeanne de Dormans, qui, dans le procès engagé au Parlement au sujet de cette interdiction, représentèrent ledit Paillard comme étant « de petit gouvernement et suivant gens de petit estat, vendant et dissipant son patrimoine, notamment une rente de 60 livres aliénée au profit d'un certain Racaille, refusant de voir sa mère pendant sa maladie, même d'assister à ses obsèques. » Denis Paillard se défendit en disant qu'il n'était « joueur de dez, ne gormant, ne discipeur de biens, » et que sa mère « lui administroit ses necessitez bien escharcement » (mars 1408, X¹ᵃ 8301, fol. 217-221).

maiz prirent les meubles de leans et porterent aux Jacobins, et en lieu des pannunceaus du Roy midrent des testes et machoires de buef et pour le batail des cloches y mirent une queue de renart. Appoinctié que l'un des seigneurs de ceans s'informera par dela et appaisera, si puet, la besoigne, *alias* rapportera, et au Conseil sur plus grant provision.

Matinées, V (X^{1a} 4787), fol. 600 v°.

Samedi, xx° jour d'aoust.

Cedit jour, maistre J. du Drac, president des Requestes du Palaiz, a receu xij libvres parisis baillées en depost ceans par maistre Giles de Grigny, advocat, qui de ladicte somme de xij libvres a receu quittance corrigée par la Court.

Matinées, V (X^{1a} 4787), fol. 603 r°.

Mardi, xxx° jour d'aoust.

Ce jour, maistre Jehan Rabateau, procureur de mons^r le duc de Berry, tant en son nom que comme lieutenent du Roy es païs de Languedoc et duchié de Guienne, s'oppose à ce que la main du Roy nostredit Seigneur mise sur le temporel de l'evesque du Puy ne soit levée et requiert estre oy.

Après-diners, I (X^{1a} 8301), fol. 202 v°.

Venredi, ix° jour de septembre.

La Court commet maistres Nicole de Biencourt et Bertran Quentin à veoir l'estat du prevost des marchans, afin que l'en puisse pourveoir à la requeste faicte par ledit prevost sur la reparation des chaussées de la ville de Paris [1].

---

1. Ce paragraphe est imprimé dans D. Félibien, *Histoire de la ville de Paris*, t. IV, p. 549.

Cedit jour, est venus ceans le duc de Bourgoigne, conte de Flandres, accompaignié de pluseurs barons et seigneurs, pour recevoir la curation du conte de Pantevre et pour faire le serment acoustumé, comme apert par le registre des Plaidoiries.

Conseil, XII (X^{1a} 1478), fol. 340 r°.

Samedi, xij° jour de novembre.

Messire Arnault de Corbie, chevalier et chancellier de France, tint le Parlement après la messe du Saint Esperit chantée solennelment par les freres Augustins en la grant sale du Palaiz . . . .

Et est asavoir que, combien que les presidens fussent pluseurs en nombre, car, oultre le nombre de quatre acoustumé, avoit esté fait president maistre Robert Mauger puiz un an pour ayder et suppleer les defaus qui povoient avenir, et par ainsy fussent cinq presidens, neantmoins n'en a eu aucun à ce commencement en la grant deshonneur et esclande du Roy, de sa justice souveraine et de sa Court, dont a eu grant murmure, attendu mesme que de tous les cinq n'y avoit cellui qui fust empeschié pour le Roy *immediate*, sinon messire Henry de Marle, premier president, qui tenoit l'Eschequier à Rouen, car le secont, c'est assavoir messire Pierre Boschet, estoit en son païz de Poitou, messire Ymbert de Boisy tenoit les jours du duc de Bourgoigne, cousin du Roy, à Beaune, messire Jaques de Ruilly estoit en commission pour gentilx hommes en Anjou, et ledit maistre Robert Mauger en commission pour autres parties en Poitou ou en Anjou[1].

Conseil, XIII (X^{1a} 1479), fol. 1 r°.

---

1. Le greffier signale le même fait au commencement du registre

Dimenche, xiij⁰ jour de novembre.

Curia vacat.

Ce jour, envoya au soir querre le Chancellier le graphier au soir et lui commenda qu'il feist lettre adressans à maistre J. du Drac, president aux Requestes du Palaiz, pour tenir et exercer le lieu de president ceans durant l'absence des presidens.

Matinées, VI (X¹ᵃ 4788), fol. 2 rº.

Lundi, xiiij⁰ jour de novembre.

Au Conseil furent envoiées lettres patentes de par le Chancellier adressans à maistre J. du Drac, president aux Requestes du Palaiz, pour tenir le lieu de president, lesquelles lettres ledit du Drac apporta en la Chambre au matin, et estoient lesdictes lettres signées du graphier, du commendement à lui fait le jour precedent bien tart par ledit Chancellier, et desquelles lettres la teneur s'ensuit :

Karolus, etc., Dilecto ac fideli nostro consiliario, magistro Johanni du Drac, presidenti in camera Requestarum Palacii nostri Parisius, salutem et dilectionem. Cum nobis fuerit relatum presidentes nostri Parlamenti Parisius abesse, et ipsorum absentia, in nostri et rei publice regni nostri, presertim expeditionis causarum dicti nostri Parlamenti detrimentum et jacturam vergere dignoscatur, majusque detrimentum succedere perpendatur, nisi a nobis de remedio provideatur oportuno, vobis precipimus et mandamus, committendo, si sit opus, quatinus ad Magnam nostri Parlamenti Cameram accedentes ibidem locum

---

des Matinées (X¹ᵃ 4788, fol. 1) à peu près dans les mêmes termes, sauf cette variante :

« Dont a esté grant murmure et esclande de la Court, quar de la memoire des plus anciens onques n'avoit esté veu que tous les presidens faillissent au commancement dudit Parlement. »

et officium presidentis teneatis, et quousque iidem presidentes seu eorum alter remeaverint, fideliter ac diligenter, et prout est fieri solitum, exerceatis, ab omnibus autem justiciariis, officiariis et subditis nostris vobis in hac parte pareri volumus et jubemus. Datum Parisius, xiij die novembris, anno Domini M° CCCC° VII° et regni nostri XXVIII°.

Ainsi signées : *Per Regem, ad relationem Consilii*, Baye[1].

Ce jour, a esté ordonné que les seigneurs qui averont servi es Chambres de Parlement et des Enquestes le moiz de septembre pourront faire leurs cedules de xvij jours.

Conseil, XIII (X¹ª 1479), fol. 1 v°.

Mardi, xv° jour de novembre, au matin.

Fu parlé en Conseil par les maistres des Requestes de l'Ostel du Roy contre ce que le Chancellier avoit envoié lettres à maistre J. du Drac, president aux Requestes du Palaiz, pour tenir le lieu de president, pour ce qu'il disoient que en absence des presidens à eulx apartenoit de tenir le siege, nonobstant que messeigneurs de la Chambre deissent le contraire, car souvant a esté veu que, quant il faloit aler au Conseil, le president tenent le siege ou soy lever du siege pour aucune necessité, le plus ancien des laiz de la Chambre tenoit le lieu du president, presens mesmes lesdiz maistres des Requestes, et pour ce disoient les anciens laiz de ceans que plus estoit en leur prejudice que desdiz maistres, que ledit Chancellier faisoit tenir le president des Requestes le lieu de president en ceste Grant Chambre, car il y avoit ceans suffisans laiz et anciens assez pour tenir ledit lieu. *Tandem* a pleu et

---

1. Ces lettres sont également insérées au registre des Matinées (X¹ª 4788, fol. 2 r°).

plait auxdictes parties que sanz prejudice ledit du Drac, president des Requestes du Palaiz, exerce ledit office de president ceans, selon ce que mandé lui a esté, en l'absence des presidens.

Conseil, XIII (X¹ᵃ 1479), fol. 1 v°.

Venredi, xviij° jour de novembre, au Conseil.

Ce jour, a esté plaidoié et repliqué en une cause pour l'evesque et Université de Paris contre messire Guillaume de Tignonville, chevalier, prevost de Paris, pour ij clers, l'un maistre en ars, l'autre bachelier en ars en ladicte Université, qu'il avoit pendu ou fait pendre au gibet de Paris [1], presens monseigneur le duc de Guienne, ainsné filz du Roy, les roiz de Sicile et ducs de Berry et de Bourgoigne en la sale du Louvre, et l'a enregistré le graphier, comme appert ou registre de ceans.

Samedi, xix° jour, au Conseil.

Et cedit jour a esté repliqué au Louvre en ladicte cause cy dessus.

Matinées, VI (X¹ᵃ 4788), fol. 4 r°.

---

1. L'incident que mentionne sommairement Nicolas de Baye se trouve relaté avec détails dans les chroniques de l'époque, notamment dans Monstrelet, t. II, p. 75, et dans le *Religieux de Saint-Denis*, t. III, p. 722. L'exécution de ces deux écoliers, vulgaires « espieurs de chemins, » qui eut lieu le 26 octobre 1406, provoqua une vive émotion et amena un conflit entre l'Université de Paris et Guillaume de Tignonville; on donna tort au prévôt de Paris qui fut condamné à dépendre du gibet les deux clercs et à conduire leurs corps aux Mathurins, où ils devaient être solennellement reçus par le recteur; cette cérémonie s'accomplit le 17 mai 1408. (Cf. Du Boulay, qui donne le texte de l'épitaphe mise sur la sépulture de ces écoliers, Leger du Moncel, normand, et Olivier Bourgeois, breton, *Hist. Univ. Paris.*, t. V, p. 145.)

Mercredi, xxiij° jour de novembre.

Ce jour, au soir, environ huit heures, messire Loiz, filz du Roy Charles V° et frere germain du Roy Charles regnant de present, duc d'Orleans, conte de Valoiz, de Bloiz, de Beaumont, de Suessons, d'Angolesme, de Dreuz, de Porcien, de Pierregort, de Luxembourc et de Vertus, sire de Coucy, de Montargi, de Chasteltierri, d'Espernay et de Sedanne en Champaigne et de pluseurs autres terres, marié à madame [Valentine] fille de feu messire Galiache, duc de Milant, dont avoit iii filx et une fille, en revenant de l'ostel de la Royne, qui est près de la porte Barbette, vers l'eglise des Blans Manteaus, accompaigné moult petitement selon son estat, c'est assavoir de iij hommes à cheval et de ij à piet à une ou ij torches, devent l'ostel du mareschal de Reux, en son aage de xxxvj ans ou environ, fu par viij ou x hommes armez qui estoient mussez en une maison appellée l'ymage Nostre Dame, estant devant l'ostel dudit mareschal, et où lesdiz hommes avoient habité et conversé repostement par viij ou xv jours, tué et murtri, et ly fendirent la teste de jusarmes, puiz que fu abatu de son cheval, et ly firent espendre la cervelle de la teste sur le pavement, et ly coperent tout jus une main, et avec lui tuerent un sien vallet qui se metoit sur lui pour le defendre[1], et si navrerent un qui tenoit la torche ; le Roy estant en son hostel de S. Pol, monseigneur de Guienne, dauphin de Vienne et ainsné filx du Roy au Louvre, de l'aage d'environ xj ans, les ducs de Berri et de Bourbon, ses oncles,

---

[1]. Le page qui se fit tuer sur le corps de son maître s'appelait Jacob de Merre (V. le mémoire de Bonamy).

et les roy de Sicile et duc de Bourgoigne et conte de Nevers, et les contes d'Alençon et de Clermont, et messire Charles de Lebret, connestable de France, ses cousins germains, et messire Pierre de Navarre, conte de Mortain, aussi son cousin germain, et pluseurs autres seigneurs, tant du sanc royal que autres estans à Paris, admiral de France que maistre des arbalestriers, et les seigneurs et menistres de justice, tant de Parlement que du Chastellet estans à Paris. Et lui qui si grant seigneur estoit et si puissant, et à qui naturelment, ou cas qu'il eust falu gouverneur à ce royaume, apartenoit le gouvernement, en si petit moment a finé ses jours moult horriblement et honteusement. Et qui ce a fait *scietur autem postea*[1].

Conseil, XIII (X¹ᵃ 1479), fol. 2 vᵒ.

---

[1]. Ce récit de l'assassinat du duc d'Orléans a été donné par Bonamy, *Mémoire sur le lieu et les circonstances de l'assassinat du duc d'Orléans*, Mém. de l'Académie des Inscriptions, t. XXI, p. 515, et par D. Félibien, *Histoire de la ville de Paris*, t. IV, p. 549; une autre version de Nicolas de Baye se trouve au registre des Matinées; nous croyons devoir en reproduire le texte à cause des réflexions qui l'accompagnent :

« Ce jour, environ VIII heures de nuit, messire Loiz de France, filz du Roy Charles Quint et frere seul et germain du roy Charles VIᵉ regnant à present, aagié d'environ XXXVI ou XXXVIII ans, marié à la fille du duc de Milant derrainement trespassé, dont avoit III enfans, II malles, l'un aagié de XIII ans et l'autre de XI ou XII, et une femelle, lequel Loiz estoit duc d'Orleans, conte de Bloiz, de Suessons, de Valoiz, de Beaumont, d'Angolesme, de Pierregort, de Luxembourc, de Porcien et de Dreuz, seigneur de Coucy, de Montargy, de Chasteltierry, d'Espernay et de Sedeune, en Champaigne, a esté murtri environ la porte Barbette, en la rue appellée [Vieille du Temple], par certains murtriers qui l'espioient en une maison quant il revenoit de l'ostel de la Royne, trop petitement accompagné, et ly ont coupé tout jus la main dont tenoit la bride de son cheval, et puiz l'ont fait cheoir, puiz lui baillerent

Juesdi, xxiiij^e jour de novembre.

Cedit jour, est alée la Court à l'enterrement de feu messire Loiz de France, germain du Roy, lequel hier au soir estoit environ viij heures duc d'Orleans et de moult d'autres terres, et maintenant cendre et pourreture, et lequel est enterré aux Celestins delez S. Pol[1].

Matinées, VI (X^{1a} 4788), fol. 8 r°.

Samedi, xxvj^e jour de novembre.

Ce jour, a esté dit et puplié de pluseurs que le duc de Bourgoigne, conte de Flandres et de Bourgoigne et d'Artois, disoit et maintenoit qu'il avoit fait occire le duc d'Orleans, son cousin germain, par Rolet d'Auquetonville et autres, et sur ce s'est au jour d'ui parti de Paris[2].

Conseil, XIII (X^{1a} 1479), fol. 3 v°.

---

d'une guisarme par la teste telement qu'il firent voler la cervelle sur le pavement, et lui qui estoit le plus grant de ce royaume après le Roy et ses enfans est en si petit de temps si chetif. *Et qui cecidit stabili non erat ille gradu, agnosco nullam homini fiduciam, nisi in Deo, et si parum videam, illucescat clarius.* Dudit fait *quere in libro Consilii. Parcat sibi Deus.* »

Matinées, VI (X^{1a} 4788), fol. 7 v°.

En marge de cette relation se remarque la représentation à la plume d'un écusson fleurdelisé brisé dans le haut ; la version du Conseil est ornée d'un dessin grossier figurant une tête et une épée, la pointe retournée.

1. Le duc d'Orléans fut inhumé aux Célestins sous l'autel de la chapelle d'Orléans qu'il avait fait construire ; le P. Beurrier, dans son *Histoire du monastère et couvent des Célestins*, p. 286-289, reproduit le texte des épitaphes gravées sur des tables de marbre, qui rappelaient la mémoire de Louis, duc d'Orléans, de Valentine de Milan, sa femme, et de leurs enfants.

2. Cette note du greffier, en quelque sorte intercalée dans le texte en haut de la page, fait partie des extraits insérés par D. Félibien dans son *Histoire de la ville de Paris*, t. IV, p. 550.

Venredi, ij^e jour de decembre.

Giles de Molin, procureur de maistre Phelippe des Essarts, conseiller du Roy nostre Sire et maistre des Requestes de son Hostel, s'est opposé et oppose à toutes fins que maistre Philippe de Corbie[1] ne soit institué en l'office de maistre desdictes Requestes de l'Ostel, que tenoit à son vivant feu maistre Tristan du Bos[2]. Matinées, VI (X^{1a} 4788), fol. 13 r°.

Venredi, xvj^e jour de decembre.

Cedit jour, messire Guillaume d'Avaugour, chevalier, a esté fait et ordonné curateur au conte de Peintevre à la requeste de lui et de pluseurs chevaliers et seigneurs ses amiz, pour ce comparens en la Court, pour auctoriser certain tractié fait pour ledit conte avec le duc de Breteigne touchant la terre de Moncontour, et ont l'evesque d'Angiers, le Borgne de la Heuse et pluseurs autres chevaliers juré que c'est le proufit dudit mineur, si a fait le serment acoustumé ledit d'Avaugour, et s'en est constitué plege selon la coustume de Bretaigne messire Alain de la Mote, chevalier.

Messire Pierre de Villeinnes, chevalier, soy disans gouverneur de la Rochelle, s'est opposé et oppose que nul ne soit receu à gouverneur de ladicte Rochelle sans le oïr.

---

1. Philippe de Corbie, fils d'Arnaud de Corbie, chancelier de France, était conseiller au Parlement et fut nommé maitre des Requêtes de l'Hôtel au début de l'année 1408.

2. Tristan du Boz, seigneur de Fumechon, prévôt de l'église d'Amiens, remplit les fonctions de maitre de Requêtes de l'Hôtel depuis l'année 1393 jusqu'à sa mort arrivée au mois de novembre 1407. (Cf. Blanchard, *Généalogies des maistres des Requestes de l'Hostel*.)

Ce jour, maistre J. d'Aigny, contreroleur de la Chambre aux Deniers, a renuncié et renunce à certeinnes erreurs par lui proposées ou qu'avoit entention de proposer à l'encontre de certain arrest ou jugement de ceans donné contre lui et au proufit de l'abbé de S. Germain des Prez lez Paris, en obtemperant à icellui, nonobstant appellations et oppositions par lui faictes au contraire, et pareillement renunce à certeinnes requestes par lui baillées à la dicte Court sur ce que maintenoit aucuns tesmoins avoir deposé faulx en l'enqueste du procès, dont despend ledit arrest, et parmi ce les despens en quoy avoit esté condempné ledit d'Aigny envers ledit abbé, taxez à la somme de iij^c libvres ou environ, sont ramenez à la somme de LX escus, desquelx LX escus et au dessoubz maistres J. Garitel et R. Broisset, conseillers du Roy nostre Sire, pourront ordonner à leur volenté. Fait du consentement dudit d'Aigny et dudit Broisset, soit faisant fort dudit abbé, et ce qui sera fait par lesdiz commissaires vaudra arrest du consentement de Hogouart, procureur de l'abbé et dudit d'Aigny.

Matinées, VI (X^{1a} 4788), fol. 19 v°, 20 r°.

Mardi, xxe jour de decembre.

La Court a octroyé à Jehanne Mahiu qu'elle puisse ceans plaider sans grace par procureur, attendue sa povreté, et a requiz que ce soit enregistré.

Matinées, VI (X^{1a} 4788), fol. 22 r°.

1408.

Mercredi, xj^e jour de janvier.

Au jour d'ui, a esté ordonné, veu le plaidoié du ve de ce moiz et tout veu, que la dame de la Fauche sera mise à sa pleinne liberté et venra ceans, se elle welt, et ly interdict la Court l'alienation de ses biens immuebles *quousque*, et sera mandé aux bailliz de Vitri et de Chaumont et à chascun d'eulx, que l'amenent ou facent amener à ses despens, et avera messire Ferry de Chardoigne l'administration des biens de ladicte dame, dont rendra compte, et ce *quousque*[1].

Conseil, XIII (X¹ᵃ 1479), fol. 7 v°.

Mardi, xvij° jour de janvier.

Imperfectum registrum propter vigentissimum frigus, congelans calamum et incaustum de duobus vocabulis ad duo vocabula.

Cent ans a qu'il ne fit plus froit, ce dit la gent[2].

Matinées, VI (X¹ᵃ 4788), fol. 34 v° et 35 v°.

Juesdi, xix° jour de janvier.

Au jour d'ui, a la Court commiz Pierre Belle, huissier de ceans, au gouvernement et administration des

[1]. Le procès en question offre des particularités assez intéressantes, il semblerait résulter des plaidoiries que la dame de la Fauche ne jouissait point de toutes ses facultés; elle voulait aliéner la terre de ce nom, malgré sa fille et son gendre, Ferry de Chardoigne, et courait par monts et par vaux, elle s'était même accointée à Paris d'un *barateur*, qui lui avait fait croire qu'il était bon alchimiste; cet escroc savait, disait-il, faire une eau qui la rendrait « jeune et guerie de toutes maladies, » il savait également fabriquer « la pierre du philosophe, » qui convertissait tout métal en or, et se vantait de « faire la tour de la Fauche devenir or. » (Matinées, X¹ᵃ 4788, fol. 29-30.)

[2]. Ces notes se trouvent à la marge. L'aspect matériel du registre des Matinées confirme pleinement le dire de Nicolas de Baye, les folios correspondant à cette date sont d'une écriture beaucoup plus pâle, à peine lisible, et l'on distingue très bien de trois en trois mots la trace des efforts faits en pure perte par le greffier pour rendre l'écriture plus nette.

ij Chambres de ceans sur la provision aviser et faire ou faire faire de buches, chandoilles, torches, nestoier les tapis et chambres et autres choses apartenens ou lieu que avoit Pierre Noe, jadis huissier.

Matinées, VI (X¹ᵃ 4788), fol. 37 rº.

Juesdi, xxvjᵉ jour de janvier.

Intensissimum frigus viget, adeo quod nec incaustum fieri neque conservari potest, neque scribi, etiam ad ignem [1].

Matinées VI (X¹ᵃ 4788), fol. 39 vº.

Venredi, xxvijᵉ jour de janvier.

Cedit jour, à la conjunction de ceste prouchaine lune, c'est amoderé le temps qui par les ij lunes cy devant par especial combien que dès la Saint Martin derrien a adès gelé, ont esté si fors et si merveilleuses gelées [2] que les rivieres ont esté congelés, et par especial par la riviere de Seinne en pluseurs lieus à Paris le pueple aloit et venoit comme par la charriere, et ont esté neges en si grant habundance que l'en eust onques maiz veu de memoire d'omme, et a esté si grant froit que non obstant que le graphier eust feu en vaissel delez son siege pour garder l'ancre de son cornet de geler, neantmoins l'ancre se geloit en sa plume de ij ou de iij mos en iij mos, et telement que enregistrer ne povoit, ne nul autre à peinne besoigner.

1. Nicolas de Baye a inséré cette note, comme celles du 17 janvier, dans la marge du registre; l'écriture de cette page est effectivement plus jaunâtre.
2. D'après Monstrelet (t. I, p. 165) et le *Religieux de Saint-Denis* (t. III, p. 745), les gelées commencèrent à la Saint-Martin et se prolongèrent jusqu'à la fin de janvier, pendant soixante-six jours consécutifs; aussi est-ce à juste titre que les contemporains appelèrent cette année l'année du grand hiver.

Or povez sentir en quel estat estoient povres gens qui n'avoient ne pain, ne vin, n'argent, ne busche, et qui avoient povre mestier et foison d'enfans [1].

Matinées, VI (X¹ⁿ 4788), fol. 40 r°.

Lundi, xxxe jour de janvier.

Cedit jour, au soir, se commencerent les glasses à departir et avaler aval à grant impetuosité.

Mardi, derrien jour de janvier et v° jour de la conjunction de la lune, *Curia vacat*, pour ce qui n'est venu ne advocat, ne procureur, ne presidens, ne conseiller du Roy au Palaiz, hors messire Henry de Marle, premier president, maistre Guillaume de Gaudiac, doien de S. Germain l'Aucerroiz et conseiller du Roy ceans, et ij ou iij autres pour la cause qui s'ensuist :

Au jour d'uy et dès hier environ ix ou x heures de nuit, sont descendues les glaces et glaçons aval en si grant habundance par si grant impetuosité et à si grant effort, en especial par celle partie de Seinne qui flut à Paris par dessoubz les petis pons, que par les heurs continuelx des glaces contre les pez de boiz qui soustenoient le Petiz Pont, qui estoit en alant de la rue S. Jaques à Nostre Dame, et aussi contre les pillers de pierre qui soustenoient les arches et le pont de pierre qui estoient en alant de la rue de la Harpe au Palaiz royal, icelles glaces et riviere de Seinne ont abatu ledit pont de boiz qui estoit en alant à Nostre Dame et partie des maisons adjacens, et aussi ont abatu, froissié, demoli et rué jus le pont de pierre des-

---

[1]. Cet extrait du registre des Matinées, ainsi que ceux des lundi 30 et mardi 31 janvier, ont été imprimés par M. Maurice Champion dans les pièces justificatives de son ouvrage, *Les Inondations en France*, t. I, p. v.

susdit et bien de xx à xxx maisons qui estoient dessus, et lesquelx pont et maisons avoient esté edifiées et construiz puiz xxvij ou xxviij ans. Voians tous celx qui veoir le voloient en grant merveille, peril et dommage de la bonne ville de Paris, et par ce peu ou nulx des conseillers du Roy ceans n'ont peu bonnement estre venus ceans, par especial de ceulx qui delà lesdiz petiz ponz demouroient, pour le peril de venir et de retourner qui estoit grant, comme vit le graphier qui, combien que entre vj ou vij heures au matin fust passé par ledit Petit Pont de pierre en alant au Palaiz, lequel pont estoit entier, toutevoie puiz que ij des maisons dessus ledit pont avec l'une des arches pour moitié fust fondue en l'eaue, et ce lui eust esté dit en la Tournelle de la Chambre de Parlement, se parti pour revenir à son hostel de la rue Pavée, près des Augustins, et lui estant près du pont vit sur icellui une autre des maisons cheoir et fondre avec partie du pont de la main senestre, et puiz passa à dextre. De ceste pestilence fu le pueple moult esbahy par Paris et ailleurs où pareille pestilence fu. Pareillement aussi cedit jour, chut partie des changes de dessus le Grant Pont et peu dudit pont, nonobstant qu'il ne fust que de boiz hors le pavement, pour ce qu'il n'y eut pas si grans heurs de glaces que esdiz petis pons, tant pour ce que la force des glaces la plus grant passa par lesdiz petis pons, pour ce qu'il trouverent le chemin empeschié en la riviere qui estoit encor gelée vers S. Pol, et par ce faloit que les glaces se tournassent d'autre costé, que aussi pour ce que quant les glaces peurent tourner soubz ledit Grant Pont, encontrerent les molins de l'evesque et autres près du Grant pont que froisserent et par ce rompirent, et empescherent leur violence et force, telement que le heurt ne pot estre si grant qu'il estoit aux dessusdiz petis pons, par lesquelx aussy dès dimenche derrien passé passoit la riviere de Bievre qui avoit esté moult impetueuse et qui moult de dammage avoit fait à Saint Marcel hors Paris.

Matinées, VI (X^{la} 4788), fol. 42 r°.

Ne vindrent point les seigneurs de ceans au Palaiz, ne advocas, ne procureurs, ne parties, hors en très petit nombre, pour le grant peril que chascun veoit, pour cause des grans et horribles glaces qui dès hier au soir commencerent à descendre et couler par les pons de Paris et par especial par les petis pons, et non pas sans cause, car puiz la saison et le temps ont esté si froiz et adès eu gelées puiz la S. Martin derrain passé, et par especial a esté tel froidure et si aspre et si vigent par les ij lunoisons derrainement passées que nul ne povoit besoigner. Le graphier mesme, combien qu'il eust prins feu delez lui en une paelette pour garder l'ancre de son cornet de geler, toutevoie l'ancre se geloit en sa plume de ij ou iij mos en iij mos, et tant que enregistrer ne povoit ; et que par icelles grans gelées eussent esté gelées les rivieres, et en especial Seinne, telement que l'en cheminoit et venoit et aloit l'en, et menoit voitures par dessus la glace, et que eussent esté si grant habundances de neges que l'en eust veu de memoire d'omme, et tant que à Paris avoit grant necessité tant de boiz que de pain pour les molins gelez, se n'eussent esté les farines que l'en y amenoit des païz voisins, et que lesdictes gelées, neges, glaces et froidures se fussent amoderées dès venredi derrain passé pour la nouvelle conjunction lunaire, et que les glaces se fussent dissolues par parties et glaçons[1], iceulx glaçons par leur impetuosité et heurs ont au jour d'ui rompu et abatu les ij petis pons, l'un qui estoit de boiz joignant du Petit Chastellet, l'autre de pierre, appellé le Nuef Pont, qui avoit esté fait puiz xxvij ou xxviij ans, et aussi toutes les maisons qui estoient dessus, qui estoient pluseurs et belles, et lesquelles habitoient moult de mainnagiers de pluseurs estas, marchandies et mestiers, comme tainturiers, escripvains, barbiers, couturiers, esperonniers, fourbisseurs, couturiers, frepiers, chasubliers, tapissiers, faiseurs de harpes, libraires, chaussetiers et autres. Et nonobstant ladicte ruine, pestilence et peril merveilleus n'y a eu aucune personne perillée, Dieu mercy, car ledit cas est venu et a esté puiz viij ou vij heures à matin jusques à une ou ij heures après midi; com-

---

1. La débâcle des glaces et la crue des eaux causèrent de grands dégâts non seulement aux riverains de la Seine, mais encore à ceux de la Loire; voici quelques témoignages recueillis à ce sujet dans les documents contemporains, qui mentionnent la destruction de vannes au-dessus de Troyes et de digues au-dessous de Tours :

« 1º Ex affluencia et ingenti glacierum et aquarum, que anno (1407) tempore hyemali in regno nostro viguerant, inundacione et habundancia certe vanne supra flumen Secane de super villam Trecensem, demolite atque fracte (fuerunt). » (Jugés, X1a 57, fol. 135.)

« 2º Les eaues et gelées ont esté si grandes que par la force desdictes eaues et des glaçons les levées et turcies qui sont ordenées dès le lieu de la Flaonniere au dessoubz de Tours jusques à l'isle de Toussains ont esté rompues ou païs de Touraine en pluseurs lieux, par quoy ladicte riviere de Loire s'est estendue et en amené les maisons, les bestes et nayé du tout ledit païs de Valée, telement que les blez et autres fruis y ont esté destruiz et perdus pour ladicte année et par especial pour l'année subsequent qui fut l'année mil iiiic et huit. » (Jugés, X1a 56, fol. 115.)

bien que ce n'eussent esté les pillers pieça faiz et commencez entre ledit Petit Chastellet et l'Ostel-Dieu de Nostre-Dame qui ont receuz les premiers heurs desdictes glaces et glaçons, qui par ce ont esté debrisez et leur impetuosité amandrie, vraysemblable estoit et est que ladicte aventure, cas et pestilence desdiz pons fust avenue en ceste nuit derrienne, en la destruction des corps humains qui ne se peussent avoir garde ne fuir pour le cas soudain. Oultre ce que dit est, ont esté rompus et destruiz les molins de l'evesque de Paris qui sont dessus le Grant Pont et pluseurs autres, et aussi churent en la riviere grans parties des changes dessus ledit Grant Pont, qui vraisemblablement et selon l'opinion de ceulx qui s'i cognoissent, eust esté abbatu par les glaces, se ne fust les heurs qui rompoient les molins dessusdiz qui sont près et au-dessus, et aussi que les glaçons sont descenduz par ledit pont plus tart plus de xij heures que par lesdiz petis pons, pour ce que les glaces qui descendoient de haut ne povoit (sic) avoir leur cours devers Saint Pol et devers Greve, pour ce que celle partie estoit ancor gelée, si resistoit audiz glaçons que ne passassent de cel cousté, si faloit que alassent par la partie qui est devers lesdiz petis pons qui estoit plus desgelée et plus expediée d'empeschemens. Et ce cas avec l'occision de feu messire Loiz, duc d'Orleans, frere germain du Roy, *de quo supra mense novembri*, a esté à grant merveille en ce royaume[1].

Mercredi, premier jour de fevrier.

Curia vacat, pour ce que nul n'a osé passer la

---

[1]. Tout ce récit de l'inondation de 1408 a été reproduit par D. Félibien, *Histoire de la ville de Paris*, t. IV, p. 550.

riviere pour aler au Palaiz, pour la grant impetuosité et force d'elle, car aussy croit elle tousjours.

Conseil, XIII (X¹ᵃ 1479), fol. 10-11.

Curia vacat, pour ce que nul ne se ose abandonner à passer Seinne, par especial outre les feu petis pons, pour ce que la riviere croit oultre mesure et hors ses termes et si impetueusement que c'est horreur.

Juesdi, ij° jour. *Festum purificationis beate Marie, Curia vacat.*

Venredi, iij° jour, au Conseil où n'eut que ix ou x de seigneurs de ceans et de ceulx qui demeurent entre les pons, c'est assavoir en la Cité avec peu de ceulx d'oultre le Grant Pont.

Matinées, VI (X¹ᵃ 4789), fol. 42 v°.

Samedi, iiij° jour de fevrier.

Au Conseil. Et fu ordonné que, pour ce que les maistres ou seigneurs de ceans ne povoient bonnement venir d'oultre les petis pons qui estoient rompus et que Seinne passoit et issoit ses termes, ilz s'assembleroient en aucun lieu et feroient Conseil et arrests, et ceulx de la Cité et d'outre le Grant Pont venroient au Palaiz en la Chambre et conseilleroient et feroient arrests[1].

Item, cedit jour, fu ordonné que l'en ne plaideroit ne lundi ne mardi prouchain.

---

1. Le greffier criminel du Parlement est plus explicite; dans une note en date du même jour, il nous apprend que, « pour la faulte des pons de Paris et pour l'empeschement des grans eaues de Seine, » les conseillers qui demouraient de l'autre côté de l'eau devaient se réunir en l'abbaye de Sainte-Geneviève pour conseiller les arrêts, tandis que ceux qui habitaient la Cité et du côté du Châtelet jugeraient au Palais (Criminel, X²ᵃ 14, fol. 409 v°).

Item, fu ordonné que les maistres des œuvres du Roy et II des seigneurs de ceans et le graphier avec eulx visiteroient le Palaiz et haut et bas, pour ce que l'en trouvoit que les sales et la Chambre de Parlement estoient estayés par dessoubz les vostes, et si empiroient les murs, et plouvoit presques par tout, et estoient les maisons du Palaiz en voie de ruine qui n'y remedieroit, si comme toutes les maisons et chasteaulx du Roy par le royaume aloient à ruyne, non obstant que de par le Roy l'en levast continuelment moult grans subsides. Et icelle visitation faicte seroit raportée à la Chambre des Comptes pour y pourveoir[1].

Matinées, VI (X¹ⁿ 4788), fol. 42 v°.

Pour ce que les maistres ou seigneurs conseilliers ceans et demourans de là les petis pons, qui estoient en nombre environ xxx ou plus, ne povoient venir au Palaiz ne en la Chambre de Parlement seurement pour le grant excès de la riviere qui s'extendoit en pluseurs rues moult impetueusement, a esté au jour d'uy ordonné que lesdiz maistres se assembleront en leur marche et jugeront procès jusques à ce que seurement l'en puisse ceans venir en batel, attendu que les pons sont rompus et demoliz. Et pour ce que le graphier demeure oultre lesdiz petis pons en la marche desdiz maistres ou seigneurs, ledit graphier enregistera au Conseil des dessus diz maistres, et son clerc principal, qui est notaire du Roy à bourses, venra ceans et enregistera pour lui[2].

Conseil, XIII (X¹ᵃ 1479), fol. 12 r°.

1. Le texte de ces divers paragraphes est donné par M. Champion dans les pièces justificatives de son livre, *Les Inondations en France*, t. I, p. vii-viii.

2. Cf. les extraits du Parlement publiés par D. Félibien, dans son *Histoire de la ville de Paris*, t. IV, p. 550.

Lundi vj^e jour de fevrier, au Conseil.

Cedict jour, se sont assemblez à Saincte Genevieve ou Mont les maistres ou seigneurs et ij des presidens de ceans qui demouroient oultre les petis pons, et les autres, qui demouroient par deça, en la Chambre de Parlement ou Palaiz, selon ce que avoit esté ordonné samedi derrien passé, pour conseiller, et a esté le graphier au Conseil tenu à Saincte Genevieve, et son principal clerc, qui est notaire et secretaire du Roy, en la Chambre du Parlement au Conseil[1].

Matinées, VI (X^{1a} 4788), fol. 42 v°.

Venredi, x^e jour de fevrier.

Item, ce jour a esté pourparlé sur la provision des petis pons et passages pour le marrain, et a esté mandé le prevost des marchans qui a recité de pluseurs manieres de faire et refaire les pons de Paris touchées au Grant Conseil, l'une et la plus giere (*sic*) qui pleust au Roy de donner et octroyer la tierce partie des aydes de la ville et viconté de Paris pour un an, qui monteroit à iiij^{xx} mil libvres, car toutes les subsides que le Roy prant à Paris et en la viconté hors son ordinaire monte à xij^{xx} mil libvres. Nota, con grans subsides prant le Roy par tout le royaume.

Et si a esté touchié de requerir provision pour la ville de Paris où pluseurs gens d'armes doivent arriver en brief en la compaignie des ducs de Berry, de Bourgoigne, de Breteigne et du roy de Sicile, sur le fait de la mort du duc d'Orleans, *de quo supra*, sur quoy n'a pas esté conclu, *quia ad Curiam non pertinet*,

---

1. Cf. M. Champion, *Les Inondations en France*, t. I, pièces justif., p. VIII.

multis obstantibus et nunc currentibus, au moins n'y pourroit elle remedier[1].

Conseil, XIII (X^{ia} 1479), fol. 13 v°.

Le prevost de Paris a exposé à la Court que on lui a rapporté que aucuns ont despoillié certaines fourches ou gibés patibulaires environ Paris des charoignes de ceulx qui y avoient esté executez, et si avoient tant fait que par certains moiens de femmes ou autres ilz avoient eu certains enfans mors nez, et estoit grant et vraissamblable presumption qu'ilz ne fussent gens crimineux et sorciers, dont ledit prevost n'osoit mais doubtoit s'entremettre d'en faire ou entreprendre cognoissance, pour les debaz en quoy ceulx de l'Université de Paris et autres le tiennent soubz umbre de ce que aucuns veulent dire que la cognoissance de tels cas appartient à la justice ecclesiastique. Pourquoy, oy ledit prevost et le procureur du Roy, present à ce l'evesque de Paris en sa personne, la Court a ordonné et commandé audit prevost que sur ledit cas venu à sa cognoissance et les dependances sans aucune difficulté il face ou face faire information, et ceulx qu'il en trouvera coulpables ou souspeconnez preigne et face emprisonner, et les punisse, comme il appartendra selon raison et justice[2].

Criminel (X²ᵃ 14), fol. 411 v°.

1. D. Félibien a imprimé ces deux paragraphes dans ses extraits du Parlement, *Histoire de la ville de Paris*, t. IV, p. 551.

2. Cette plainte du prévôt de Paris, relative à l'enlèvement clandestin de suppliciés pour servir à des pratiques de sorcellerie, nous a paru confirmer certains faits fort curieux que l'on trouve énoncés dans la justification du duc de Bourgogne par le cordelier Jean Petit ; ce plaidoyer laisse entendre que le duc d'Orléans machinait la mort de son roi par des sortilèges et nous apprend que les complices de ce prince dépendirent et enlevèrent

Mercredi, xv° jour de fevrier.

Ce jour, a esté ordonné que certeinnes maisons, qui apartenoient à Nycolas Grimaut et qui estoient demourées sur le Pont Nuef en ruine et en peril de cheoir, parce que ledit pont estoit cheu, seroient abatues au despens de la chose, et à ce a esté commiz Pierre Belle, huissier de ceans[1].

Conseil, XIII (X^{ia} 1479), fol. 14 v°.

Mercredi, vij° jour de mars, au Conseil.

Les procureur et autres officiers du Roy à Rouen, les prelas et autres gens d'eglise, les barons et seigneurs qui sont de la garde et ressort et souverainneté du bailliage de Rouen, et les bourgois et habitans dudit Rouen [ont protesté] que separation ne soit faicte du bailliage de Rouen et d'Esvreux.

Matinées, VI (X^{ia} 4788), fol. 60 v°.

Juesdi, viij° jour de mars.

N'a pas esté plaidoié pour ce que la Court a esté present en la sale de l'ostel du Roy à Saint Pol, où maistre Jehan Petit, maistre en theologie, de la nation de Normandie, a proposé pluseurs causes et raisons pour le duc de Bourgoigne, par lesquelles disoit de par ledit duc, qui l'a advoué, que à bonne et juste cause avoit fait mourir le duc d'Orleans, et en devoit estre prisez et remuneré d'amour, d'onneur et de richesses. Lesdiz raisons et propos ont esté diz et proposez en la presence des roiz de Cecile, cousin germain du Roy qui estoit enfermé comme malade, du duc de Berry,

---

un cadavre du gibet de Montfaucon pour le soumettre à toutes sortes d'opérations et en tirer des maléfices. (Cf. Monstrelet, t. I, p. 226.)

1. Ce passage fait partie des extraits donnés par D. Félibien, *Histoire de la ville de Paris*, t. IV, p. 550.

du duc de Bourgoigne, du duc de Breteigne, du conte de Mortain, du conte de Nevers, et icelles raisons trouveras ailleurs en cest livre enregistrées et rapportées par le graphier en tables et tout droit pour la presse et foule de gens d'armes et autres qui estoient en ladicte sale[1]. Matinées, VI (X¹ᵃ 4788), fol. 60 v°.

Lundi, xij° jour de mars.

Le seigneur de Dampierre, accompaigié (*sic*) de pluseurs chevaliers et escuiers, est venu avant les Plaidoiries du jour d'ui à matin de par le duc de Bourgoigne qui faisoit savoir à la Court que le Roy, en son intervale qu'il a eu de santé depuiz venredi au soir jusques à samedi derrien passé au disner, avoit dit sur ce que pluseurs lui demandoient le lieu vacant ceans pour la mort de feu maistre Renaut de Bussy[2], que il voloit et estoit son entention que election se feist du plus souffisant, selon les ordonnances royaulx autrefoiz faictes.

Matinées, VI (X¹ᵃ 4788), fol. 62 v°.

Mercredi, xiiij° jour de mars.

Ce jour, vindrent ceans l'arcevesque de Sens, l'evesque de Poitiers, chancellier de Berri, messire J.

---

1. Jean Petit, cordelier, docteur en théologie, qui brillait plus par la hardiesse que par l'élégance de son langage, fut chargé de présenter la justification du duc de Bourgogne; il prit pour thème de son discours ces mots : *Radix omnium malorum cupiditas*, et parla pendant quatre heures pour démontrer que le duc d'Orléans était à divers degrés criminel de lèse-majesté. Ce virulent plaidoyer est reproduit *in extenso* dans Monstrelet, t. I, p. 177-242.

2. Renaud de Bucy, fils du président Simon de Bucy, chanoine de Soissons, figure dès 1372 parmi les conseillers au Parlement de Paris; il décéda le 10 mars 1408 et fut inhumé aux Chartreux. Son testament, du 17 juillet 1398, est inséré dans le registre X¹ᵃ 9807, fol. 209 r°.

de Saulx, chancellier de Bourgoigne, le conte de Vandosme et autres pluseurs de par nosseigneurs, tant dessusdiz que de la Royne et le roy de Sicile, requerir que la Court receust ou lieu de feu maistre Regnaut de Bussy, ou au moins ou lieu des Enquestes de cellui qui monteroit en la Grant Chambre en son lieu, maistre J. Taranne, qui avoit lettres de don du Roy, et combien que viij ou ix autres eussent don et lettres signées non seellées, et que par l'ordonnance royaulx deust estre faicte election des seigneurs de ceans, et que la Court s'efforsast de soy à ce arrester, toutevoie *tandem*, pour la requeste et importune volenté desdiz dame et seigneurs et pour eschiver esclande, a esté receu ledit Taranne, moienant ce que sa lettre qui estoit defectueuse seroit refaicte, et que maistre Pierre de l'Esclat, maistre des Requestes de l'Ostel du Roy et conseiller de la Royne, feroit avoir lettres à la Court que ce ne tournast point à prejudice d'icelle Court ne des ordonnances dessusdictes, et oultre lui et lesdiz chanceliers et le tresorier de Berry et le conte de Vandosme de faire consentir nosdiz seigneurs[1].

Conseil, XIII (X¹ᵃ 1479), fol. 18 r°.

Venredi, xxiij^e jour de mars.

Au jour d'ui, a esté advisé ceans par la Court[2], la

---

1. Nicolas de Baye applique méchamment au nouveau conseiller, qu'il considère quelque peu comme un intrus, ce verset de l'évangile selon saint Jean, dont il ne donne que le commencement : *Qui non intrat per ostium in ovile*, n'osant probablement pas ajouter : *sed ascendit aliunde, ille fur est et latro*. Saint Jean, X, 1.

2. Cette décision du Parlement se trouve parmi les extraits de D. Félibien, *Histoire de la ville de Paris*, t. IV, p. 551 ; elle a été également reproduite par M. Champion, *Les Inondations en France*, t. I, *Pièces justif.*, p. ix.

Chambre des Comptes et tresoriers de France que, pour faire et refaire le Petit Pont commencié au Petit Chastellet et le Pont Saint Michiel, les tresoriers bailleront mil libvres, le Prevost des Marchans autre mil libvres parisis, la Court de ceans sur les exploiz v⁰ libvres parisis, le Prevost de Paris aussi sur les exploiz dudit Chastellet, par une maniere qui sera advisée, une autre somme, et l'evesque de Paris et autres qui prennent peage ou autre redevance sur lesdiz pons, chascun en son endroit selon leur portion, une autre somme. Et sur ce sera commencié à ouvrer le plus tost que faire se pourra, et premierement au pont dudit Petit Chastellet, et *interim* les Prevosts de Paris et des Marchans dessusdiz iront devers les seigneurs, c'est assavoir la Royne, roy de Sicile, duc de Berry et autres, et leur supplieront que weillent contribuer et ayder audit ouvrage et reparation, et aussy laboreront devers le Roy et les generaulx d'avoir certeinne quote sur les subsides prins à Paris pour ledit ouvrage.

Conseil, XIII (X¹ᵃ 1479), fol. 19 v⁰.

Lundi, secont jour d'avril.

Cedit jour, a esté receu ceans maistre N. Potin en conseiller du Roy par la resignation de maistre Germain Paillart[1], fait evesque de Luçon par le Pape, ou

---

1. Germain Paillard, l'un des conseillers de Charles VI, obtint, après la mort d'Étienne Loypelli, le siège épiscopal de Luçon, qu'il conserva jusqu'à son décès, arrivé à Paris le 6 octobre 1418; il fut inhumé aux Célestins, sous une tombe de cuivre, au milieu du chœur, avec une épitaphe que reproduit le P. Beurrier (*Histoire du couvent des Célestins*, p. 383); son testament, du 4 octobre 1418, qui faisait partie du registre du Parlement (X¹ᵃ 9807, fol. 483 v⁰), n'existe plus qu'en copie dans le manuscrit du fonds Moreau, n⁰ 1162, fol. 352 v⁰.

lieu duquel a esté maistre Pierre d'Aunoy en la Grant Chambre, et ou lieu dudit d'Aunoy en la Chambre des Enquestes a esté receu ledit Potin à la requeste du duc de Berry et par vertu de certeinnes lettres de don fait par le Roy[1].

Conseil, XIII (X¹ᵃ 1479), fol. 21 r°.

Venredi, vj° jour d'avril.

Ce jour, a esté appoinctié sur certain incident en visitant le procès[2] (d'entre le conte de Brenne, et l'evesque de Laon, d'une part, et le roy Loiz de Sicile, d'autre part), que les tesmoins vielx, valitudinaires et affuturs, examinez d'un costé et d'autre sur le petitoire, seront joints à l'enqueste du principal sur le petitoire, supposé qu'il n'appere point de certification de la mort desdiz tesmoins, et en tant que regarde les tesmoins examinez sur le possessoire d'un costé et d'autre, les tesmoins qui apperront et apperrent estre mors au temps de la reception de l'enqueste du petitoire seront joins à icelle enqueste du petitoire, et ceulx, dont il n'apert point par certification ou autrement de la mort, examinez en icelle

---

1. En marge, le greffier a mis cette rubrique : *Ex resignatione sine electione*.
2. Ce procès important, dont parle Juvénal des Ursins (coll. Michaud, t. II, p. 466) et dont le Parlement s'occupa pendant plusieurs séances, notamment du 3 au 11 avril 1408, du 9 janvier au 11 février 1409, fut terminé par un arrêt du 12 février 1409 rendu en faveur du comte de Braine ; il s'agissait de la possession du comté de Roucy qui avait été vendu en 1379 par l'héritière de cette seigneurie à Louis d'Anjou ; le Parlement condamna le roi de Sicile à restituer au comte de Braine le comté de Roucy, avec tous les châteaux en dépendant, moyennant remboursement d'une somme de 50,000 francs, montant du prix d'achat (Conseil, X¹ᵃ 1479, fol. 62 r°).

enqueste du possessoire, ne seront point joins à icelle enqueste sur le petitoire.

Conseil, XIII (X^{ia} 1479), fol. 22 r°.

Venredi, xxe jour d'avril, au Conseil.

Cedit jour, maistre Guillaume Le Clerc, conseiller du Roy ceans, ou nom de lui et de maistre Gautier Ponce, aussy conseiller du Roy ceans, en la presence de Pierre Simon, procureur de messire Loiz de Poitiers et de dame Katherine de Giac, sa femme, et de Vital Torencha, procureur du seigneur de Tournon, a exposé que comme aient vacqué par pluseurs jours à l'execution de pluseurs arrests de ceans par lesdiz Loiz et sa femme contre ledit de Tournon[1], dont leur est deue la somme de CCCC et VIII frans, dont s'est obligié ledit Tournon envers eulx à paier dedans la St-Jehan prouchain venant, et aient promiz de determiner par la deliberation d'aucuns des seigneurs de ceans au landemain de Quasimodo prouchain, ou d'en faire ordonner par la Court, et il n'aient pas eu temps d'en ordonner ou faire ordonner par icelle Court, et pour avoir adviz avec lesdiz seigneurs ait assembler durans les festes de Pasques derrienes et depuiz pluseurs desdiz seigneurs comme commissaires, lesquelx y ont vaqué sans avoir satisfaction, et ancor ait pluseurs choses à parfaire, pourquoy ont requiz lesdiz procu-

1. Guillaume Le Clerc et quatre autres conseillers du Parlement avaient reçu mission d'examiner les causes d'opposition de Guillaume de Tournon contre Louis de Poitiers et Catherine de Giac, au sujet de la mise à exécution de pluseurs arrêts, notamment d'un arrêt du 1er février 1403, réglant diverses questions litigieuses afférentes à la succession de Jacques de Tournon, qui avait laissé une fille de son mariage avec Catherine de Giac. (V. Conseil, X^{ia} 1478, fol. 95 v°, 97 r°, 303 v°.)

reurs qu'il paiassent et contentassent lesdiz seigneurs de ce qu'il y ont vaqué, et aussi leur respondissent de ce qu'il y vaqueroient, disans que à eulx ne tenoit pas qu'il n'eussent leur droit audit jour, pourquoy protestent que se par lesdiz procureurs ou leurs maistres tenoit que il ne peussent ordonner desdiz debas, que ce ne leur soit imputé qu'il ne se puissent faire paier dudit de Tournon audit terme, car il estoient prests de faire ce qu'il appartendroit avec lesdiz seigneurs et faire ce qu'avoient promiz, maiz qu'il feissent que lesdiz seigneurs y voulsissent entendre, en les contentant, comme dit est.

Matinées, VI (X^{ta} 4788), fol. 78 v°.

Venredi, iiij^e jour de may.

Ce jour, Loiz Pot et Jaques de Lalande ont esté curateurs ordonnez aux enfans de feu messire Guillaume de Neillac, à la relation et election de Pierre de la Trimoille, J. de Chevenon, Dauphin de Seriz et Baptetaust, messire Guillaume Foucault, Loiz Pot, Jaquet de Lalande, messire Gaucher de Passac, messire Paous de Pric, J. Garnier, Perceval de la Marche, messire Philibert de Digoinne, Oudart de Lespinace, qui ont fait le serment acoustumé.

La Court a ordonné que la somme de v^c xiiij escus que coustera à faire ou edifier certain molin, ou edifice de certain molin, dont contens estoit entre l'evesque de Therouenne, d'une part, et les executeurs du feu derrain evesque, sera baillée et delivrée à ij bonnes personnes de Therouenne, gens d'eglise ou autres, pour convertir et distribuer à l'edifice dudit molin, pourveu que lesdiz molin et edifice demourront perpetuelment à heritage à l'eveschié, et le residu de la somme de vij^c escus miz en depost devers la Court demourra devers ycelle, jusques à ce que ledit edifice sera parfait.

Sur le debat du partage d'entre J. de Poiz, d'une part, et sa mere, d'autre part, oye la relation des commissaires à ce ordonnez, il sera dit que les partages faiz par maistre Oudart Baillet demourront en l'estat qui sont, comme bons et valables, et sortiront leur plain effect et sera tenus ledit J. de Poiz de choisir l'un d'iceulx partages dedans le xvj° jour de juin prouchain venant pour tous delaiz et prefixions, et l'autre rendre à sa dicte mere pour joir d'icellui par forme de doaire, et ou cas que dedans ledit xvj° jour de juin ledit de Poiz n'aura choisy, la Court dès maintenant en baille le choiz à sa dicte mere, et le relieve de despens et pour cause, et oultre a ordonné la Court que, quelque partage ait J. de Poiz, il avera j roussel dont il se plaignoit. Conseil, XIII (X¹ª 1479), fol. 25 v°.

Samedi, v° jour de may.

Cedit jour, a esté receu en prevost de Paris messire Pierre des Essars, chevalier, ou lieu de messire Guillaume de Tignonville[1], chevalier, qui pour contemplation de l'Université de Paris et occasion de II soy disans clers et escoliers, executez au gibet de Paris par le jugement dudit prevost dès la S. Deniz derrain passé, et pourquoy ladicte Université a cessé de ser-

---

1. Guillaume de Tignonville fut nommé président en la Chambre des Comptes. Juvénal des Ursins (coll. Michaud, t. II, p. 447) indique le véritable motif de sa disgrâce ; « c'étoit, paraît-il, pour ce qu'il frequentoit souvent en l'hostel de feu monsr le duc d'Orleans, et si ne vouloit pas faire beaucoup de choses estranges qu'on vouloit qu'il fit, en delaissant et omettant l'ordre de justice. » Pierre des Essarts, son successeur, moins récalcitrant, « etoit de l'hostel du duc de Bourgongne. »

mons et leçons jusques à ores, a esté despoinctié dudit office de prevosté[1]. Conseil, XIII (X¹ª 1479), fol. 26 r°.

Mardi, xv° jour de ce present moiz.

Furent ceans publiées et leues trois lettres royaulx, par lesquelles le Roy velt tenir et maintenir les eglises et prelatures de son royaume en leurs franchises et libertez, comme apert plus clerement, qui sont enregistrées ou livre des Ordonnances[2].

Et à occasion desdictes lettres a esté presentée au Roy dès lundi derrain passé, comme l'en dit, une bulle par laquelle le pape Benedict, qui est l'un des contendens du papat, excommunie le Roy et messeigneurs ses parens et adherens, et qu'il en avendra, Diex y pourvoie[3].

Conseil, XIII (X¹ª 1479), fol. 27 r°.

---

1. Cette mention se trouve dans D. Félibien, *Histoire de la ville de Paris*, t. IV, p. 552.
2. L'ordonnance de Charles VI, relative aux libertés de l'église gallicane, est du 18 février 1407 (n. st.); par un mandement du 14 mai 1408, à l'adresse du Parlement et du prévôt de Paris, le roi, sur l'avis de son Conseil et des ducs de Berry et de Bourgogne, ordonna la publication de ces lettres, différée jusqu'alors, comme devant être « moult proufitable à l'avancement de l'union de la Saincte Eglise; » elles furent effectivement publiées le 15 mai et enregistrées au volume des Ordonnances (X¹ª 8602, fol. 213 v°).
3. Il s'agit d'une bulle de Benoit XIII, du 14 des Calendes de mai (18 avril), motivée par les lettres royales du 12 janvier 1408, déclarant que, si dans le délai de l'Ascension le schisme n'était pas terminé, aucun des deux prétendants à la papauté ne serait reconnu; elle fut apportée à Paris par Sancho Loup, messager du pape, qui la remit au roi dans son oratoire au début de la messe; lorsque Charles VI en eut pris connaissance, « on fist querir par toute la cité de Paris celui qui les avoit apportées, » mais en vain, « car il s'en estoit parti et alé le plus couvertement qu'il avoit peu » (Monstrelet, t. I, p. 245). La bulle en question,

Mercredi, xvj° jour de may, au Conseil.

Cedit jour, ont esté despenduz ii executez au gibet, qui se disoient clers et escoliers de l'Université de Paris, et au despendre a eu, comme l'en dit, plus de XL^m personnes au gibet, et ont esté ramenez en ii sarqueux, à grant compaignie et grans processions des eglises et de l'Université, sonnans toutes les cloches des eglises jusques au parviz de Nostre Dame, entre x et xj heures, couvers de toile noire et rendus à l'evesque de Paris par certeinne forme et maniere, et depuiz portez ou menez à Saint Matelin où ont esté inhumez, comme l'en dit, et ce fait par ordonnance royal [1].

Et cedit jour, a esté levée la Court à ix heures pour aler au Conseil en la Chambre Vert sur une burle (*sic*) que le pape Benedict avoit envoiée au Roy, esquelles le excommunioit, et les seigneurs de son sanc et adherens, ou contempt d'unes lettres qui hier avoient ceans esté publiées, par lesquelles le Roy voloit que les eglises de son royaume usassent et joissent de leurs droiz, franchises et libertez, acoustumées d'ancienneté et qui sont de droit. Matinées, VI (X^{1a} 4788), fol. 93 r°.

Lundi, xxj° jour de may.

Ont esté assemblez entre la sale du Palaiz et la Chambre de Parlement et les grans galeries par bas ou grant preau par terre le Roy nostre Sire, les roy de Sicile, duc de Berry, duc de Bourgoigne et pluseurs autres seigneurs, ducs, contes, barons, chevaliers,

---

commençant par les mots *Utinam, fili carissime*, est imprimée dans Du Boulay, *Hist. Univ. Paris.*, t. V, p. 152-153, et traduite par Monstrelet (t. I, p. 245).

1. En marge se trouve une représentation grossière, pour ne pas dire informe, du gibet.

escuiers, bourgoiz, arcevesques, evesques, abbez, prelas, religieus, clergié, et par especial l'Université de Paris ; et proposa maistre J. Courtecuisse, maistre en theologie, publiquement, en prenant pour theme contre le pape Benedic qui avoit envoié une bien mauvese bulle, par laquelle excommunioit le Roy et les seigneurs de son sang et tous adherens, pour occasion de ce que le Roy, son clergié et son Conseil avoient pené et penoient et poursuioient l'union de l'Eglise, tant par subtraction d'obeyssance que de pecunes, et de non obeir n'à l'un n'à l'autre des contendens : *Convertetur dolor ejus in caput ejus, et in verticem ipsius iniquitas ejus descendet*[1].

Et après ce que ledit maistre eust proposé xij raisons de la negligence dudit Benedic à l'union poursuir et avoir, et du mal et vice desdictes bulles excommunicatoires, en metant *consequenter* vj conclusions, a esté requiz par l'Université que lesdictes bulles fussent dessirées. Si ont esté dessirées publiquement, et à ladicte requeste a esté prins et emprisonné messire Guillaume de Gaudiac, docteur, conseiller du Roy ceans et doien de S. Germain l'Aucerroiz[2].

<small>Conseil, XIII (X^{ia} 1479), fol. 27 r°.</small>

1. Ce texte est tiré du psaume VII, vers. 17.
2. Le compte-rendu de cette séance solennelle a été publié, d'après notre registre, par Du Boulay, *Hist. Univ. Paris.*, t. V, p. 160, et par D. Félibien, *Histoire de la ville de Paris*, t. IV, p. 552. Du Boulay donne en outre une relation de la procédure instruite contre la bulle de Benoit XIII, ainsi que le texte des conclusions de l'Université de Paris, présentées par les maîtres en théologie, demandant la révocation de la légation de l'évêque de Saint-Flour auprès du pape et l'arrestation de Pierre de Courcelles, de Sanche Loup et du doyen de Saint-Germain-l'Auxerrois. Ces conclusions furent adoptées et mises à exécu-

Venredi, premier jour de juing.

Pour ce que maistre Guillaume Cousinot, advocat ceans, n'est pas venu à heure ordenée de plaidier après disner, la Court a commandé à Jehan Maisnier, huissier de ceans, qu'il execute ledit Cousinot de XL solz parisis, *aliàs*, ilz seront pris sur ledit huissier, s'il n'en fait diligence, et ainsi sera fait d'ores en avant contre les autres, car par la negligence des advocaz et procureurs pluseurs personnes demourent souvent à expedier à jours de Plaidoieries.

Après-diners, I (X¹ᵃ 8302), fol. 232 v°.

Mardi, x° jour de juillet.

Les procureurs de pluseurs prisonniers estans ou Louvre, c'est assavoir, l'evesque de Gap, l'abbé de S. Deniz, maistre Nycolas Fraillon, conseiller du Roy ceans, maistre Thiebaut Hoce, secretaire et notaire du Roy, maistre Henry Chicot, maistre en theologie, et autres requierent distribution de Conseil contre l'Université de Paris.

L'Université dit au contraire que lesdiz prisonniers sont jà requiz par leur ordinaire, car ilz sont gens d'eglise et si sont prisonniers pour crime de lese majesté et pour scisme de l'Eglise, à quoy ne voudroit toucher la Court. Si dit qu'elle a eu conseil sur ce, et leur adviz a esté qu'elle ne puet en ce pranre distribution, et n'en pranra point, et defent à son procureur qu'il n'en praigne point.

---

tion, séance tenante. Guillaume de Gaudiac, doyen de Saint-Germain-l'Auxerrois, fut arraché de son siège de conseiller et incarcéré; l'abbé de Saint-Denis et Jean de Saints, secrétaire du Roi, et plusieurs autres personnages furent emprisonnés au Louvre; quant à Sanche Loup, il parvint momentanément à s'échapper, mais fut saisi à l'abbaye de Clairvaux.

Lesdiz prisonniers dient en replicant au contraire que c'est raison qu'il aient distribution, il viennent ceans comme en Court capital pour remede avoir et justice, car jà longuement ont esté prisonniers, et n'est homme, tant fust Sarrasin, que si venoit ceans et demandast distribution, que l'en ly deniast, et ne wellent point decliner ou apartendra de soy soumettre à tel juge que deveront avoir, si concluent que doivent avoir distribution. Appoinctié au Conseil.

Matinées, VI (X^{1a} 4788), fol. 126 r°.

Mercredi, xj^e jour de juillet.

Au jour d'ui, a esté faicte election du lieu vacant en la Chambre des Enquestes par le trespas de maistre J. d'Ailly[1], et a esté esleu maistre Renault de Sens, bailli de Bloiz, qui autrefoiz avoit esté de ladicte Chambre dont avoit esté miz hors sans procès, comme l'en dit, dès le temps d'un triboul qui fu à Paris xxiij ou xxiiij ans a, et pour ce que le Chancellier ne povoit estre à l'election faire, a mandé au matin que, non obstans lettres par pluseurs obtenues, la Court esleust aucun suffisant audit lieu.

Conseil, XIII (X^{1a} 1479), fol. 32 r°.

Juesdi, xij^e jour de juillet.

Les prisonniers estans au Louvre, pour l'occasion

---

1. D'après Blanchard (*Catalogue des conseillers du Parlement*, p. 15), Jean d'Ailly, frère de Hue d'Ailly, décéda le 9 juillet 1408 et fut inhumé dans le chapitre des Célestins; le P. Beurrier (*Histoire du couvent des Célestins*, p. 413) donne le texte de l'épitaphe placée sur sa sépulture; son testament, en date du 6 juillet 1406, fut soumis au Parlement, le 20 juillet 1408, par ses exécuteurs, Renaud de Sens, conseiller, et Hugues de Morouil, avocat au Parlement; il est transcrit au registre des Testaments (X^{1a} 9807, fol. 224 v°).

des bulles d'excommeniement envoié contre le Roy et son sang par Pierre de Lune derrienement esleu en Pape, requiert distribution de Conseil contre l'Université de Paris.

Hoiguart, procureur de ladicte Université, dit qu'elle lui a defendu que de ceste chose ne se melle, et pour ce lesdiz prisonniers prennent pour advocas maistre Pierre de Marigny et pluseurs autres, à qui la Court a commendé qu'il soient au Conseil desdiz prisonniers et qu'il facent leur devoir, et iceulx prisonniers bailleront par cedule ceulx que wellent avoir pour Conseil.

Matinées, VI (X¹ᵃ 4788), fol. 128 r°.

Samedi, x° jour d'aoust.

Cedit jour, Mahiu Carette, commiz de par le Roy à Tournay à recevoir les cautions et bailler les lettres et certifications sur le fait des denrées conduites et amenées audit Tournay et de celles qui vont hors de ladicte ville, a appellé et appelle de certeinne sentence, jugement, ordonnance ou appoinctement et certains griefs contre lui faiz et donnez par les seigneurs des Comptes, comme de nouvel venus à sa cognoiscence.

Matinées, VI (X¹ᵃ 4788), fol. 153 v°.

Lundi, xx° jour d'aoust.

Au jour d'ui, entre x et xj heures, les prelas et clergié de France assemblé au Palaiz sur le fait de l'Eglise, ont esté amenez maistre Sance Loup, nez du paÿz d'Arragon, et un chevaucheur du pape Benedict qui fu derriere, nez de Castelle, en ij tumbereaux, chascun d'eulx vestuz d'une tunique de toille peincte où estoit en brief effigiée la maniere de la presentation des mauveses bulles, dont est mention le xxj° de may cy dessus, et les armes dudit Benedict renversées et autres choses, et mictrez de papier leurs testes, où avoit escriptures du fait, depuiz le Louvre où estoient prisonniers avec pluseurs autres de ce royaume prelas et autres gens d'eglise qui avoient favorisé aux dictes bulles, comme l'en dit, jusques en la court du Palaiz, en moult grant compaignie de gens à trompes, et là ont esté eschafaudez publiquement et puiz remenez audit Louvre par la maniere dessusdicte[1].

Conseil, XIII (X^{ia} 1479), fol. 39 r°.

Juesdi xxiij° jour d'aoust.

Cedit jour, fina Parlement tant en Plaidoiries que en Conseil plus tost que autrefoiz, pour ce que les jours de Troies se doivent tenir.

Conseil, XIII (X^{ia} 1479), fol. 40 v°.

Samedi, xxv° jour d'aoust.

Festum beati Ludovici, Curia vacat. Et cedit jour ont esté arrestez les seigneurs qui devoient aler à Troyes, de par la Royne, tant pour gens d'armes qui passent par Champaigne pour aler au Liege avec le duc de Bourgoigne que pour autres causes touchans le dit duc et la duchesse d'Orleans, vefve du duc, et du duc son filz.

Matinées, VI (X^{ia} 4788), fol. 158 r°.

---

1. L'extrait ci-dessus a été reproduit par D. Félibien, *Histoire de la ville de Paris*, t. IV, p. 552, et par Du Boulay, *Hist. Univ. Paris.*, t. V, p. 170. Suivant Juvénal des Ursins (coll. Michaud, t. II, p. 447), Sancho Loup et Gonsalve, qui avaient apporté la bulle de Benoît XIII, « furent mitrez et prêchés publiquement, et leur fit le sermon un notable docteur en théologie, ministre des Mathurins. »

Fu defendu de par le Chancellier aux charretiers de Troyes, qui avoient chargié sur leur char ıı queues pleinnes des procès de Champaigne estans ceans pour mener à Troies, et pluseurs autres queues et poinsons pleins des habillemens et besoignes tant des seigneurs de ceans que d'advocas et procureurs de Parlement, que ne partissent jusques à ce que averoient autres nouvelles, car l'en disoit que pour ce que la Royne et le Dauphin, qui estoient et avoient esté à Meleun longuement, devoient venir à Paris, si faisoit la duchesse d'Orleans aussi, qui par avant estoit à Bloiz, pour requerir justice contre le duc de Bourgoigne qui avoit fait occirre le feu duc d'Orleans son mari, pere du duc d'Orleans à present, et son filz, et qui estoit frere du Roy, et pour ce faloit que les seigneurs demourassent à Paris avec tous les presidens, et si disoit l'en que les païz, par especial de Champaigne, estoient garni de gens d'armes.

Dimenche, xxvj° jour d'aoust.

Entrerent à Paris et vindrent de Meleun la Royne et le Dauphin accompaigniez, environ iiij heures après disner, des ducs de Berri, de Breteigne, de Bourbon et pluseurs autres contes et seigneurs et grant multitude de gens d'armes, et alerent parmy la ville loger au Louvre [1].

Conseil, XIII (X¹ª 1479), fol. 40 v°.

---

[1]. La remise des Grands Jours de Troyes et l'entrée de la Reine et du dauphin à Paris font partie des documents imprimés par M. Douët d'Arcq dans son *Choix de pièces inédites relatives au règne de Charles VI*, t. I, p. 310; le second passage se trouve déjà dans D. Félibien, *Histoire de la ville de Paris*, t. IV, p. 552.

Lundi, xxvij° jour d'aoust.

Ce jour, a esté enjoint au procureur de l'Université de Paris qu'il soit prest mercredi prouchain pour dire ce que voudra contre l'enterinement de certeinnes lettres obtenues par maistre N. Fraillon, conseiller ceans, et prisonnier dès la Panthecouste derrainement passée pour occasion de bulles d'excommeniement envoiées ou moiz de may derrain contre le Roy et son royaume par lors nommé Benedic pape[1].

Mardi xxviij° jour d'aoust.

Cedit jour, entra à Paris la duchesse d'Orleans, mere du duc d'Orleans qui à present est, et la Royne d'Angleterre, femme dudit duc et fille du Roy, oncle dudit duc, en une litiere couverte de noir, à iiij chevaulx couvers de draps noirs, à heure de vespres, accompaignée de pluseurs charios noirs pleins de

---

1. Voir au registre des Matinées (X¹ᵃ 4788, fol. 158 v°), à la date du 30 août, les plaidoiries dans le procès intenté à Nicolas Fraillon, l'un des fauteurs et adhérents de l'antipape Benoit. L'Université de Paris se fit représenter par N. Pithman, maitre en théologie, et l'avocat André Cotin, qui portèrent la parole contre N. Fraillon et cherchèrent à établir que ce conseiller était l'un des familiers de l'archevêque d'Aix, partisan de Benoit XIII, et qu'il avait fait échapper secrètement le porteur de la bulle d'excommunication, en prenant soin de s'informer, de concert avec Thiebaut Hoce, si la sortie de Paris était libre. Pierre de Marigny prit la défense de Nicolas Fraillon, le considérant comme un « moult vaillant homme qui avoit moult bien servy le Roy, bon clerc et bon preudomme. » Par arrêt rendu le 12 septembre, après que Nicolas Fraillon eut juré qu'il n'avait nullement eu l'intention d'offenser le Roi, le Parlement entérina ses lettres de rémission et ordonna sa mise en liberté (Conseil, X¹ᵃ 1479, fol. 43 r°).

dames' et femmes, et de pluseurs ducs et contes et gens d'armes [1].

Conseil, XIII (X¹ᵃ 1479), fol. 41 r°.

Cedit jour, a esté le graphier envoié au Louvre pour savoir au Conseil se l'arrest fait aux seigneurs et aux charios chargiez des procès de la Court et autres choses appartenens aux seigneurs qui y devoient aler et aux advocas et procureurs tendroit, et lui a esté dit de par la Royne par messire J. de Montagu, chevalier et grant maistre d'ostel du Roy, que nul de la Court se partist, car l'en avoit à faire consaulx, où il faloit tous les presidens et autres seigneurs de la Court estre, et si estoient gens d'armes sur les païz de Champaigne, qui pourroient faire empeschement aux bonnes gens [2].

Matinées, VI (X¹ᵃ 4788), fol. 158 v°.

Samedi, premier jour de septembre.

Cedit jour, maistre Pierre de l'Esclat est venu devers la Court de par la Royne et le duc de Berry dire que la Court feist surseoir l'execution commencée à la requeste de messire Bernart du Peyron [3] contre

---

1. Le passage concernant N. Fraillon est du nombre des extraits donnés par D. Félibien, *Histoire de la ville de Paris*, t. IV, p. 553ᵃ. Le récit de l'entrée à Paris de la duchesse d'Orléans, également imprimé dans Félibien, a été reproduit par M. Douët d'Arcq (*Choix de pièces inédites relatives au règne de Charles VI*, t. I, p. 311).

2. Une mention analogue existe au registre du Conseil à la date du mercredi 29 août; elle fait partie du *Choix de pièces inédites relatives au règne de Charles VI*, t. I, p. 311.

3. Bernard du Peyron avait été pourvu de l'évêché de Nantes par la faveur du duc de Bretagne, mais il n'était resté en possession de ce siège épiscopal que jusqu'en 1404; à cette époque, lorsque Benoît XIII fut provisoirement reconnu comme souve-

messire Pierre Le Barbu, pour l'eveschié de Nantes, par maistre Robert Broisset et Robert Chaurre, sur quoy la Court a respondu qu'elle fera le miex qu'elle pourra en justice, et a esté reputé Peyron pour diligent, et l'execution de son arrest pour commancée dedans l'an, et a esté ordonné en oultre que d'ores en avant lettres executoires lui seroient baillées precises.

Conseil, XIII (X¹ᵃ 1479), fol. 42 r°.

Mardi, iiij° jour de septembre.

Ce jour, maistre Jehan Houguart, procureur de l'Université de Paris, appellé en la chambre de Parlement, et interroguez s'il vouloit aucune chose baillier pour ladicte Université contre maistre Nicole Fraillon, a respondu qu'il avoit parlé au recteur et aux deputez, et qu'ilz ne saroient que baillier[1].

Conseil, XIII (X¹ᵃ 1479), fol. 42 v°.

Mercredi, v° jour de septembre.

Furent tous les seigneurs de ceans au Louvre en la grant sale où estoient en personnes la Royne, le duc de Guienne, son filz ainsné, le duc de Berry, le duc de Bretaigne, les contes de Saint-Pol, de Mortaing, d'Alençon, le duc de Bourbon, les contes de Clermont et de Dompmartin, la duchesse de Guienne, la dame de Charrolois, le conte de Tancarville, le connestable, le Chancellier, les presidens de Parlement, le grant

---

rain pontife, il se fit transférer à l'évêché de Tréguier, puis, en 1408, à l'évêché de Tarbes.

1. Ce paragraphe est du nombre des extraits donnés par D. Félibien, *Histoire de la ville de Paris*, t. IV, p. 553 ; il n'est point de la main de Nicolas de Baye, de même que les arrêts compris entre le 4 septembre et la fin du Parlement de 1408.

maistre d'ostel, les arcevesques de Bourges, de Tholouse et de Sens, les evesques de Senliz, de Beauvais, d'Amiens, d'Evreux, de Lodeve, d'Alby, de Therouanne, de Sees, de Maillezés et pluseurs autres evesques et abbez, le prevost de Paris et le Prevost des Marchans, acompaignié de cent bourgois de Paris ou environ. En la presence desquelx et de pluseurs autres notables personnes et gens du Conseil du Roy, fu publiée, par la bouche de maistre Jehan Jouvenel, advocat du Roy, la puissance octroiée et commise par le Roy à la Royne et audit monseigneur de Guienne sur le gouvernement du royaume, le Roy empeschié ou absent[1].

Conseil, XIII (X¹ᵃ 1479), fol. 42 v°.

Jeudi, vj° jour de septembre.

Ce jour n'a esté rien jugé, pour ce que les lays sont alez au Louvre.

Mardi, xj° jour de septembre.

De la partie de la duchesse d'Orleans et du duc d'Orleans fu proposé au Louvre par la bouche de l'abbé de Chesy[2] (*sic*) par escript à l'encontre des justifications proposées de la partie du duc de Bourgoigne sur

---

[1]. Cette publication des pouvoirs conférés à la Reine figure parmi les preuves de l'*Histoire de la ville de Paris*, de D. Félibien (t. IV, p. 553); elle fait également partie du *Choix de pièces inédites relatives au règne de Charles VI*, t. I, p. 312.

[2]. Juvénal des Ursins (coll. Michaud, t. II, p. 448) entre dans quelques détails à ce sujet : « L'abbé de Cerisy, dit-il, fit une proposition et prit son thème : *Justitia et judicium, praeparatio sedis tuae*, lequel il deduisit bien grandement et notablement en detestant la mort de monseigneur le duc d'Orleans et monstrant la grande enormité du cas. »

la mort du feu duc d'Orleans, et estoient ledit mardi presens les ducs de Guienne, de Berry, de Bretaigne, de Bourbon, les contes de Mortaing, d'Alençon, de Tancarville, de Clermont, le connestable, le Chancellier, les presidens et autres gens de Parlement et de la Chambre des Comptes, pluseurs barons, prelaz, chevaliers, les prevosts de Paris et des Marchans, le recteur et pluseurs maistres de l'Université de Paris et pluseurs des bourgois de ladicte ville[1].

Conseil, XIII (X^{1a} 1479), fol. 43 r°.

Mardi, xviij° jour de septembre.

Ce jour, sur certain debat ou question meue entre aucuns subgez du roy de Portugal, d'une part, et le gouverneur et autres de la ville de la Rochelle, d'autre part[2], devant maistres Gieffroy de Peyruce et Symon de Nanterre, commissaires deputez à la dicte cause, de la sentence interlocutoire desquelx commissaires de la partie desdiz de la Rochelle a esté appellé ceans, les presidens et autres conseillers du Roy estans cedit jour en la Chambre de Parlement ont offert à Thuribié de Saint Faconde, escuier et message du roy de Castelle en ceste partie, fere et administré auxdictes

---

1. Cf. D. Félibien, *Hist. de la ville de Paris*, t. IV, p. 553.
2. Ce procès était relatif à la prise de deux navires appartenant à des marchands catalans et portugais, navires qui avaient été considérés comme anglais par des corsaires rochellais, à la tête desquels se trouvait Pierre de Villaines, capitaine et gouverneur de la Rochelle; le chargement de ces barges était évalué à 26,850 francs d'or. Par arrêt du 22 décembre 1408, rendu après plaidoiries du 15 octobre, le Parlement, ne se trouvant point suffisamment éclairé, ordonna un supplément d'enquête et accorda une provision de 600 livres aux marchands portugais (Matinées, X^{1a} 4788, fol. 160 v°; Jugés, X^{1a} 56, fol. 212).

parties bonne et brieve justice, et icelles parties oïr sommierement et de plain sur le principal, l'appellation mise au neant sans amende, et à cest appoinctement ont bien voulu obtemperer lesdiz de la Rochelle.

Ce fait, la Court ou messeigneurs estans en icelle ont appoinctié que adjournement en cas d'appel soit bailliez auxdiz de la Rochelle à l'encontre desdiz de Portugal, ou cas qu'ilz ne vouldront obtemperer à l'offre audit Thuribié.

Mercredi, xix⁰ jour de septembre.

Ce jour, sur un debat d'entre le conte daulphin d'Auvergne, d'une part, et le sire de Montberon et sa femme, d'autre part, affin d'assoper un arrest prononcié entre lesdictes parties, sur quoy on avoit presentées certaines lettres royaulx impetrées de la partie du duc de Berry, la Court ou messeigneurs estans en icelle ont delivré auxdiz de Montberon et sa femme ledit arrest avec l'executoire d'icellui[1].

Conseil, XIII (X¹ᵃ 1479), fol. 43 v°.

---

[1]. Jacques de Montberon et sa femme Marguerite, comtesse de Sancerre, étaient en procès devant le Parlement avec Berault, dauphin d'Auvergne, comte de Clermont, fils ainé de Marguerite, au sujet de la propriété du comté de Sancerre et de diverses seigneuries sises en Auvergne, en Touraine et dans le Berry; un arrêt du 22 août 1408 avait donné à Jacques de Montberon et à sa femme la jouissance provisoire de ces terres, conformément à la teneur d'un accord passé à Tours le 18 avril 1406; mais l'exécution de cet arrêt avait rencontré de graves difficultés; l'huissier du Parlement, Aleaume Cachemarée, envoyé par la Cour à l'effet de mettre les demandeurs en possession des domaines litigieux, ayant trouvé partout portes closes, avait dû se retirer en présence de l'hostilité des officiers locaux, qui étaient à la dévotion de Berault; par un mandement du 1ᵉʳ février 1409, la Cour chargea l'un de ses huissiers d'intimer à Berault, sous peine de mille marcs

Samedi, xiij⁰ jour d'octobre l'an M CCCC VIII.

L'evesque de Chartres requiert que comme Charles et un autre du Cigne aient esté pris en son eveschié, et soient renduz à l'evesque de Paris, que iceulx prisonniers lui soient renduz par la Court.

L'evesque de Paris dit que les diz prisonniers ont esté pris et amenez à Chasteaufort en son eveschié, puis en Chastellet, et les a requis devant ce que l'evesque de Chartres les ait requis, et dit oultre que il est clerc notoirement, et n'est tenuz en ce cas de respondre ceans, et si ne scet rien qu'ilz aient esté pris en l'eveschié de Chartres, et si l'en a debouté le prevost qui les a bailliez audit de Paris, par quoy, supposé qu'il deust respondre, si ne fait à recevoir de les lui demander, ne aussi à la Court qui ne les a pas, et à lundi prouchain revendront et sera adjournez le prevost audit jour, dont lettre a Milet.

Après-dîners, I (X¹ᵃ 8301), fol. 289 r⁰.

Mardi, xxx⁰ jour dudit moiz d'octobre.

Maistre N. d'Orgemont et G. Ponce, conseillers du Roy, ont esté commiz par les presidens et aucuns seigneurs de ceans à gouverner la chose contencieuse entre l'evesque du Puy, d'une part, et le chapitre dudit lieu, d'autre part, sur le fait de la collation des prebendes du Puy, dont lettre[1].

Matinées, VI (X¹ᵃ 4788), fol. 162 r⁰.

d'amende, de ne plus entraver l'exécution de l'arrêt du 22 août, et ordonna, en même temps, de procéder à une enquête sur les rébellions de ses officiers (Jugés, X¹ᵃ 56, fol. 43 v⁰).

1. L'évêque du Puy prétendait avoir seul le droit de conférer les canonicats et prébendes, même d'hebdomadiers, ce que contestait le chapitre ; le mandement du 30 octobre 1408, commettant

Lundi, xij° jour de novembre mil CCCC VIII.

Tint le Parlement messire Arnaut de Corbie, chevalier et chancellier de France, presens messire Henry de Marle, president premier, maistre R. Mauger, president, les patriarche d'Alexandrie, arcevesque de Tours, evesques de Lisieux, de Paris, de Senliz, du Puy, Tornay, Usès, Limoges, Lodeve, Mirepoiz, Terbe, Esvreux, Lusson et Coustances, et l'abbé de Saint Deniz en France, pluseurs des maistres des Requestes de l'Ostel du Roy nostre Sire, les seigneurs des Grant Chambre, des Enquestes et Requestes du Palaiz. Et furent leues les ordonnances et fais les sermens acoustumez.

Cedit jour, ledit messire Arnaut de Corbie, Chancellier, a dit au Conseil à la Court que lui estoit mandé de par le Roy nostre Sire qui estoit, comme l'en disoit, à Gien sur Loire, qu'il alast à lui; qui lui estoit bien grief, attendu son ancien aage et le temps, et pour ce que le temps qui est à present estoit bien dangereux, car l'en disoit que monseigneur le duc de Bourgoigne estoit entour le païz de Flandres, garni es païz de Picardie et de Champaigne de moult grant nombre de gens d'armes, et ne savoit l'en son entention. Et le Roy nostredit Seigneur, la Royne, monseigneur le Dauphin et les autres seigneurs du sang royal estoient ou chemin de la riviere de Loire, et s'estoient puiz xv jours partiz de Paris assez hativement, et le Roy estant malade de sa maladie acoustumée. Qui amonesta la Court de diligemment faire justice, car

N. d'Orgemont et G. Ponce au gouvernement de la « chose contentieuse, » se trouve aux Jugés (X¹ᵃ 55, fol. 99 r°).

ceste Court estoit le seul refuge de justice qu'on peust de present avoir en ce royaume. Car partout avoit grant tribulation, et souffroit et avoit moult à souffrir le peuple et par especial en la Languedoy, par la grant multitude de gens d'armes qui, hors feu bouter, gastoient et destruioient les plas païz[1] en pillant, en rançonnant les villes et les singulieres personnes, et par especial les eglises et gens et subgiez d'eglise, et les subgiez et hommes et villes du Roy partout, et singulierement puiz iiij ou v ans, le païz de Champaigne et de Brie, et aucune foiz tuoient et souvant batoient pluseurs bonnes gens du plat païz[2].

Conseil, XIII (X^{1a} 1479), fol. 49 r°.

Et cedit jour, le dessusdit messire Arnault de Corbie, chevalier de France (*sic*), dist à messeigneurs dessusdis en Conseil que le faloit aler au Roy nostre Sire qui estoit, comme l'en disoit, à Gien sur Loire et qui l'avoit mandé, et pour ce que les choses de ce royaume estoient en petit point, et que le refuge de ce royaume en justice estoit en et de ceste Court, si amonnesta la Court de bien et diligemment entendre à faire justice, de venir matin et de s'en aler à heure raisonnable et competent, non pas trop tost.

Cy après s'ensuist la table des cent seigneurs qui à ce present jour estoient du Conseil du Roy nostredit

---

1. Un chroniqueur contemporain rend le même témoignage des excès commis par les gens de guerre : « C'estoit grande pitié des pilleries et roberies qui se faisoient sur les champs, et ne passoit personne qui ne fust destroussé, pillé et desrobé. » (*Juvénal des Ursins*, coll. Michaud, t. II, p. 449.)

2. Ce paragraphe a été donné par M. Douët d'Arcq dans son *Choix de pièces inédites relatives au règne de Charles VI*, t. I, p. 314.

Seigneur en son Parlement et qui faisoient ledit Parlement, desquelx a xij pers de France, viij maistres des Requestes de l'Ostel du Roy nostredit Seigneur, et iiij^{xx} es iij Chambres de ceans, c'est assavoir en la Grant Chambre, en la Chambre des Enquestes et en la Chambre des Requestes du Palaiz[1].

Matinées, VI (X^{1a} 4788), fol. 165 r°.

Mercredi, xiiij° jour de novembre.

Ce jour, J. Mautaillié, seigneur de Courtaignon, a consenti l'adjudication du decret de la terre de Courlandon mise en criées à la requeste de messire Lancelot de Semur, chevalier, et de sa femme, et oultre a consenti qu'il soit condempné es despens fais pour occasion desdictes criées et es despens de ceste instance.

Matinées, VI (X^{1a} 4788), fol. 166 r°.

Juesdi, xv° jour de novembre.

L'abbé d'Aniane propose et dit que Estienne de Montigny a miz son temporel en la main du Roy, sur quoy a obtenu certeinnes lettres royaulx adreçans aux presidens *tempore vacationum*, par vertu desquelles lui fu faicte recreance jusques à ce que autrement en seroit ordonné, et pour ce qu'il est grant clerc, docteur, ancien et ordonné pour aler avec autres à conseil qui se tendra par les ij colleges à Pise, requiert qu'il ait congié et son temporel delivré, et il est prest de respondre par peremptoires *cuicunque et de quibus-*

---

[1]. Bien que le registre des Matinées mentionne les mêmes faits que le registre du Conseil, et que le récit publié par M. Douët d'Arcq soit beaucoup plus développé, on trouvera dans l'extrait des Plaidoiries quelques détails offrant un certain intérêt.

cunque. Appoinctié qu'il mettra sa requeste devers la Court qui verra ses lettres et provision *alias* obtenue, considerera ce qu'il appartendra et en ordonnera demain ou samedi prouchain.

Matinées, VI (X¹ᵃ 4788), fol. 166 v°.

Ce jour, la Court a licencié sans jour et sans terme l'abbé d'Anianne et ly a recreu son temporel *quousque*, attendu qu'il a offert respondre par peremptoires *cuicunque et de quibuscunque*, comme appert ou registre des Plaidoiries du jour d'ui.

Conseil, XIII (X¹ᵃ 1479), fol. 50 r°.

Mardi, xx° jour de novembre.

Assez tost après ix heures au matin, firent les seigneurs de la Court partir les advocas, procureurs et autres estans aux Plaidoiries, et tindrent conseil sur certeinnes lettres envoiées par le duc de Berry à monseigneur Henry de Marle, premier president, sur ce que la Court avoit eu plainte d'une juesne fille, d'environ viij ans, née de Bourges, de bourgoisie, que voloit marier icellui duc à un peintre alemant qui besoignoit pour lui en son hostel de Vincestre lez Paris[1]; contredisant la mere et autres amis, comme l'en disoit. Et de fait avoit fait detenir icelle fille le duc en son chastel d'Estampes, où estoit alé un huissier de Parlement, par justice, querir ladicte fille, que l'en lui avoit refusée, pour quoy avoit adjorné les desobeyssans ceans. Sur quoy avoit en present envoyé lesdictes lettres audit president, contenens en effect

---

1. Le château du duc de Berry à Bicêtre, demeure somptueuse, qui était décorée de peintures remarquables, fut détruit pendant les troubles de l'année 1411. (Cf. *Religieux de Saint-Denis*, t. IV, p. 521.)

que se pranroit à sa personne et à ses biens, se la chose prenoit autre conclusion qu'il n'eust ordonnée. Sur quoy fu deliberé que aucun, ou aucuns des seigneurs de ceans alassent audit duc le desmouvoir, combien que ledit president se presentast d'y aler en sa personne[1].

Conseil, XIII (X¹ᵃ 1479), fol. 50 v°.

Lundi, xxvj° jour de novembre.

Après ce que messeigneurs, pour ce que certeinnes lettres estoient venues à la Court, se leverent des Plaidoiries et se mitrent au Conseil, ceulx des ij Chambres, pluseurs du Grant Conseil et de la Chambre des Comptes, furent leucs icelles lettres envoiées par le Roy nostre Sire estant à Tours en la presence d'iceulx seigneurs, et icelles leues, fu incontinent commendé à l'un des huissiers de ceans que les portast à monseigneur le Chancellier qui s'estoit hier parti pour aler audit Tours au Roy, et fu ordonné que le graphier escripvist de par le Conseil estant en la Chambre de Parlement, que, veues icelles lettres, lui pleust à retourner à Paris. La teneur desdictes lettres s'ensuist :

De par le Roy. Nos amez et feaulx, nous avons receu vos lettres et veu le contenu d'icelles faisans mention que nostre amé et feal Chancellier, en obtemperant à nos commendemens, s'estoit du tout disposé et apresté de venir par devers nous, ainsy que mandé lui avions. Vous veans que, pour les grans affaires qui chascun jour viennent en nostre bonne ville de Paris, et mesmement pour nostre absence et aussy de ceulx de nostre sang, il est expedient d'avoir en nostre dicte ville une notable personne, comme est nostredit Chancellier, à qui l'en puist

---

1. M. Douët d'Arcq a publié la relation de ce curieux incident dans son *Choix de pièces inédites sur le règne de Charles VI*, t. I, p. 313.

avoir recours, vous estes assemblez, et tous d'un commun accord avez advisié qu(il) est neccessité et expedient que pour les causes dessusdictes nostredit Chancellier demeure pardelà. Si nous semble que vous avez très bien advisié, et pour les causes en vos lettres contenues sommes contens et nous plaist que nostredit Chancellier demeure en nostredicte ville, sans ce qu'il en parte point jusques il ait autres nouvelles de nous. Et pour ce vous mandons que nostredit Chancellier et vous pourveez à toutes les besoignes et affaires qui vous seurvendront par delà, auxquelles vous pourrés bonnement pourveoir en nostre absence; et par especial pourveez bien et diligemment au fait de nostredicte ville, en faisant qu'elle soit et demeure tousjours en nostre bonne et vraye obeyssance, en telle maniere que autre n'y ait auctorité, fors nous à qui seul elle apartient, et que autre dommage ou desplaisir ne puisse venir à nous ne à nostredicte ville, ainsy comme de ces choses nous en avons en vous la confience. Donné à Tours, le xviij° jour de novembre.

Signé : Charles.

A nos amez et feaulx conseillers, les gens de nostre Grant Conseil, de nostre Parlement et de nostre Chambre des Comptes estans à Paris.

Conseil, XIII (X¹ᵃ 1479), fol. 51 v°.

Mercredi, xxviij° jour de novembre.

Cedit jour, ont esté en la Chambre du Parlement maistre Ysembert Martel, sire Mahiu de Linieres, Jaques d'Ussy, maistres en la Chambre des Comptes du Roy nostre Sire, le Prevost des Marchans, J. de la Chappelle, bourgoiz de Paris, et le prevost de Paris, et ont requiz comme autrefoiz, que comme les pons de Paris, rompus et demoliz par les grans eaues et glaces de l'année passée CCCC VII, eussent esté commencez à estre refaiz et reparez, et fust l'ouvrage entrelaissé et entrerompu par defaut d'argent, qu'il pleust à la Court aviser de remede sur ce. Après pluseurs paroles et opinions diverses, la Court a offert au bien de l'ouvrage et conseillié que l'en praigne mil frans sur les amendes de ceans pour le Roy, qui aussy estoit et est tenus à faire et refaire lesdiz pons. En après monseigneur Pierre d'Orgemont, evesque de Paris, a offert à donner du sien audit ouvrage xxx frans. Puiz ont esté appellez aucuns des advocas de ceans, demourans delay le Petit Pont, qui ont esté admonestez par la Court de y ayder et de exhorter les autres advocas et compaignons de ceans de y aider, qui ont respondu que volentiers le feroient, et tant que l'en s'en deveroit tenir pour contens. Oultre a esté ordonné que Gautier de Blandecque, huissier ceans et commiz à recevoir XL mil frans octroiez au Roy par les marchans frequentans la marchandie de sel es parties de Languedoil sur icelle marchandie, bailleroit audit ouvrage vj^{xx} frans, que se dit avoir de reste de ladicte recepte, reaument et de fait. Et quant au surplus demourra la Chambre des Comptes, à qui apartient de veoir et pourveoir au domainne du Roy nostre Sire, auquel apartient la charge de la construction et reparation desdiz pons, comme dit est, chargée de aviser et pourveoir à l'acomplissement de l'ouvrage desdiz pons[1].

Conseil, XIII (X^{1a} 1479), fol. 52 r°.

Juesdi, xxix° jour de novembre.

L'evesque de Paris, l'inquisiteur de la foy et le procureur de l'Université requierent maistre Pierre le Gayant, prisonnier ou Chastellet, que dient suspect

---

[1]. Cette délibération relative à la reconstruction des ponts de Paris emportés par l'inondation de janvier 1408 a été reproduite par D. Félibien, *Histoire de la ville de Paris*, t. IV, p. 553, et par M. Champion, *Les Inondations en France*, t. I, *pièces justif.*, p. IX.

d'eresie, et pour ce que se dit avoir appellé ceans, requierent que die ce que voudra dire.

Hebert Camus, procureur commiz par la Court à ladicte cause d'appel, dit qu'il n'a peu parler audit Gayant, ou Chastellet, car il est enfermé et enserré, la Court a ordonné que le conseil dudit Gayant parlera à lui.

Matinées, VI (X^{1a} 4788), fol. 178 v°.

Samedi, premier jour de décembre.

Pour ce que debas estoit souvant survenu en la Court sur la maniere de clorre les procès par escript ou bailliage de Tournay et par especial par devent prevosts et jurez dudit Tournay et des evangiles[1];

La Court a au jour d'ui ordonné que aux parties, lesquelles ou aucune d'icelles ne comparront pas au jour qui à elles sera assigné à oïr droit, sera prorogué jour pour tous delaiz au viij° jour dudit jour autrefoiz assigné à oïr droit, auquel viij° jour, comparens les parties ou non, sera cloz, seellé et evangelisé le procès, et pour l'evangile d'un chascun procès pourra pranre le clerc du registre iiij solz parisis tant seulement.

Conseil, XIII (X^{1a} 1479), fol. 52 v°.

Juesdi, xiij° jour de decembre.

Phelippes de Brebant, bourgoiz de Paris, a receu ce jour la somme de vj^{xx} frans ou la cedule de Michaut de Lalier de ladicte somme, venant des mains Gautier de Blandecque, huissier de ceans, et laquelle somme a esté ordonnée à mettre es reparations des pons de

---

1. En terme de Palais, le mot *evangile* s'entendait de la vérification d'un sac de procédure pour constater s'il était complet.

Paris, et pour ceste cause a esté baillée audit Phelippe de Brebant. *Matinées, V (X¹ᵃ 4788), fol. 189 rº.*

Venredi, xiiijᵉ jour de decembre.

Sur la requeste faicte par l'evesque du Puy le xxvjᵉ de novembre derrain passé à l'encontre du Roy nostre Sire et du duc de Berry :

Il sera dit que la Court delivre audit evesque ses biens meubles et lieve la main de son temporel [1].

Conseil, XIII (X¹ᵃ 1479), fol. 54 rº.

1409.

Lundi, vijᵉ jour de janvier.

Cedit jour, à heure de x heures, s'est retraicte la Court au Conseil pour certeinnes lettres que le grant maistre d'ostel a monstrées à la Court, par lesquelles le Roy lui mandoit qu'il feist commandement à la Court qu'elle ly delivrast Gilette la Merciere, fille de ix ans environ, qui estoit en la main de la Court, et en cas de refus que la preist et baillast au duc de Berri, qui s'en disoit avoir la garde en son chastel d'Estampes paravant, et laquelle il voloit marier à un peintre qui ly faisoit besoigne, comme l'en dit, contredisant la mere et justice requerant. *Matinées, VI (X¹ᵃ 4788), fol. 200 rº.*

---

1. L'arrêt ordonnant mainlevée du temporel de l'évêque du Puy fut prononcé le 22 décembre, il fait partie du registre des Jugés (X¹ᵃ 56, fol. 209 rº). Hélie de Lestranges venait d'être délégué au concile de Pise par l'assemblée des prélats et gens d'église du royaume ; de son propre aveu la saisie de son temporel l'avait réduit à la plus cruelle misère, et l'exiguïté de ses ressources, jointe à l'obligation de remplir la mission dont il avait été chargé, ne lui permettant pas de défendre les droits de son église compromis dans plusieurs procès, le contraignit à demander des lettres d'état pour le temps de son absence (Jugés, X¹ᵃ 56, fol. 21 vº).

Venredi, xviij⁰ jour de janvier.

Cedit jour, messire J. de Fosseux le jeune, chevalier, Phelippe de Fosseux, Phelippe de Fosseux, dit le Borgne, et J. de Fosseux, escuiers, freres, enfans de messire J. de Fosseux, chevalier, et de madame Katerine d'Arly, comparens en personne, ont promiz et chascun d'eulx juré aux Sainctes Evangiles touchées et en la main de maistre R. Mauger, president ceans, à ce deputé de par la Court, que eulx et chascun d'eulx traictera ladicte dame, leur mere, comme dame d'onneur et ne ly meffera, ne ne fera meffaire en quelque maniere que ce soit, à peinne de perdre tous ses biens et son corps à la volenté du Roy et de sa Court, et surtout quanqu'il pourroit meffaire envers le Roy et sa Court dessusdiz. Et ce fait, icelle Court leur a baillié icelle dame, leur mere, en garde, et a esté ordonné que commission soit faicte aux bailliz d'Amiens et de Tournay et de chascun d'eulx que facent ledit messire J. de Fosseux, mari, Jaques de Fosseux, son filx, messire Colard de Fosseux et autres que leur facent faire le serment qui mandé leur sera[1].

Conseil, XIII (X¹ᵃ 1479), fol. 58 v⁰.

1. Catherine d'Arly, mariée à Jean de Fosseux, et qui, dans le cours de cette union, avait donné le jour à seize enfants, avait quitté en octobre 1405 son mari, alors au service du duc de Bourgogne, et s'était retirée à Abbeville avec sa vaisselle et ses joyaux, refusant obstinément de reprendre la vie commune sous prétexte que Jean de Fosseux lui avait dissipé la majeure partie de ses biens; le Parlement, par un arrêt du 18 janvier 1409 (n. st.), ordonna à la dame d'Arly de retourner auprès de son mari, sous réserve de la promesse formelle faite par Jean de Fosseux et ses enfants, en particulier son fils ainé, de respecter Catherine d'Arly et de la traiter en dame d'honneur, suivant les termes d'une cédule jointe à l'arrêt (Jugés, X¹ᵃ 56, fol. 216 v⁰).

Samedi, xix° jour de janvier.

Cedit jour, la Court a receu le procès d'entre les religieus de Saint Cornille de Compiegne, d'une part, et les attornez et gouverneurs d'icelle ville, d'autre part, pour icellui juger, selon la forme des lettres royaulx, veu le plaidoié ou requeste du xvij° de janvier CCCC VIII et oye la relation du rapporteur.

Conseil, XIII (X¹ᵃ 1479), fol. 59 r°.

Juesdi, derrien jour de janvier.

Colart Grimaut, ramené, a fait certeinne requeste par escript contre le procureur du Roy pour cause du pont Saint Michiel, en concluant selon icelle, et dit que par certeinnes chartres qu'il a devoit le Roy soustenir les fondemens et les faire visiter : sur quoy somma par avant la demolition dudit pont les gens du Roy, mesme que *notorium erat* que ledit pont et edifice de dessus s'avaloit, et si n'y ont point remedié les gens du Roy, dont est desert, pour quoy le Roy en recompensation welt qu'il puist edifier sur le pont qui y sera fait ou lieu de l'autre, et sur le petit pont de pierre, et ce nonobstant a l'en crié l'edifice du pont, et a esté miz à priz à ij vies, à xxxij libvres de rente sur l'edifice de l'un seul, en prestant argent pour ledit pont refaire, si offre à parfaire ledit pont Saint Michiel de boiz dedans mi-caresme, et cely de pierre dedans j mois après Pasques, pour quoy s'oppose que la chose ne soit baillée à autre, et aussi pour LX libvres que percevoit sur certeinnes maisons que l'en dit estre abatues par l'auctorité de la Court.

Le procureur du Roy propose et dit au contraire que Michau Laillier et J. Tarenne, qui sont marchans notables, ont prins ledit pont de St Michiel pour edifier chascun un costé à xxxij libvres à ij vies seulement, et si baillent mil libvres à parfaire le pont, et ne reste que à bailler le decret, à quoy partie s'oppose en offrant viij libvres de rente seulement que baille. Et à ce que partie dit que le Roy lui a octroyé, etc., n'en est rien, et si ne monstre point de lettre, et *posito* que si elle n'est point verifiée, et si seroit surreptice en pluseurs poins, et s'il a perdu oudit pont, aussi à la Saincte Chappelle plus que Grimaut. Dit oultre que pour la faute de Grimaut qui avoit fait caves ès arches et puiz fort edifice et haut dessus icellui, a corrué le pont par les grans glaces et eaues qui estoient *majoris vis*, à quoy ne povoit estre remedié; et *posito* que au priz de viiij libvres lui eust esté baillié ledit pont, ne seroit neant au regart de ce que sont les ij marchans, mais seroit *alienare domanium*, et ce fait pourroit estre revoqué, par plus fort raison avant que fait soit, le puet empescher, et se partie a interest, comme dit, *agat cum geminiano*, si conclud que l'opposition de partie n'est recevable au moins valable. Appoincté que le marchié fait par le Roy et le Grant Conseil auxdiz marchans tendra, et ne fait à recevoir Grimaut, maiz s'il a interest contre le Roy, la Court lui reserve son action, et au Roy ses defenses au contraire[1].

Matinées, VI (X^{1a} 4788), fol. 218 r°.

[1]. L'arrêt qui fut rendu à la suite de ce débat entre Colart Grimaut et Michel de Lallier devait se trouver au registre des Jugés (X^{1a} 56); il est mentionné dans la table des *Arresta* du Parlement de 1408, sous le n° xxxvi; malheureusement il y a lacune d'un cahier comprenant les n°s xxix à xlv. Jean Tarunne et Michel de Lailler obtinrent le privilège de faire édifier trente-deux loges sur le pont Saint-Michel, seize de chaque côté. (Sauval, *Antiquités de Paris*, t. III, p. 271.)

Mercredi, vj⁰ jour de fevrier.

Cedit jour, a esté baillée à J. Le Maçon, commiz de par le Roy à gouverner la terre de P. et de Fucigny, appartenant à dame Marguerite du Commin, une quittance de LX libvres parisis par lui paiées à moy N. de Baye, graphier de ceans, à qui ladicte somme estoit assignée pour mes gages, et en laquelle somme ladicte Marguerite a esté condempnée par arrest[1] pour un fol appel, parmi ce que ledit J. Le Maçon a promis de renvoier une quittance qu'il a de XXX libvres du receveur des amendes de ladicte Court.

Matinées, VI (X¹ᵃ 4788), fol. 223 r⁰.

Lundi, xj⁰ jour de fevrier.

Gillette, fille de feu Giles Le Mercier, qui à la requeste de Marie du Brueil, nagueres femme dudit feu Gillet, et mere de ladicte Gilette, avoit esté mise en la main du Roy et depuiz en garde de par la Court à maistre Guillaume Le Clerc, conseiller du Roy nostre Sire, du consentement de ladicte Marie a esté baillée et delivrée au Grant maistre d'ostel du Roy, comme en la main de monseigneur le duc de Berry, par ce que ledit Grant maistre a promiz à ladicte Marie, si comme il dit, en bonne foy et par sa loyauté et conscience, que il fera tout son povoir et diligence à ce que ladicte fille ne soit mise.

Matinées, VI (X¹ᵃ 4788), fol. 225 v⁰.

Mercredi, xiij⁰ jour de fevrier.

Sur certain debat qui estoit sur la reception d'une enqueste entre maistre Gile de Molins, comme procu-

---

1. L'arrêt en question fut rendu le 28 juillet 1408 entre Marguerite de Commin, d'une part, Oudart Lohier et Marguerite de Beaumont, sa femme, d'autre part. (Jugés, X¹ᵃ 55, fol. 299 r⁰.)

reur de pluseurs marchans d'Alemaigne, d'une part, et maistre J. Fourcaut, procureur de messire Clignet de Brebant, nagueres admiral de France, d'autre part, a esté ordonné que ledit Molins requerra demain tel proufit que voudra au regart de certains defaus ou defaut par lui obtenu ceans contre ledit Clignet, qui dira au contraire ce que voudra et en audience[1].

Conseil, XIII (X^{1a} 1479), fol. 62 v°.

Mardi, xixe jour de fevrier.

Ce jour, *dies prophani carniprivii*, et pour ce s'est levée la Court entre ix et x heures.

Matinées, VI (X^{1a} 4788), fol. 232 r°.

Juedi, xxj^e jour de fevrier.

La Court a ordonné et ordonne que maistre J. du Boiz, receveur des amendes de Parlement, paye des deniers desdictes amendes le parchemin qui sera necessaire pour les registres et autres escriptures d'icelle Court, et le delivre ou face delivrer aux greffiers de ceans de cy au Lendict prouchain, ou jusques à ce autrement soit ordonné sur ce, ou jusques à ce que ceulx qui ont accoustumé de livrer ledit parchemin en livrent, et sans le prejudice dudit receveur et autres qu'il apartendra au temps à avenir.

Matinées, VI (X^{1a} 4788), fol. 234 r°.

Mardi, xxvj^e jour de fevrier.

Cedit jour, a esté ordonné que frere Perceval de Lanay, religieux, soit rendu à son ordinaire, c'est assavoir, à l'abbé de Marremonstier[2].

Conseil, XIII (X^{1a} 1479), fol. 64 r°.

---

1. Voir au 23 février l'arrêt ordonnant la réception de l'enquête en question (X^{1a} 1479, fol. 63 v°).

2. Ce religieux était accusé de vol et d'homicide. (V. les plaidoiries du 14 mars 1409, X^{1a} 4788, fol. 250 v°.)

Mercredi, xxvij⁰ jour de fevrier.

Ce jour, a esté commendé à Jaques de Buymont, huissier, que les lettres estans en l'ostel m⁰ Loiz Blanchet, en la rue S¹ Antoinne, arrestées à la requeste de m⁰ Oudart Gencian pour J. La Gencienne, sa mere, soient transportées et mises hors dudit hostel en tel et si seur lieu que ledit huissier en sache respondre auxdiz Gencians, Loiz et à la Court.

Matinées, VI (X¹ᵃ 4788), fol. 238 v⁰.

Juesdi, xxviij⁰ jour de fevrier.

Ce jour, a esté plaidoiée une cause criminelle [1] d'entre le procureur du Roy et le Chancellier de France, d'une part, et pluseurs gentilx hommes et vallès que l'en metoit sus qu'il avoient esté et pillié en aucuns de ses hostelx, par le temps que depuiz iiij ou v mois ont couru les gens d'armes en moult grant nombre par le royaume.

Matinées, VI (X¹ᵃ 4788), fol. 239 v⁰.

Samedi, ij⁰ jour de mars.

Cedit jour, le Roy comme autrefoiz a mandé à la Court que ij des presidens et vj des seigneurs clers et vj des seigneurs laiz de ceans, et aussi le procureur du Roy general et les ij advocas du Roy alassent à Chartres où le Roy estoit, et où les seigneurs du sanc royal et aussy le duc de Bourgoigne et le duc d'Orleans devoient estre à lundi prouchain sur certain accort passer et enteriner, comme l'en dit, sur la mort du feu duc d'Orleans, pere du duc d'Orleans à present [2].

Conseil, XIII (X¹ᵃ 1479), fol. 64 v⁰.

---

1. Malheureusement il y a lacune dans les Plaidoiries criminelles pour toute l'année 1409.

2. Il s'agit des préliminaires de la paix de Chartres, conclue le

Samedi, ix° jour de mars.

La Court a ordonné que des biens de maistre Loiz Blanchet seront faictes iij parties, l'une sera pour le vivre de lui, de sa femme et de ses enfans, l'autre pour paier ses creanciers, et la tierce pour soustenir et laborer les heritages, et seront commissaires à ce faire ordonnez, qui de ce qu'averont administré rendront compte à ceulx que la Court ordonnera.

Cedit jour, a esté faicte la paix entre le duc de Bourgoigne, d'une part, et le duc d'Orleans, d'autre part, sur la mort du duc d'Orleans Loiz, pere du duc qui est à present et frere du Roy germain, que ledit duc de Bourgoigne avoit fait tuer en la ville de Paris, comme est contenu ou registre de novembre CCCC VII ; à laquelle paix faire en la presence du Roy en l'eglise de Chartres, presens, comme l'en dit, la Royne, monseigneur le Dauphin, les roiz de Navarre, de Jherusalem, les ducs de Berry, de Bourbon, de Hollande et pluseurs autres seigneurs, barons, ij des presidens et xij des seigneurs de ceans, le procureur du Roy general et les ij advocas du Roy et pluseurs autres[1].

Conseil, XIII (X¹ª 1479), fol. 65 r°.

Dimenche, xvij° jour de mars. *Curia vacat.*

Ce jour, le Roy nostre Sire, qui par environ v mois et demi avoit esté absens et hors de Paris, est retourné et entré à Paris, environ v heures après midi, à moult grande compaignie, c'est assavoir des roiz de Sicile et

9 mars 1409 entre le duc de Bourgogne et les enfants du duc d'Orléans.

1. Dans la marge intérieure est représentée une fleur de lys, et, dans l'autre marge, le grellier qualifie en ces termes cette paix factice : *Pax, pax, inquit Propheta, et non est pax.*

de Navarre, ses cousins germains, les cardinaulx de Bar, son cousin germain, le cardinal de Bordeaulx et d'Espaigne[1], les ducs de Berry, de Bourgoigne, de Hollande et pluseurs autres grans seigneurs, contes, barons, chevaliers et autres gentilx hommes, et lui sont alé au devant les bourgoiz de Paris, les presidens et les seigneurs de ceans, *in majori numero*, et a l'en crié Noë par toutes les rues où a passé. Et aussy au soyr l'en a fait par les rues publiquement feus en signe de joye et de leesse pour la revenue dudit seigneur[2].

Maistre Guillaume Guerin, maistre des Requestes de l'Ostel de monseigneur de Berri, s'est opposé et oppose à ce que aucun ne soit receu ou lieu de maistre Geffroy de Pompadour, nagueres conseiller du Roy ceans sans le oïr. Matinées, VI (X¹ᵃ 4788), fol. 252 v°.

Samedi, xxiij° jour de mars.

Sur certeinne cause meue et ouverte le v° jour de fevrier derrien passé entre Giles d'Auffay, appellant du prevost et eschevins de l'Isle, d'une part, et les duc de Bourgoigne, prevost et eschevins dessusdiz, appellez, intimé, d'autre part, accordé a esté entre lesdictes parties, moiennant lettre de congié du Roy nostre Sire, selon ce que est contenu en la cedule qui est devers la Court, et pour ce que ledit appellant à sa cause d'appel proposer requeroit provision que

---

1. D'après Juvénal des Ursins, dans le cortège royal figuraient trois cardinaux, Louis de Bar, Pierre de Foix et le cardinal d'Espagne.

2. Cf. le récit donné par Juvénal des Ursins (coll. Michaud, t. II, p. 450) et par le *Journal d'un bourgeois de Paris*, p. 5, accompagné d'un extrait en note de la relation de Nicolas de Baye.

pendent l'appel joist de l'abitation d'icelle ville de l'Isle, attendu que, veu que de ce que lesdiz prevost et eschevins l'avoient banni à iij ans de ladicte ville, dont avoit appellé, par quoy pendent l'appel devoit joir d'icelle habitation, de quoy par ledit accort ne lui estoit point pourveu, car combien que par icellui accort l'appellation fust mise au neant, toutevoie n'estoit pas ce dont avoit esté appellé mis au neant, pourquoy maistre Henry de Toisy, advocat desdiz appellez, interrogué sur ce, a juré en sa conscience que lesdiz appellans font autant pour ledit appellant, comme se ce dont a esté appellé fust mis au neant[1].

Conseil, XIII (X^{ta} 1479), fol. 67 r°.

Juesdi, xxviij° jour de mars.

Cedit jour, messire J. de Craon, seigneur de Dompmars, Mahiu de Roye, s^r de Muret, J. de Roboiz, s^r de Roboiz, Sarrazin d'Arly, s^r du Quesnoy, Guillaume de Trye, s^r de Plainville, Rolant de Wiquarque, s^r de Harque, Gasselin du Boiz, s^r de Rainseval, et le seigneur de la Hamade, tous chevaliers, et aussy Rasse de Montcaverel, escuier, s^r de Bonnecourt, tous amis charnelx et parens de damoiselle Jehanne et Jaqueline, mineurs d'ans, filles de feu noble messire Robert de Bethune, jadiz chevalier et viconte de Meaulx, et de madame Ysabel de Guistelle, sa femme, ont esleu et nommé à estre tuteurs desdiz enfans mineurs lesdiz

---

[1] Gilles d'Auffay avait interjeté appel d'une condamnation prononcée contre lui le 17 février 1408 (n. st.) par le prévôt et les échevins de Lille, au profit du procureur du duc de Bourgogne et de Jaquemart Le Neveu ; il renonça à son appellation. (V. dans la série des Accords, X^{te} 97, le permis d'accorder et l'accord en date des 21 et 23 mars 1409.)

messire J. de Craon, cousin germain desdictes damoiselles, et Mahiu de Roye, cousin remué de germain d'icelles damoiselles, lesquelx ainsy nommez *primo juramento* ont fait le serment acoustumé. Lettre à Disy[1].

Matinées, VI (X^{1a} 1788), fol. 262 v°.

Samedi, penultieme jour de mars.

Sur certeinne requeste faicte par Turribieu Ferrandes, portugaloiz, d'une part, et pluseurs habitans de la Rochelle, d'autre part, sur ce que ledit Turribieu demandoit pour faire l'enqueste commissaire d'Espaigne ou de Portugal, appoinctié est que lesdictes parties auront en commissaire un Françoiz, et se ledit Turribieu pour les Portugaloiz wellent avoir adjoint aucun autre que du païz de France, avoir le pourront[2].

Conseil, XIII (X^{1a} 1479), fol. 68 r°.

Mardi, ij° jour d'avril.

Cedit jour, messire Baugoiz d'Arly et messire Sarrazin d'Arly, chevaliers, freres, ont au jour d'ui fait serment (sur) les Sains Évangiles touchez en la Court que bien et loyaument ayderont, garderont et conforteront madame de Fosseux, leur niepce.

Au jour d'ui, le conte de Saint Pol est venu ceans

---

1. Les lettres de tutelle en question se trouvent aux Jugés (X^{1a} 56, fol. 61 r°).

2. Le Parlement écrivit le 29 avril au roi de Portugal pour lui annoncer la nomination de commissaires chargés de régler le différend entre les marchands portugais et les Rochellais, savoir deux conseillers, Jean de Quatremares et Gaucher Ponce, assistés des sénéchaux de Bigorre et de Quercy ; dans cette lettre, le Parlement priait en même temps le roi de Portugal d'adjoindre à ces commissaires celui de ses sujets qu'il voudrait bien désigner (Jugés, X^{1a} 56, fol. 89 r°).

et a juré qu'il ne scet point de plus convenable à avoir la curation de Robert de Bar, pour passer certain accort et tracter de l'accort d'entre lui et monseigneur le marquiz, que sont messeigneurs les conte de Clermont, ou de la Marche, ou de Vendosme, ou l'evesque de Laon, ce a dit pour ce qu'il se welt partir, et ne pourra par aventure venir avec les autres seigneurs qui devront venir ceans pour ordonner curateur à ce que dit est [1].

Conseil, XIII (X¹ª 1479), fol. 68 v°.

Juedi, xj° jour d'avril.

Cedit jour, messire le cardinal de Bar, Loiz, duc en Baviere, frere de la Royne, le conte de la Marche, Charles de Lebret, connestable de France, et l'evesque de Laon et autres parens et amiz charnelx de monseigneur le marquiz du Pont, filz du duc de Bar, et de Robert de Bar, filz de feu messire Henry de Bar, ainsné filz dudit duc de Bar, ont fait ceans proposer que pour ce que ou duchié de Bar representation a lieu, et par ce pourroit pretendre ledit Robert qui est filx du feu ainsné filz de Bar, comme dit est, avoir droit oudit

---

1. Comme on le voit ci-après, à la date du 11 avril, le Parlement donna pour curateurs à Robert de Bar Charles d'Albret, connétable de France, et Jean de Roucy, évêque de Laon ; ces personnages devaient adhérer à un accord passé par-devant deux notaires du Châtelet, le 8 avril 1409, entre Édouard de Bar, marquis de Pont, fils ainé de Robert, duc de Bar, et Robert de Bar, fils de feu Henri de Bar, jadis fils ainé du même duc de Bar, au sujet de la possession des duché de Bar et marquisat de Pont, revendiquée par Édouard de Bar. L'accord conclu le 8 avril légitima ses prétentions et stipula l'abandon à son neveu d'un certain nombre de seigneuries ; il fut homologué au Parlement le 12 avril (Accords, X¹ᶜ 97).

duchié de Bar à l'encontre dudit marquiz qui est filz dudit duc, qui pourroit soustenir au contraire, et pourroit avoir debat entre iceulx amiz, pour lequel eschiver, ledit duc avoit avisié certainne ordonnance ou accort, lequel a monstré aux parties, auxquelles et à leurs amis a esté assés aggreable. Si a esté passé ledit accort ou Chastellet de Paris, mais plus grant solennité ont avisié de passer ledit accort ceans, et pour ce que à icellui passer sont necessaires curateurs, si ont nommé lesdiz amiz pour curateurs lesdiz connestable et evesque de Laon, en jurant en leurs consciences que lesdiz connestable et Laon estoient bons et convenables à estre curateurs pour passer ledit accort. Et pour ce ont esté iceulx connestable et evesque de Laon ordonnez curateurs à passer ledit accort, et ont fait le serment acoustumé. Ce fait, ont requiz à la Court ledit accort estre receu, et estre condempnez par arrest à tenir ledit accort; lequel la Court a receu et à le tenir a condempné icelle Court les parties par arrest.

Matinées, VI (X^{1a} 4788), fol. 265 v°.

Venredi, xij^e jour d'avril.

Cedit jour, a ordonné la Court, oye la relation des commissaires, que maistre Nycole de Biencourt, ordonné à executer l'arrest obtenu par le doien de Meaulx à l'encontre du chapitre dudit Meaulx [1], savera

---

[1]. Cet arrêt, en date du 21 janvier 1409 (n. st.), adjugeait à Antoine Couraud, doyen de Meaux, la récréance des fruits et distributions du doyenné et donnait la présidence du chapitre à l'un des chanoines désigné par l'autorité royale (X^{1a} 1479, fol. 59 r°). On voit que le chapitre, prétextant certaines réparations à la charge du doyen, avait fait saisir ses gros revenus. A la date du 13 mai, les chanoines de Meaux interviennent pour réclamer la

la verité des reparations à faire en l'ostel dudit doien et en certain jardin que tient de l'eglise dessusdicte, se elles sont bien et suffisaument faictes, et si les trueve bien et suffisaument faictes, fera faire satisfaction audit doien de sesdiz frais par lui gaigniez, fors tant que s'il y avoit aucune chose à parfaire, il feroit retenir jusques à la somme que ce monteroit pour les parfaire, ou que autrement en fust ordonné, et en tant que touche les distributions, ledit commissaire savra aussi quelles il a gaignié et doit gaigner, et lui fera bailler ce qu'il appartendra, et se en aucune chose il face doubte, raportera à la Court qui y pourverra.

Item, ordonné est que J. Guiart exercera l'office de prevost à Nogent le Roy pendent le procès et jusques à ce que autrement en soit ordonné.

Conseil, XIII (X^{1a} 1479), fol. 70 r°.

Mercredi, xxiiij^e jour d'avril.

Cedit jour, a esté receu maistre Guillaume Guerin ou lieu de maistre Geffroy de Pompadour[1], jadiz conseiller ceans en la Chambre des Comptes, de nouvel esleu en evesque de Saint Pons, et a fait le serment acoustumé, et lui a enjoint la Court *in vim juramenti* qu'il face ceans residence, et telle est l'entention de la Court que residera et qu'il ne reçoive don ne pension d'autre que du Roy.

Conseil, XIII (X^{1a} 1479), fol. 71 r°.

personne d'Antoine Couraud, leur doyen, détenu prisonnier à Meaux pour cas criminel. (Matinées, X^{1a} 4788, fol. 288 v°.) Le texte de la commission donnée à Nicole de Biencourt se trouve dans le registre des Jugés (X^{1a} 56, fol. 79 r°).

1. Geoffroy de Pompadour, conseiller au Parlement, élu évêque de Saint-Pons le 16 février 1469, occupa ce siège épiscopal jus-

Lundi, xxix⁰ jour d'avril.

La Court a ordonné que la main du Roy mise au chastel et revenue de Baiz soit levée, ou cas que le conte de Valentinoiz donra caution bourgoise de la somme de xij⁰ frans pour laquelle icelle main y estoit mise [1].

Matinées, VI (X¹ᵃ 4788), fol. 278 v°.

Venredi, iij⁰ jour de may.

Sur ce que le duc de Berry avoit requiz l'enterinement de certeinnes lettres de don de vj⁰ libvres de rente sur les terres de Pons de Cardilhac qui estoient confisquées, la Court a dit que lesdictes lettres ne seront point enterinées.

Item, pareillement a dit et deliberé la Court que à certeinnes lettres impetrées par Guillaume de Martel, savoisien, du Roy dauphin, que peust tenir le chastel de Saint Laurent du Pont et de Meysiat, qui sont situez es frontieres dudit Dauphiné, et que le Roy le receust à foy et homage d'icelx parmi certeinne somme d'argent, nonobstant certein procès à occasion et cause desdiz chasteaulx que l'en disoit commiz aux Roy Dauphin, et opposition du procureur fiscal dudit Roy Dauphin, ne sera point obtempéré.

Item, pareillement a dit et deliberé la Court qu'il ne

---

qu'au mois d'octobre 1420, date de sa translation à l'évêché de Carcassonne.

1. Le comte de Valentinois refusait de payer une somme de 1,200 francs, qui lui était réclamée pour le salaire et les gages de certains commissaires et gardiens mis par ordre du roi au château de Baix du vivant de la dernière comtesse (V. aux Jugés, X¹ᵃ 56, fol. 94, le mandement portant mainlevée de la saisie de ce château).

sera point obtemperé à certeinnes lettres royaulx obtenues par messire Pierre de Navarre, qu'il tiegne sa conté de Mortaing et ses autres terres de Normandie en parrie. *Conseil, XIII (X¹ᵃ 1479), fol. 72 r°.*

Juedi, ixᵉ jour de may.

Sur ce que Thomas Poignant requiert le renvoy de certeinne cause à l'Eschequier de Rouen à l'encontre des Chartreux de Rouen, pour cause de ce que les heritages dont est question sont assiz en Normandie, et pour autres causes contenues en ses lettres, lesdiz Chartreux disans au contraire que Thomas Poignant est grant et puissans au païz, et n'oseroient les advocas du païz rien dire ne faire contre lui, et pour autres causes contenues en leur impetration. Appoinctié au Conseil[1].

La Court a mis hors de procès maistre Nycolas Le Sage, promoteur de l'evesque de Paris, J. Queran et Mahiet de Louvaincourt, notaires apostoliques, qui estoient ceans en procès contre le procureur du Roy, pour ce que jà pieça ledit promoteur ala ou Chastellet pour interroguer Guiselin de Rebreves qui y estoit prisonnier sur certains cas qui touchoient le fait de l'emprisonnement de maistre Jaques de L'Espoisse, et avoit mené avec lui lesdiz notaires pour oïr la confession dudit Guiselin, et d'icelle leur en requist ledit promoteur avoir instrument, et pour ce furent miz en prison. *Matinées, VI (X¹ᵃ 4788), fol. 286 r°.*

1. Le Parlement décida, le 10 mai, que la cause serait retenue (Conseil, X¹ᵃ 1479, fol. 73 r°). D'après les plaidoiries des 23, 29 juillet et 2 août, il s'agissait d'une vente de bois consentie par un certain J. Braque d'abord aux religieux de Saint-George, puis, par transport, aux Chartreux de Rouen, vente contestée par Thomas Poignant (Matinées, X¹ᵃ 4788, fol. 337 r°, 311 v° et 347 r°).

Venredi, x° jour de may.

Sur le procès des executeurs de la feu femme de J. Petit de Chastillon, d'une part, et J. Petit de Chastillon et autres, d'autre, maistre Tiebaut Tiessart, interrogué en la Court, a dit que fu à visiter le procès avec maistres Guillaume de Villiers, Junien Le Fevre, Estienne Geffron, Simon Beson, J. de la Marche, et après ce que fu visité et que les dessusdiz eurent dit leurs oppinions, fu dit et conclu que on trouveroit expedient de mettre les parties d'accord, dont l'en parla aux dictes parties, lesquelles ne furent pas d'accord, et pour ce depuis, c'est assavoir xv jours ou j mois lesdiz Geffron et Beson prunuucerent leur sentence, à laquelle ne fu point ledit Tiessart.

Matinées, VI (X^{la} 4788), fol. 286 r°.

Samedi, derrien jour de may, au Conseil.

Les executeurs de feu maistre J. Gilet et ses amis requierent contre les gens du Roy et l'evesque de Paris, que comme ledit Gilet, *afflictione et fervore dementie et furie se ipsum jugulaverit*, dont mors après s'ensuit, et avant ce ait fait son testament et ait crié mercy à Die devotement et religieusement, et en ce estat ait finé ses jours, et neantmoins ses biens et son corps soit empeschié d'estre inhumé, combien que de raison ledit fait *non debeat imputari defuncto, quia satis furore suo puniebatur*, que l'empeschement soit osté et s'opposent que le corps ne soit rendu à l'evesque.

L'evesque defent et dit que par ledit fait Gilet fu excommunié, dont la cognoiscence lui appartient, mesme qu'il estoit clerc, prestre et chanoine, que a si grandement delinqué, et combien que le corps soit arresté par les gens du Roy, toutevoie, *posito* que de l'arrest ne cogneust pas, toute voie de l'excommeniement deveroit cognoistre, car pour la jurisdiction de son eglise *certat*, non pas pour les biens. *Tandem*, à la supplication et requeste des executeurs et amis et aussi du doien de Saint Germain, qui est curé des chanoines dudit S. Germain et qui estoit curé dudit Gilet, chanoine en sa vie dudit S. Germain [1], et que aussi ont requiz le benefice d'absolution dudit evesque, *si et in quantum indigebat* ledit Gilet, et par la permission et auctorité dudit evesque et sans le prejudice desdictes parties, a esté dit que ledit Gilet sera enterré en terre saincte.

Matinées, VI (X¹ᵃ 4788), fol. 301 r°.

Samedi, viij° jour de juin.

Hac die, telo interfectus est dominus Guydo de Roya, archiepiscopus Remensis [2], cum aliquibus suis familiaribus, in villa de Voutre prope Januam, eundo ad Consilium Pisanum pro unione Ecclesie celebratum, a nonnullis plebeiis ejusdem ville, in commotione

---

1. Jean Gillet, l'un des notaires du Roi au Parlement, avait été reçu chanoine de Saint-Germain-l'Auxerrois le 21 janvier 1401 (n. st.), au lieu et place de Gui de Villiers, décédé (Délibérations capitulaires de S. Germain de l'Auxerrois, LL 496, fol. 50 r°).

2. Gui de Roye, après avoir occupé les sièges de Tours et de Sens, devint archevêque de Reims en 1390, et se rangea parmi les partisans de Benoît XIII ; il était parti en mai 1409 pour se rendre au concile de Pise avec le cardinal de Bar, Pierre d'Ailly, évêque de Cambrai, Jean Gerson et Guillaume Fillastre. Arrivé à Voltri, il fut tué d'un trait d'arbalète dans une sédition populaire provoquée par l'un de ses serviteurs, et inhumé à Gênes dans l'église de Saint-Laurent (Cf. le récit de Juvénal des Ursins, collection Michaud, t. II, p. 451).

habita inter quemdam habitatorem dicte ville, et fabrum seu marescallum ejusdem archiepiscopi, occasione iiij vel vj denariorum, ut referebatur[1].

Conseil, XIII (X^{1a} 1479), fol. 75 v°.

Juesdi, xxe jour de juin.

Ce jour, a esté dit au graphier qu'il enregistrast certeinne provision de XL escus à maistre Robert Chambellant, cordelier d'Angleterre et maistre en theologie, en certain procès pendent entre lui, d'une part, et messire J. de Cayeu, chevalier, d'autre part[2].

Matinées, VI (X^{1a} 4788), fol. 313 v°.

Venredi, xxj^e jour de juin.

Au jour d'ui, ont esté commiz, du consentement de maistre Hebert Camus, procureur du duc d'Orleans, d'une part, et de maistre Race Pannier, procureur du conte de Nevers, d'autre part, les seigneurs cy dessoubz nommez à la garde des chasteaulx qui s'ensuivent : c'est assavoir, le sire d'Auffemont, à la garde du chastel de Coucy; le sire de Sarny, à la garde du chastel d'Acy, et messire Yvain de Cramaille, pour le Chastellier. Et ou cas que le seigneur d'Auffemont ne s'en voudroit charger, lesdiz de Cramaille est commiz pour Coucy, Sarny pour Acy et Gile de Camely, dit Loussere, pour le Chastellier.

Matinées, VI (X^{1a} 4788), fol. 315 r°.

A conseiller l'arrest sur certains erreurs receuz par

---

1. Cette mention, insérée par le greffier au bas de la page, à la date ci-dessus marquée, est reproduite dans le *Choix de pièces inédites relatives au règne de Charles VI*, t. I, p. 317.

2. V. l'arrêt interlocutoire du 29 mars 1409 (X^{1a} 1479, fol. 68 r°).

les maistres des Requestes de l'Ostel du Roy à juger céans sur certain jugié de la Chambre des Enquestes d'entre Perrette La Gargoule, d'une part, et Jehanne La Fovette, d'autre part, sur quoy en divers temps et par pluseurs et diverses journées avoient esté assemblé le Conseil tant des Chambres de céans que de pluseurs du Grant Conseil, et jusques à cy l'en n'avoit peu venir à conclusion pour la diversité des oppinions, desquelles les aucunes et jusques au nombre de xxiij de pluseurs de grant auctorité estoient que simplement avoit erreur oudit jugement qui avoit renversé la sentence du prevost de Paris au proufit de ladicte Fovette qui estoit demanderesse, en quoy avoit erreur, comme disoient. Les autres en nombre d'environ ix estoient que simplement oudit jugement n'avoit point d'erreur ; iij autres estoient que il n'y avoit point d'erreur, et, se ce ne passoit, estoient à expedient que chascune des ij parties eust la moitié des choses contentieuses ; ix autres avoient esté d'oppinion de pranre ledit expedient, autrement que l'en deist que oudit jugement n'avoit point d'erreur et qu'il avoit esté céans bien jugé ; v autres venoient simplement et absolument audit expediens ; un autre et seul estoit que oudit jugement avoit eu erreur et aussi ou jugement du prevost de Paris, et que en corrigant ledit erreur fust dit que chascune desdictes parties averoit la moitié des choses contentieuses. Et pour ce que l'en ne povoit venir à conclusion et par especial, car par avant ceste journée, combien que le plus grant nombre des oppinions se revenoit bien et s'accordoit que par jugement fust dit ou par arrest que chascune des parties eust la moitié, toutevoie n'estoient pas d'accord que l'en usast

de ce mot erreur, c'est assavoir que oudit jugement
eust eu erreur, mais que la Court ordonnoit que chascune desdictes parties averoit la moitié. Finablement,
après pluseurs journées, et que aucuns des seigneurs
de ceans et le graphier eussent essayé, chascun en son
endroit, d'accorder les parties, ce que n'avoient peu
faire, ce que avoient essayé pour eschiver la difficulté
dessusdicte et l'empeschement de la Court, pour la
continuele poursuite de la partie qui avoit proposé
erreur, ont les dessusdiz esté au jour d'ui assemblé, et
tout veu et tout consideré, et mesme que c'est honneur de soy corriger en sa faute ou erreur, comme
mesme dit raison, a esté conclu, pour ce que la plus
grant partie de trop a esté d'oppinion que :

Il sera dit que ou jugement de la Court a eu erreur,
et en corrigant icellui la Court dit que chascune desdictes parties sera maintenue et gardée es possession
et saisine de la moitié des heritages contentieus entre
icelles parties, et seront restituez à ladicte defenderesse
les fruis perceuz par ladicte demanderesse pour la
moitié desdiz heritages, et compense icelle Court les
despens fais *hinc inde* par devent le prevost de Paris,
et s'aucuns en a receus ladicte demenderesse d'icelle
defenderesse, elle sera tenue de les lui restituer, et
delivre la Court la caution baillée par la defenderesse
pour la somme de vj^{xx} libvres[1].

Conseil, XIII (X^{1a} 1479), fol. 80 v°.

---

[1]. L'arrêt conseillé le 21 juin entre Perrette La Gargoule et
Jeanne La Fauvette fut prononcé le 13 juillet et se trouve *in
extenso* au registre des Jugés (X^{1a} 56, fol. 269 r°); s'il n'offre au
fond qu'un intérêt très restreint, puisqu'il est relatif au règlement
d'une succession assez embrouillée entre des individus très

Mardi, xxv° jour de juin.

Sur certain debat pendent ceans entre l'arcevesque de Reins, d'une part, et l'Université de Paris et maistre Henry de Savoisy, commiz à recevoir certain disieme ou demi disieme miz sus en France pour la prosecution de l'union de Saincte Eglise, duquel ne voloit paier ledit arcevesque, ou au moins pendent le debat avoit consigné au change à Paris la somme de vj^{xx} libvres, appoincté est, et du consentement du procureur dudit arcevesque, que la main du Roy mise au temporel dudit arcevesque sera et est levée, sans prejudice de l'obligation faicte sur ce que dit est, et sera la somme de cent libvres tournois reaument baillée par provision audit receveur, et demourra en l'estat le residu qui est au change, et au surplus, pour ce que les gens dudit arcevesque se ventoient d'une bulle de reduction du tax des benefices et par especial de son arceveschié, la Court verra icelle bulle, et aussy des despens faiz en la poursuite et execution dudit demi disieme contre l'arcevesque, au Conseil, dont lettre.

Matinées, VI (X^{1a} 4788), fol. 317 r°.

Venredi, xxviij° jour de juin.

Hier, en jugement fu requise distribution de conseil pour l'Université de Paris contre maistre J. André, conseiller du Roy ceans, qui respondi que ne voloit ne n'estoit besoin qu'il plaidast ceans contre ladicte Uni-

---

obscurs, il n'est pas sans importance au point de vue juridique, puisque le Parlement, après mûre délibération et des tergiversations, dont le greffier trahit le secret, se décida à réformer pour cause d'erreur un arrêt de la Chambre des Enquêtes du 1er août 1405.

versité, veu que pour la cause dont icelle Université requeroit distribution, lui estoient donnez en l'Université et par icelle deputez, neantmoins puiz qu'il plaisoit à icelle Université pranre distribution contre lui, la pranroit, et ce a requiz estre enregistré, et a esté au jour d'ui escript pour ce que il estoit omis du jour d'ier.

Matinées, VI (X¹ᵃ 4788), fol. 319 v°.

Mercredi, x° jour de juillet.

Maistre Pierre Solas, procureur de l'evesque de Paris, se consent et accorde que tous les biens meubles de feu maistre J. Gilet soient vendus par N. de Baye, graphier de Parlement, et l'argent qui vendra de la vendition d'iceulx biens soit mis et arresté en la main du Roy, jusques à ce que autrement en soit ordonné au proufit de qui il appartendra, et sans prejudice des parties, et ce aussi a consenti le procureur du Roy.

Matinées, VI (X¹ᵃ 4788), fol. 328 v°.

Juesdi, xjᵉ jour de juillet.

Cedit jour, maistre J. de Havencourt, advocat ceans et bailli de l'evesque de Paris, maistre Robert Lijote, notaire du Roy, et Guillaume de Biaiz, soy disans executeurs du testament dudit evesque, et familiers et amis dudit evesque, ont protesté que certain accort pourparlé et avisié entre ledit evesque, d'une part, et chapitre de Paris, d'autre part, doit estre apporté ceans pour estre receu, ne porte prejudice audit evesque ou à ses drois, non obstant le consentement de lui ou de son procureur, car pour crainte et paeur de ce que ceulx de chapitre avoient dit et menassé, ou aucuns d'eulx, de faire mettre le corps dudit evesque, qui estoit moult griefment malade au lit, en terre prophane comme excommunié, pour ce qu'il avoit trait hors de l'eglise de Nostre Dame de Paris aucuns prisonniers qui estoient eschappés de ses prisons, comme l'en disoit, sur quoy estoit procès ceans, à occasion desquelles choses leur faloit, pour obvier à esclande et inconveniens, passer ledit accort[1], si requeroient que ce fust enregistré.

Conseil, XIII (X^{1a} 1479), fol. 82 r°.

Cedit jour, s'est levée la Court à viij heures et sont alez les seigneurs, les advocas et procureurs à la procession general qui a esté faicte à Saincte Genevieve pour les nouvelles que dimenche au soir avoit receu le Roy et la Court le lundi ensuivant, entre vj et vij au matin, de l'election du pape Alexandre Quint, par

---

1. L'accord en question fut passé le 11 juillet et figure à cette date dans la série des Accords homologués au Parlement (X^{1e} 98). Des lettres de complainte, obtenues par le chapitre de Notre-Dame le 17 juin, nous font connaître les faits qui avaient amené un conflit entre le chapitre et l'évêque; le 9 juin, deux individus s'étaient réfugiés dans l'église de Notre-Dame, au-dessus des chapelles, invoquant l'immunité du saint lieu; l'official fit irruption avec une troupe de cinquante ou soixante gens armés, et arracha de l'église les deux réfugiés, qui furent jetés dans les prisons de l'évêque et soumis à la question. Aux termes de l'accord qui intervint, les prisonniers devaient être réintégrés dans l'église Notre-Dame par l'huissier du Parlement et, par la même occasion, le chapitre de Paris rétabli dans ses franchises et ses immunités. Par une commission, en date du 15 juillet, le Parlement chargea deux de ses conseillers, Charles de Vaudetar et Pierre Bullière, de recueillir les dépositions des témoins et de s'enquérir au sujet de la saisie illégale, par le geôlier du For-l'Évêque, des habits et dépouilles d'Étienne Montagu et de Colinet de Peuli, les auteurs du conflit qui devaient être relâchés et remis en possession de leurs biens. (Jugés, X^{1a} 56, fol. 132 v°.)

avant nommé maistre Pierre de Candia, maistre en theologie à Paris, de l'ordre des Freres Mineurs, et cardinal nommé de Milan de l'autre obeyssance, dont a esté faicte lundi derrien passé et au jour d'ui moult grant feste en Crestienté et par especial à Paris, et non pas sans cause, pour ce que par xxx ou xxxj an avoit duré le scisme entre ij contendens du papat, si a esté des cardinaulx des ij obeyssances esleu icellui Alexandre; les ij contendans, c'est assavoir, Angelus Corrario, nommé Grigoire, pape de Romme par dela, et Pierre de Lune, nommé Benedict, pape de Romme par dessa, contumax, declarez pertinax scismatiques et heretiques, et degradez de toute honneur et dignité par le Conseil general estant à Pise, où a esté faicte ladicte election, *non sine divine providentie spiraminis ministerio*, et fu faicte ladicte election le xxvj° de juin derrain passé, comme portoient les lettres qui en sont venues [1].

Matinées, VI (X¹ᵃ 4788), fol. 328 v°.

Venredi, xij° jour de juillet.

Maistre Phelippe des Essars, arcediacre de Suessons, s'est opposé et oppose que maistre N. Le Sage ne soit point receu à l'office de maistre des Requestes de l'Ostel que tenoit maistre Guillaume Boisratier [2] sans le oïr.

Matinées, VI (X¹ᵃ 4788), fol. 330 r°.

1. Un récit analogue, mais beaucoup plus développé, est inséré au registre du Conseil; nous n'en donnons pas le texte, qui se trouve reproduit dans le *Choix de pièces inédites relatives au règne de Charles VI*, t. I, p. 318.

2. Guillaume Boisratier, doyen de Saint-Étienne de Bourges, chancelier du duc de Berry, évêque de Mende, obtint, en 1409, le siège archiépiscopal de Bourges; cette même année, au retour

Mardi, xvj^e jour de juillet.

Cedit jour, monseigneur Pierre d'Orgemont, filz de messire Pierre d'Orgemont, jadiz chanchellier (*sic*) de France, conseiller du Roy et evesque de Paris, après ce qu'il a vescu evesque par xxvj ans ou environ, est au jour d'ui alé de vie à trespas en son aage de LXVI ans ou environ[1].

Et cedit jour, messire Loiz, duc en Baviere, frere de la Royne, le grant maistre d'ostel du Roy et autres ont affermé à la Court que le Roy en plain Conseil a dit et ordonné que nul autre ne soit receu à l'office de maistre des Requestes de l'Ostel du Roy, que tenoit messire Guillaume Boisratier, que maistre Raoul Le Sage, aussi pareillement est ce l'entention de la Royne, comme lesdiz seigneurs ont dit.

Matinées, VI (X^{1a} 4788), fol. 333 v°.

Mercredi, xvij^e jour de juillet, au Conseil.

Cedit jour, la Court a commiz maistre J. de Havencourt, advocat ceans, à exercer l'office de bailli du Four l'Evesque pendent la regale et de nommer officiers à exercer la justice dudit Four, telx qu'il appartendra.

---

d'une mission auprès du duc de Bourgogne, il fut appelé au Grand Conseil du Roi, au lieu et place de Gérard de Montaigu, et dut résigner ses fonctions de maître des Requètes de l'Hôtel; il décéda le 19 juillet 1411 (Cf. Blanchard, *Généalogies des maîtres des Requestes de l'Hostel*, p. 80).

1. Pierre d'Orgemont, évêque de Paris depuis 1384, fut trouvé mort dans sa cave, « consommé de gravelle et de poux » (Cf. Juvénal des Ursins, coll. Michaud, t. II, p. 450); son testament, en date du 10 juillet 1409, fut soumis au Parlement et inséré au registre X^{1a} 9807, fol. 278 r°.

La Court a donné delay à maistre Phelippe des Essars à demain venir ceans dire les causes de son opposition à l'encontre de maistre Raoul Le Sage, pour cause de l'office de maistre des Requestes de l'Ostel, que tenoit maistre Guillaume Boisratier, et, se ledit des Essars ne vient audit jour, la Court fera l'estat audit Le Sage[1].

Matinées, VI (X¹ᵃ 4788), fol. 333 v°.

Juedi, xviij° jour de juillet.

Cedit jour, à viij heures, s'est levée la Court pour aler aux exeques de l'evesque de Paris, nagueres trespassé.

Matinées, VI (X¹ᵃ 4788), fol. 334 v°.

Mercredi, xxiiij° jour de juillet.

Cedit jour, a esté rendu un sac seellé qui estoit devers la Court, où avoit finance appartenent à l'execution de feu maistre J. Trucan[2], aux executeurs d'icellui evesque, c'est assavoir, à maistre Denis de Baumes, J. Duchesne et Richart Heust.

Matinées, VI (X¹ᵃ 4788), fol. 358 r°.

---

1. Le lendemain, Philippe des Essarts et Raoul Le Saige développèrent les arguments qui militaient en leur faveur : le premier, ne pouvant produire ses lettres, se plaignit de la précipitation avec laquelle on voulait pourvoir à l'office vacant; le second déclara qu'il avait ses lettres d'institution depuis le mois de janvier, « du temps que Boisratier fu esleu evesque. » La Cour goûta ces raisons, et, cédant à de pressantes instances, adjugea « l'estat dudit office » à Raoul Le Saige, qui prêta le serment accoutumé. (Matinées, X¹ᵃ 4788, fol. 333 v°.)

2. Jean Truquan, lieutenant criminel au Châtelet, fit son testament le 17 juillet 1406, auquel il ajouta un codicille le 4 décembre suivant. (X¹ᵃ 9807, fol. 167 v°.)

Venredi, xxvj° jour de juillet.

Cedit jour, a esté appoinctié en la Tournelle Criminele après disner par messire H. de Marle, premier president, (*presentibus* m. P. Lefevre, J. Garitel, R. Broisset[1]), que mons. d'Auffemont, lequel a esté commiz et esleu à la garde du chastel de Coucy, mettra oudit chastel pour la garde d'icellui xxiiij personnes, dont l'un sera lieutenent dudit d'Auffemont, et y avera desdiz xxiiij tant de gentilx hommes que ledit d'Aufemont ordonnera sans prejudice du duc d'Orleans ne du conte de Nevers, et jusques à ce que les partages soient fais entre lesdiz seigneurs, ou que par la Court en soit autrement ordonné. Et pour marchander auxdictes personnes de leurs gages aura un homme de par ledit monseigneur d'Orleans.et un autre de par ledit monseigneur de Nevers, et se pranront lesdiz gages sur les revenues communes de la terre de Coucy. Et messire Yvain de Cramailles aura la garde d'Acy, à XL frans de gages pour moiz, et monseigneur de Cerny la garde du Chastellier, à xx frans pour moiz, et garderont lesdiz chasteaulx d'Acy et du Chastellier bien et suffisaument, et ainsi l'ont promis et juré, et semblablement a fait ledit d'Auffemont dudit chastel de Coucy. Et se aucun desdiz seigneurs d'Orleans et de Nevers voloit aler en aucun desdiz lieux, il y pourra entrer, lui x°, après le serment par eulx fait de non y faire aucune violence.

Matinées, VI (X¹ª 4788), fol. 340 r°.

Samedi, xxvij° jour de juillet.

Cedit jour, pour ce que le Roy estans à Chartres

---
1. Ces noms ont été ajoutés en marge.

manda, environ quaresme, xij des seigneurs de ceans et son procureur general et ses ij advocat, qui furent audit Chartres ou à l'environ par aucuns jours, et depuiz pour leur salaire ou gages furent assignez sur les amendes de ceans, dont ancores n'estoient pas payé, a esté dit et ordonné que des deniers desdictes amendes ne sera distribué ailleurs nulle part, jusques à ce que de leurs diz gages et salaire il soient parpayez.

Conseil, XIII (X¹ᵃ 1479), fol. 85 r°.

Mercredi, derrien jour de juillet.

Item (à consciller l'arrest) d'entre les teincturiers de S¹ Deniz en France, d'une part, et les habitans et drapiers dudit S¹ Deniz, d'autre part, sur le plaidoié du xxvij° de juillet CCCC IX, après disner, et tout veu ;

Il sera dit que l'ordonnance faicte par le bailly de Saint Deniz, en tant qui touche les teinctures d'escailles de nois, de racines et d'escorces, tendra et vaudra, et au surplus ce qui a esté fait la Court tient pour non avenu, et useront lesdiz teincturiers, drapiers, foulons, tisserans et habitans dudit S. Deniz, comme ilz faisoient paravant, selon leurs ordonnances anciennes, jusques à ce que par la Court en soit autrement pourveu, et feront les parties articles sur les fraudes pretendues *hinc inde et super commodo et incommodo*, et la verité enquise et raportée, la Court fera ce qu'il appartendra[1].

Conseil, XIII (X¹ᵃ 1479), fol. 85 v°.

---

1. Suivant les Plaidoiries du 27 juillet, les drapiers de Saint-Denis s'élevaient contre les empiétements des teincturiers, qui, « petit à petit, s'estoient mis à faire draps et à taindre en drap, tandis qu'anciennement l'en tainoit les draps en laine et en fil ; » ils leur reprochaient de « taindre d'escorses et d'escailles, et n'y a point de guesde, par quoy la teinture ne dure point et rougist. » Les teincturiers, malgré leur petit nombre (ils n'étaient

Samedi, iij^e jour d'aoust.

Cedit jour, le procureur du Roy a dit ceans au Conseil que du debat qui estoit entre lui, d'une part, et messire Pierre d'Orgemont, nagueres evesque de Paris, sur les biens demourés du decès de maistre J. Gilet, notaire du Roy ceans, et lequel *pre dolore furie* s'estoit navré, dont mort s'estoit ensuye po après, se rapportoit à la Court.

Pareillement ont relaté à la Court messire H. de Marle et Ja. de Ruilly qu'il avoient oy dire audit evesque, en la fin de ses jours, que dudit cas se rapportoit à la discretion d'icelle Court, *idem* a relaté maistre J. de Havencourt, executeur dudit evesque.

Matinées, VI (X^{1a} 4788), fol. 348 r°.

Lundi, v^e jour d'aoust.

Cedit jour, Nycolas Romain, huissier ceans, a relaté au registre que maistre Nycolas d'Orgemont, frere et executeur de feu messire Pierre d'Orgemont, jadiz evesque de Paris, lui avoit dit que du debat pendent ceans entre ledit evesque, d'une part, et le procureur du Roy, d'aultre part, pour les biens demourez du decès de maistre J. Gilet, notaire du Roy ceans, se rapportoient les executeurs dudit evesque à la discretion de la Court et metoient ladicte besoigne du tout ou giron d'icelle Court.

Matinées, VI (X^{1a} 4788), fol. 350 r°.

---

que six), faisaient la loi à la corporation des drapiers, qui comptait plus de 140 membres, « teignant à leur plaisir et faisant aux leurs meilleur couleur et plus apparent. » La querelle s'était envenimée au point que le Parlement défendit aux parties « toutes paroles injurieuses sur grosses peinnes de corps et de biens. » (Après-diners, X^{1a} 8301, fol. 325 v°.)

Mercredi, vij° jour d'aoust.

Ce jour, sur le debat mis par le procureur du Roy et messire Pierre d'Orgemont, nagueres evesque de Paris, aux biens de l'execution de feu maistre J. Gilet, notaire du Roy ceans, pour l'occasion de ce que s'estoit blessié et navré, dont mort estoit ensuye, par la maladie qu'il avoit *de furia*, duquel debat les executeurs dudit evesque et ledit procureur du Roy s'estoient rapporté et soubmiz à la Court, comme appert du registre des Plaidoiries du v° et iij° de ce mois, la Court a osté et oste l'empeschement miz auxdiz biens[1].

Conseil, XIII (X¹ª 1479), fol. 86 r°.

Juedi, viij° jour d'aoust.

Cedit jour, s'est levée la Court à viij heures pour aler aux exeques de messire Phelippe de Molins, evesque de Noyon[2], qui est trespassé puiz huit jours, aagié de iiij^{xx} ans et plus, et reputé sage.

Matinées, VI (X¹ª 4788), fol. 352 r°.

Venredi, xvj° jour d'aoust.

Le conte de Nevers, frere du duc de Bourgoigne, accompaigné de messire Pierre de Nevers et de plu-

---

1. V. aux Jugés (X¹ª 56, fol. 159 v°) la commission portant mainlevée de la saisie des biens de Jean Gilet.

2. Philippe de Moulins-Engilbert, chanoine de Notre-Dame, occupa successivement les sièges épiscopaux d'Évreux et de Noyon, et pendant plus de cinquante ans fut le conseiller des rois Jean, Charles V et Charles VI : il décéda le 31 juillet 1409 et fut inhumé aux Célestins (Cf. le P. Beurrier, *Histoire du monastère des Célestins*, p. 381). Son testament, daté du 31 juillet 1409, fait partie du registre X¹ª 9807, fol. 250 v°. Le Parlement assista en corps à ses obsèques pour honorer la mémoire d'un de ses anciens membres.

seurs autres barons et chevaliers et autres gentilz homme, a fait proposer que nagueres lui venu à Paris a entendu que rumeur estoit qu'il avoit fait pendre et estrangler un sergent royal, qui l'avoit adjorné en son chastel de Retest à comparoir ceans sur la propricté de la terre de Coucy et sa femme, appellé Forget, qui avoit esté pendu ou trouvé pendu ou chemin en revenant, et avoient esté trouvées les lettres royaulx dessirées soubz les piez dudit pendu. Si dit que tout son temps a volu honorer Dieu, ses sains, justice et le Roy, et quant au cas, averoit plus chier estre mort que avoir fait un tel cas, *nec est verissimile* qu'il eust fait ne fait faire, car il lui fit et fit faire bonne chiere en lui offrant argent, pour quoy requiert la Court, qui est moult sage en telx et autres cas et qui trop bien et sagement scet trouver la verité de telx cas, supplie qu'elle mette et weille mettre peinne à attaindre ledit cas, à ce par especial que tel rumeur cesse, et soit sceue la verité, afin que sa bonne renommée ne soit denigrée, laquelle doit avoir plus chier selon raison escripte, et quant à lui il offre or, argent, soy et ses gens à poursuir et ayder à poursuir, afin que la verité soit atteinte. Sur quoy la Court a respondu et dit que ledit cas est un des mauvais cas qui pieça avenist ou royaume et de très mauvais exemple, et ne croioit pas la Court, ne ne croit que ledit conte eust volu faire ne perpetrer si mauvais et si dampnable cas, attendu le sanc et linage dont est le conte descendu, et mesme que le feu duc de Bourgoigne, son pere, avoit tousjours reveré le Roy et ses officiers en tous cas, et à fin de justice et d'estaindre ladicte souspecion, s'aucune estoit ou est contre ledit conte, et pour l'onneur du Roy et de sa Court, lui a requiz la Court et à ceulx de sa compaignie qu'il ayde et mette peinne de savoir et trouver et d'atteindre la verité dudit cas, à quoy derechief icellui conte s'est offert[1].

Matinées, VI (X¹ᵃ 4788), fol. 357 r°.

Mardi, xxe jour d'aoust.

Cedit jour, fenient les Plaidoiries, qui avoient esté proroguées depuis mercredi derrien passé, lequel jour devoient fenir, pour ce qu'il a esté ordonné que l'en iroit tenir les Grans Jours à Troyes, et venredi prouchain fenira du tout le Parlement.

Et le mardi ensuivant je parti pour y aler.

Matinées, VI (X¹ᵃ 4788), fol. 360 r°.

Lundi, xxvj^e jour d'aoust.

Ce jour, fut dit et appoincté par la Court que les lettres et papiers estans par devers la Court touchant les consuls et habitans de Rabastains et le procureur du Roy seroient restituées et rendues aux diz habitans, excepté le procès ouquel sont les informations, duquel, sans l'information, iceulx habitans auroient la copie, se bon leur sembloit.

Après-dîners, I (X¹ᵃ 8301), fol. 357 v°.

Dimenche, premier jour de septembre CCCC IX.

A l'eure quarte après midi ou environ, dominus

---

1. En marge se trouve un petit dessin à la plume, représentant un homme suspendu au gibet. Le Religieux de Saint-Denis (t. IV, p. 250) mentionne le fait reproché au comte de Nevers; il ajoute que ce seigneur vint au Parlement sur l'invitation du duc de Bourgogne, son frère, et se justifia publiquement par serment après avoir produit des témoins qui attestèrent que ses gens avaient reconduit courtoisement et amicalement le sergent royal.

Jacobus de Ruilly, miles, et Robertus Maugerii, presidentes ordinati pro dictis Diebus, cum aliis nonnullis de dominis et magistris Parlamenti regii, obviantibus sibi quamplurimis, episcopo Trecensi et aliis ecclesiasticis ac burgensibus, civitatem hanc Trecensem intraverunt, pulsata campana grossa belfredi per longum temporis intervallum.

Lundi, ij° jour, circa horam sextam de mane, congregatis predictis dominis presidentibus et consiliariis in capella palacii Trecensis, celebrata fuit missa de Sancto Spiritu cum cantu et discantu, deinde eisdem dominis in camera Dierum, hostio clauso, segregatis, nonnulle ipsis supplicationes porrecte expedite fuerunt, ac ordinatum extitit, quod, hac et crastina diebus, reciperentur presentationes partium causas ad hos dies habentium ; insuper receptus fuit abbas monasterii Celle in consiliarium presentium Dierum, virtute quarumdam regiarum litterarum, ac solitum prestitit juramentum.

Grands Jours de Troyes (X¹ᵃ 9188), fol. 137 r°.

Mercredi, iiij° jour de septembre.

Cedit jour, maistre J. de Lintelles, lieutenent du bailli de Vitri, et le procureur du Roy audit Vitri ont exposé à la Court pluseurs cas, crimes et delicts commiz et perpetrez ou bailliage de Vitri par pluseurs grans seigneurs et autres, et autres cas touchans le Roy et sa justice, en baillant pluseurs informations afin de faire sur ce provision ; sur aucuns desquelx ont esté appellez les bailli de Chaumont et le procureur du Roy audit lieu, pour aviser la maniere de faire pranre aucuns des maufaiteurs par bonne maniere et caute, car par lesdiz maufaiteurs avenoient et povoient avenir pluseurs grans perilx ou païz de Champaigne, non plus, *quoad specialiora, ut secretius teneatur, et quia registrum criminalium tangit.*

La Court a ordonné que les clers des bailliages de Provins, de Chasteltierri et de Meaux feront apporter certains procès à leurs propres despens dont les noms seront baillez à Cessières qui en fera les lettres.

Venredi, vj° jour de septembre.

Cedit jour, ont esté au Conseil les bailly et procureur du Roy à Chaumont sur plusieurs entreprinses faictes par les ducs de Bourgoigne et de Bar et autres ou bailliage de Chaumont, et sur plusieurs autres excès et delits dont il ont presenté à la Court les informations au graiphe criminel.

Grands Jours de Troyes (X¹ᵃ 9188), fol. 137 v°, 179 v° et 180 r°.

Venredi, iiij° jour d'octobre, au Conseil.

Cedit jour et par aucuns precedens, se sont continuées nouvelles que Jannes qui apartenoit au Roy et où avoit mis pour gouverneur messire J. Le Meingre, dit Bouciquaut, mareschal de France, et qui avoit gouverné pour le Roy les Jannenois en grant justice, comme l'en dit, a esté prise puis un peu par le marquiz de Montferrat et un capitainne de Lombardie appelé Faicinquant, qui ont decopé et de jour en jour occient les Françoiz que truevent, comme l'en dit [1].

Grands Jours de Troyes (X¹ᵃ 9188), fol. 160 r°.

1. Le marquis de Montferrat venait, avec l'appui de Facin Cane, fameux chef de condottieri, de s'emparer de Gênes, où le maréchal Boucicaut n'avait laissé qu'une faible garnison; les

Mardi, viij° jour d'octobre.

Cedit jour, avant le jour est alé de vie à trespas à Troyes, en l'ostel où estoit logiez devant le cimetiere de Nostre Dame aux Nonnains, messire Jaques de Ruilly, president en Parlement, fait chevalier puis iiij ans à l'execution de viconte de Murat contre messire Pons de Cardilhac pour la ville et chastel et viconté de Murat obtenuz en Parlement par ledit viconte contre ledit de Cardilhac par arrest. Diex ait son ame.

Grands Jours de Troyes (X^{1a} 9188), fol. 185 r°.

Juedi, xvij° jour d'octobre.

Furent au Conseil après disner les dessus diz, hors maistre R. Mauger, president, qui a tenu les Plaidoiries des Requestes, pour ce que l'en ne plaidera pas demain.

Grands Jours de Troyes (X^{1a} 9188), fol. 186 r°.

Venredi, xviij° jour d'octobre.

Festum beati Evangeliste Luce Curia, quant à Conseil ordinaire, *vacat*.

Cedit jour, furent au Conseil en la Chambre tous les seigneurs, et avecques eulx l'evesque de Troyes, l'abbé de Monstier la Celle, le procureur du Roy general, m^e J. Jouvenel, advocat du Roy, le bailli de Troyes, l'arcediacre de Sedenne, l'arcediacre de Brene, le doyen de Saint Estienne, le tresorier d'icelle eglise, le chancellier et garde des foires, m^e J. Heraut, m^e Oudart Hannequin, m^e François Le Pevrier, m^e Pierre Le Tartrier, m^e J. de Villerès, advocas, le procureur du

---

Français furent impitoyablement massacrés ou torturés. (Cf. *Le Religieux de Saint-Denis*, t. IV, p. 255 ; *Monstrelet*, t. II, p. 38.)

Roy à Troyes, le receveur de Troyes, le procureur de la ville de Troyes, J. Saugette, Michau de Plaisance, Giles Le Pevrier, bourgois, m° Simon Fourny, lieutenent du bailli de Troyes, m° Pierre Heraut, advocat.

Sur la requeste faicte par le procureur du Roy du jour de septembre derrain passé sur la reformation du pain fait à Troyes[1], sur quoy la Court avoit par avant mandé certains boulengiers de Provins qui avoient fait ij essaiz de pain audit Troyes, finablement après pluseurs paroles a esté appoinctié que le procureur du Roy à Troyes baillera aux boulengiers dudit Troyes par cedule les ij essaiz faiz par ceulx de Provins, et le gaing ou proufit sur chascun pour chascun sextier, toutes charges deduites, et lesdiz boulengiers la verront et en revendront après disner.

Ce jour, après disner, furent au Conseil les dessusdiz, fors l'abbé de Monstier la Celle et Michau de Plaisence.

Et sur certeinne requeste et copie d'appoinctemens de la Court de Parlement baillée par lesdiz boulengiers, a esté ordonné que yceulx boulengiers et le procureur du Roy seront oïz lundi prouchain pour tous delaiz en ce qu'ilz voudront dire.

Item, sur le procès des tanneurs[2] d'une part, et le

---

1. Dans ce procès intenté aux boulangers de Troyes, le procureur du Roi leur reprocha de faire « leur pain malement, pesant de levain et mal cuit, » pour qu'il pesât davantage, et d'employer du mauvais blé, et demanda que l'on fît venir des boulangers de Provins « qui facent icy l'essay et monstrent la maniere de faire bon pain. » (Plaidoiries du 9 septembre, X¹ᵃ 9188, fol. 140 r°.)

2. Les maîtres tanneurs de Troyes avaient interjeté appel d'une sentence ou ordonnance donnée contre eux par le bailli de Troyes; elle fut confirmée, et les tanneurs furent condamnés à

procureur du Roy, d'autre part, sur le plaidoié du de septembre et certeinnes ordonnances touchant ledit mestier, a esté ordonné que maistre Bertran Quentin, conseiller du Roy, et maistre J. du Boiz, registrateur et graphier criminel de Parlement, lesdiz bailly de Troyes, son lieutenent, la garde des foires, ledit procureur du Roy à Troyes, M° J. Heraut, m° J. de Villerez et J. Monstier, procureur de ladicte ville de Troyes, s'assembleront demain après disner, et dimenche, se mestier est, et verront les articles des ordonnances estans oudit procès, et orront sur ce tanneurs, bouchiers et seurres[1], et modereront ou adjousteront sur lesdictes ordonnances, et rapporteront à la Court pour ordonner ce qu'il appartendra.

Item, sur certeinne requeste faicte pour les religieuses de Nostre Dame aux Nonnains de Troyes, afin d'avoir une foire chascun an le jour de la Nostre Dame en mi aoust en une place non saincte devant leur eglise, ainsi comme d'ancienneté l'avoient, si comme estoit relaté par les anciens, et comme l'en trouvoit par les anciens registres et les comptes de ladicte eglise, après ce que la Court en a demandé aux dessusdiz evesque, arcediacres, bailli et autres presens, qui tous en ont esté d'accord, ycelle Court a octroyé, concedé et octroye que ladicte foire siée et tiegne, et l'ayent les religieuses, comme d'ancienneté l'avoient et selon leur requeste.

Grands Jours de Troyes (X¹ᵃ 9188), fol. 186 v°.

Samedi, xix° jour d'octobre.

Ce jour, au vespre, ont esté apportées nouvelles à

---

une amende de 60 livres. (V. les Plaidoiries du 10 septembre, X¹ᵃ 9188, fol. 141 v° et 195 v°.)

1. Lisez *sueurs*.

Troyes que messire J. de Montagu, chevalier et grant maistre d'ostel du Roy nostre Sire, par avant notaire et secretaire d'icellui Seigneur, homme de basse corpulence, maigre à peu de barbe, legier et apert, hatif en langage, yncl, subtil et diligent, aagié de L ans et plus, filz de messire Gerart de Montagu, au temps de son trespas et po avant chevalier et par avant notaire du Roy, et filz comme l'en disoit, lequel messire J., par affection ou souffrance et simplece du Roy et des seigneurs de son sanc royal, avoit esté elevé en telle auctorité et eminence qu'il avoit en son temps gouverné toute la maison du Roy et de la Royne et de monseigneur le Dauphin, esté souverain sur les finances du Roy, lequel non pas seulement en l'ostel desdiz seigneur et dame, mais des seigneurs oncles et cousins du Roy, avoit moult grande auctorité, et par especial en l'ostel du duc de Berri estoit devent tous autres, et tant qu'il estoit le premier et principal ou Conseil du Roy et qui avoit fait ses ij freres, l'un arcevesque de Sens et president de la Chambre des Comptes et estoit esperence qu'il seroit chancellier de France, et l'autre evesque de Paris et chancellier du duc de Berry, et qui avoit marié ses enfans si hautement, comme son filz de l'aage de x ou xj ans à la fille de messire Charles de Lebret, cousin germain du Roy et connestable de France, l'une de ses filles au conte de Roucy et de Brenne, et l'autre fille au filz dudit conestable, lesquelx filz et filles dudit Montagu estoient de la fille feu messire Estienne de la Grange, jadis president en Parlement, sa femme, et qui avoit acquiz moult de terres en divers lieus de ce royaume, et avoit fait faire un chastel nommé Malcoussis, près de Paris, à viij ou ix lieues, de moult merveilleux edifice, avoit aussi en moins de ij ans edifié et fondé un couvent de Celestins près dudit chastel, si bien ordonné en toutes manieres que c'estoit merveille, comme l'en disoit, et avoient cousté lesdiz chastel et couvent plus de ij^e mil frans; et lequel Montagu estoit si elevé que quasi nulles fois, lui venant à la Court de Parlement, n'ostast son chaperon de sa teste, non pas devent le Roy, icellui Montagu fu prins, lundi ot viij jours, entre St Victor et Paris, et avec lui l'evesque de Chartres, general sur les finances, et furent mis ou Petit Chastellet de Petit Pont, et juedi derrien passé fu ledit Montagu environ x heures mené du Petit Chastellet du Petit Pont à Paris en une charrette es hales de Paris, où fu devant infinité de peuple decapité, et sa teste fichée en une lance en l'eschafaut, et le corps mené et pendu au gibet de Paris[1].

Grands Jours de Troyes (X^{ta} 9188), fol. 187 r°.

Juedi, xxive jour d'octobre.

Cedit jour, a esté Guillaume Draperie, procureur du Roy à Troyes, suspendu de son office de procureur, pronuncié en plaidant, et a esté publié par le president et dit publiquement que s'il y a aucun qui se weille plaindre dudit procureur qu'il viegne devers la Court.

Juedi, xxiiij^e jour d'octobre, après disner, furent au Conseil, maistre R. Mauger, president, l'evesque de Troyes, l'abbé de Monstier la Celle et mes autres

---

1. Un récit analogue, mais plus abrégé, a été inséré par Nicolas de Baye dans les Plaidoiries des Grands Jours de Troyes (X^{ta} 9188, folio 108 v°).

seigneurs de la Court cy dessus nommés, et furent appellez les procureur du Roy general, maistre J. Juvenel, advocat du Roy, le bailli de Troyes, maistre J. Heraut, Oudart Hannequin, Mahiet Paillon, François Pevrier, J. Fagot, receveur, Pierre Le Tartrier, J. de Villerès, Pierre Heraut, et fu procedé à election d'un substitut ou lieu de Guillaume Draperie, nagueres procureur du Roy à Troyes, qui avoit esté suspendu dudit office[1].

Grands Jours de Troyes (X¹ᵃ 9188), fol. 173 v°, 188 r°.

Venredi, xxvᵉ jour d'octobre.

Cedit jour, Guillaume Draperie a miz et deposé devers la Court x escus que l'en disoit lui avoir receu du challevaly de maistre J. Fagot, receveur de Troyes, et s'est opposé ledit Draperie que ne soient emploié ne baillez quelque part jusques à ce que lui soient rendus ij escus qu'il a paiez aux compaignons de Troyes à boire, aussi s'opposent lesdiz compaignons pareillement, car à occasion dudit chalevaly ont frayé et despendu de leur argent.

Grands Jours de Troyes (X¹ᵃ 9188), fol. 174 r°.

Mardi, xxixᵉ jour d'octobre.

Cedit jour, après disner, par devant maistres G. de Villiers et P. de Oger, conseillers du Roy en la Chambre des Requestes audit Troyes, furent les chanoinnes de l'eglise de Troyes les uns contre les autres, et pour ce que l'une partie n'a pas esté preste. *Nichil.*

Grands Jours de Troyes (X¹ᵃ 9188), fol. 175 v°.

---

1. Guillaume Draperie, qui était l'objet d'une action civile et criminelle, fut remplacé dans sa charge de procureur du Roi pour la durée de sa suspension par Pierre Cartier, licencié ès lois. (V. le mandement du 29 octobre, X¹ᵃ 9188, fol. 239 v°.)

Juedi, derrain jour d'octobre.

Cedit jour, furent après les arrests pronunciez leues les ordonnances touchans les renvoiz et autrement, et fu dit que se aucunes causes y a qui soient à retenir en la Court par l'adviz des graphier et registreurs de la Court, oultre celles qui sont retenues, les pourront iceulx graphiers les retenir de par la Court. Et aussi a esté dit que ce qui sera fait huy, demain et samedi prouchain vaudra et tendra, comme se fait estoit es Grans Jours, car mesme a esté retenu à pourveoir samedi prouchain sur aucunes ordonnances touchans tant les bouchiers, tanneurs que autres [1] à samedi prouchain, et iceulx diz jours averont les seigneurs leurs gages.

Grands Jours de Troyes (X¹ᵃ 9188), fol. 190 r°.

Mardi, vᵉ jour de novembre.

Aucuns de messeigneurs de la Court ont esté visiter un prisonnier à Saint Eloy, nommé Colin Verjus, arresté à la requeste de l'Université de Paris et de l'abbé de Saint Remy de Reims, et eulx, par le rapport de maistre Jaques Saquespée, medecin, maistres Jehan de Troyes et Gilet Desoubzlefour, cirurgiens jurez, ont trouvé que ledit prisonnier estoit très foible et entachié d'une espiece de melencolie, et par ce estoient d'oppinion qu'il fust mis en une bonne chambre et bien gardé, et que l'en lui feist bon feu, et baillast bonnes viandes, et que se ainsi n'estoit fait, il estoit en peril de mort, et pour ce ce sera rapporté à messire

[1]. Les ordonnances rendues aux Grands Jours de Troyes pour réglementer les métiers de tanneur, de boucher et de poissonnier sont reproduites à la fin du registre des Grands Jours (X¹ᵃ 9188, fol. 276 et 279 r°).

Pierre Boschet, president, et ce signifié au procureur dudit abbé, et oy sa response, en sera appoinctié comme il appartendra.

Samedi, ix° jour de novembre.

Maistre Jehan Houguart, procureur de l'Université de Paris, maistre Rasse Panier, procureur de l'evesque de Soissons, et maistre Jehan du Berc, procureur de l'abbé de Saint Remy de Reims, se sont consentiz et consentent que Colin Verjus, prisonnier de par la Court es prisons de Saint Eloy à Paris, soit eslargiz à la caution de Oudinet Verjus, son frere, qu'il a baillée jusques à la somme de v[c] frans, ou de rendre ledit prisonnier es prisons dudit evesque de Soissons dedans le landemain de la Chandeleur prouchain venant, sur peinne d'estre attaint et convaincu des cas et autres peinnes acoustumées, les defences autresfoiz faictes à l'evesque de Soissons demourans en estat, et aussi consentent que par provision des biens dudit prisonnier soit prise la somme de xx frans, et baillée et delivrée audit Oudinet pour les necessitez dudit prisonnier et non autrement, et pour ce, attendu ce que dit est, et l'estat dudit prisonnier, il a esté eslargiz et faicte ladicte provision, dont lettre[1].

Matinées, VI (X[1a] 4788), fol. 361 r°.

Mardi, xij° jour de novembre mil CCCC IX.

Messire Arnault de Corbye, chevallier, chancellier de France, tint le Parlement et Conseil en la Chambre de Parlement, presens et assistens les .. Pierre Boschet

---

1. Cette double mention a été inscrite aux Plaidoiries, pendant l'absence de Nicolas de Baye, par son premier clerc, Jean Hutin.

et maistre Robert Mauger, presidens, absens messire Henry de Marle, chevalier, premier president, pour ce qu'il avec aucuns des seigneurs de ceans tenoient l'Eschequier à Rouen, et messire Ymbert de Boisy, docteur, qui est alé de vie à trespas environ juin ou juillet derrien passé en Picardie, et Jaques de Ruilly, chevalier, presidens, qui ou mois de septembre derrien passé trespassa à Troyes, seans les Grans Jours, et aussy presens les arcevesques de Reins, l'arcevesque de Bourges, l'evesque de Lisieux, de Beauvaiz, de Tournay, de Chaalons, de Noyon, d'Esvreux, de Luçon, l'esleu de Poitiers, l'abbé de Saint Deniz, maistre Pierre l'Orfevre, nagueres chancellier d'Orleans, messire Jehan de Foleville, chevalier, maistre de la Chambre des Comptes, maistre Eustace de l'Aitre, Pierre de l'Esclat, Guillaume Chanteprime, Phelippe de Corbie, maistres des Requestes de l'Ostel du Roy nostre Sire, maistre Robert Waguet, president des Enquestes, maistre J. du Drac, president des Requestes du Palaiz, et les autres seigneurs, tant de la Grant Chambre que des Enquestes et des Requestes du Palaiz. Et furent leues les ordonnances regardans les seigneurs, et puiz les huissiers, eulx appellez, puiz furent appellez les advocas et procureur du Roy, puiz generaument les advocas et procureurs, les huiz ouvers, puiz furent leues les requestes de ceulx qui voloient faire serment de nouvel en office d'advocat et de procureur. Ce fait, furent leues les ordonnances regardans advocas et procureurs, qui après ce firent le serment acoustumé, chascun en son ordre, ou giron dudit Chancellier, touchés les Sains Evangiles, puiz se partirent tous, hors ceulx du Conseil. Et fu ordonné par monseigneur le Chancellier que après disner, à iij heures, iroient les seigneurs du Conseil en l'ostel dudit Chancellier pour eslire un president ou lieu de feu messire Ja. de Ruilly, nagueres president, et un maistre des Requestes de l'Ostel ou lieu de maistre Pierre Troussel [1], eslcu evesque de Poitiers, selon aucunes ordonnances faictes en vacations en l'Ostel du Roy et en son Conseil, comme l'en dit.

Cedit jour, après disner, furent les seigneurs du Conseil assemblez en l'ostel du Chancellier pour eslire president et maistre des Requestes du Palaiz (sic), et en la presence dudit Chancellier et de messire Pierre Boschet et R. Mauger, president, et le graphier, dirent aucuns en scrutine leurs veus et deliberation, et ne fu pas parfaicte ladicte election pour le brief temps, mais remise à demain après disner.

Ycellui jour, oudit lieu, et en la presence des dessusdiz Chancellier, president et graphier, maistre Nycole d'Orgemont, doyen de Tours et conseiller du Roy ceans, requist audit Chancellier, que comme l'eslcu de Poitiers, par avant maistre des Requestes de l'Ostel du Roy, eust par avant lesdictes ordonnances resigné à son proufit ledit office de maistre des Requestes, et par ce y avoit droit par le don du Roy à lui fait, et dont avoit lettre, combien que non scellée,

---

1. Pierre Trousseau, chanoine et archidiacre de Notre-Dame de Paris et de Saint-Étienne de Bourges, prévôt de Saint-Omer, devint évêque de Poitiers par suite de la translation de Gérard de Montaigu au siège de Paris, fut élu archevêque de Reims le 14 avril 1413, mais ne prit point possession de cet archevêché; étant décédé le 16 décembre suivant à Paris, il reçut la sépulture dans la cathédrale de Bourges (Blanchard, *Généalogies des maistres des Requestes de l'Hostel*, p. 74).

et l'en feist election sur ledit office, que justice lui fust faicte et gardée.

Conseil, XIII (X¹ª 1479), fol. 93 r°.

Juedi, xiiij° jour de novembre.

Pour ce que les advocas n'estoient pas prests de leurs causes, la Court a fait partir advocas et procureurs et parties et s'est mise au Conseil.

Matinées, VI (X¹ª 4788), fol. 363 v°.

Samedi, xvj° jour de novembre.

Cedit jour, a esté esleu maistre Hugues Grimaut, doyen de Noyon et conseillier du Roy nostre Sire ceans, pour porter le roole devers nostre Saint Pere le Pape à Pise, et a esté ordonné que chascun des seigneurs baillera iij frans, pour ce qu'il faut pranre le chemin par les Alemaignes, obstant les perilx des chemins de Jannes pour la rebellion que les Janenoix ont fait au Roy en la personne du mareschal Bouciquaut, gouverneur de Jannes pour le Roy.

Conseil, XIII (X¹ª 1479), fol. 94 v°.

Mercredi, xx° jour de novembre.

Cedit jour, maistre Simon de Nanterre[1], conseiller du Roy nostre Sire en la Chambre des Enquestes, qui avoit exercé l'office de visiter les lettres à la Chancellerie par dix ans et plus, et qui avoit nagueres esté

---

1. Simon de Nanterre, fils de Jean de Nanterre, chevalier, et de Pernelle Quentin, était conseiller depuis l'année 1399; il fut dépossédé de sa charge de président en 1418, après l'entrée des Bourguignons à Paris; la date de sa mort n'est pas connue, on sait seulement qu'il fut inhumé dans l'église Saint-Eustache, où il avait fait construire une chapelle. (V. sa généalogie dans Blanchard, *Les Présidents à mortier du Parlement de Paris*, p. 32.)

esleu president ou lieu de messire Jaques de Ruilly, chevalier, nagueres trespassé, a esté receu et a fait le serment de president acoustumé[1]. Et pour ce que maistre J. de la Marche, advocat en Parlement, avoit esté esleu ou lieu dudit de Nanterre en la Chambre des Enquestes et il avoit obtenu l'office de visiter les lettres à la Chancellerie, combien que ancor ne fust il pas ancor receu ceans, la Court lui a dit que la fin pourquoy avoit esté esleu estoit à ce qu'il traveillast, laborast et besoignast en ladicte Chambre, comme il estoit besoin, et ceste estoit l'entention de ceulx qui l'avoient esleu, non pas de lesser la Chambre et aler à la Chancellerie, pour quoy s'advisast, car la Court n'avoit point entention de le recevoir, si ne juroit de faire residense continuelle en ladicte Chambre et y besoigner et traveiller, comme il apartenoit, et il a respondu en merciant la Court que, combien que le Chancellier lui eust donné ledit office de visiter les lettres, toutevoie puiz qu'il ne plaisoit pas à la Court, ne l'exerceroit pas, mais l'office de conseiller en ladicte Chambre des Enquestes, et en ce cas lui a esté dit qu'il feist faire sa lettre et seeller.

Conseil, XIII (X^{1a} 1479), fol. 95 r°.

Messire Phelippes de Poitiers, chevalier, a au jour d'ui consenti et consent que l'interdiction, qui avoit esté faicte par la Court à maistre Deniz de Paillart, ja pieça à la requeste de madame Jehanne de Paillart, dame de Dormans, sa mere, et de ses autres amis, soit revoquée et mise au neant, en tant que lui touche et sa femme,

1. La réception de Simon de Nanterre, en qualité de président, est également mentionnée aux Plaidoiries.

suer dudit maistre Deniz, et ce a requiz estre enregistré.

Matinées, VI (X¹ᵃ 4788), fol. 365 v°.

Venredi, xxij° jour de novembre.

Cedit jour, sur ce que procès estoit esperé d'estre meu ou à mouvoir entre messire Phelippe de Poitiers, chevalier, et madame sa femme, d'une part, et madame d'Orgemont[1], d'autre part, et pour ce eust esté pourparlé entre icelles parties d'accort, et n'ait point esté accordé, a requiz ledit chevalier qu'il fust enregistré ce que dit est et que entre icelles parties n'a aucun accort.

Matinées, VI (X¹ᵃ 4788), fol. 367 v°.

Mardi, xxvj° jour de novembre.

Sur ce que maistre Pierre des Champs, docteur en decret et prieur de Saint Anthoinne ou diocese de Rodès, estoit ceans adjorné à comparoir en personne, et estoit mis son temporel en la main du Roy à la requeste du procureur du Roy et de l'arcevesque de Tholouse, appoinctié que ledit docteur joyra de son temporel soubz la main du Roy, et est receu par procureur, *quousque*, et si lui seront rendus ses biens à sa caution.

Matinées, VI (X¹ᵃ 4788), fol. 371 r°.

Samedi, vij° jour de decembre, au Conseil.

Cedit jour, la Court a donné maistre Pierre le Mainsné pour curateur à Robert de Bar pour passer certain

---

1. Marie Paillard, dame de Thorigny, l'aînée des filles de Philibert Paillard, femme d'Amaury d'Orgemont, maitre des Requêtes de l'Hôtel, et belle-sœur de Philippe de Poitiers, qui avait épousé la seconde fille du président, Catherine Paillard.

accort d'entre lui, d'une part, et le duc d'Orléans[1], d'autre part, et a fait le serment acoustumé.

La Court a defendu à maistre J. Rabateau, procureur de messire J. Harpedenne, chevalier, comme audit chevalier, qu'il ne mefface n'en corps ne en biens aux habitans de Montagu, ne à aucun d'eulx à peinne de x mil libvres à appliquer moitié au Roy et moitié auxdiz habitans, ou contempt de certain procès pendent ceans entre lesdictes parties, et met la Court lesdiz habitans en sa garde, et sera mandé au bailli du grant fief d'Aunix qu'il envoie toutes les informations et besoignes qu'il a touchant ledit procès[2].

Matinées, VI (X¹ª 4788), fol. 379 v°.

1. Voici quel était l'objet du litige : Robert de Bar voulait faire déclarer nulle la vente de la baronnie de Coucy et du comté de Soissons consentie par sa mère, Marie de Coucy, fille d'Enguerrand de Coucy, au duc Louis d'Orléans; aux termes de l'accord qui mit fin au débat, Charles, duc d'Orléans, prit l'engagement de payer 170,000 fr. restant dus sur le prix de la vente, qui se montait à 400,000 fr.; l'accord en question fut ratifié par Isabeau de Bavière le 2 décembre 1409, et par le duc de Berry le 3 décembre (Accords homologués au Parlement, X¹ᵉ 98).

2. Jean Harpedenne, chevalier breton, neveu du connétable Olivier de Clisson, se trouvait en lutte ouverte avec les habitants de la châtellenie de Montaigu, qu'il voulait astreindre au guet; comme ces manants refusaient ce service et avaient même l'audace d'invoquer la sauvegarde royale, les serviteurs de Jean Harpedenne ne craignirent point de dire : « Ilz ont la fleur de lis *in parte posteriori dorsi;* » ces injures étaient accompagnées d'actes de violence : invasion à main armée dans les maisons, bris de portes et de coffres, pillage, rançonnements, mauvais traitements, tout fut mis en œuvre pour réduire la population rebelle. Harpedenne, exaspéré par la résistance qui lui fut opposée, se répandit en invectives contre les habitants de Montaigu : « Villains, s'écria-t-il un jour, vous ferez le guet ou je vous feray coper les testes. » Ces graves excès donnèrent lieu à une action crimi-

Mercredi, xj° jour de decembre, au Conseil.

Au jour d'ui est trespassé maistre J. Boyer, conseiller du Roy ceans[1], *ut fertur*.

Cedit jour, pluseurs seigneurs, prelas et autres de l'ostel le duc de Berri sont venu ceans, et ont requiz que maistre J. de Marle, filz du premier president de ceans, fust receu maistre des Requestes de l'Ostel ou lieu de maistre Pierre Troussel, nagueres arcediacre de Paris et maistre des Requestes de l'Ostel du Roy, et à present evesque de Poitiers, selon la forme d'une lettre qu'il a presentée à la Court. A quoy maistre Phelippe de Boisgillou a dit que, combien que le Roy lui eust donné le lieu dessusdit, ne le voloit point empescher ne soy opposer. Pareillement maistre Nycole d'Orgemont, conseillier du Roy, a dit que, combien que à son proufit ledit Troussel eust resigné ledit office, et à ceste cause le Roy devant tous lui eust donné, neantmoins ne se voloit point opposer que ledit de Marle ne fust receu, si a esté receu et a fait le serment acoustumé.

Matinées, VI (X¹ᵃ 4788), fol. 382 r°.

Maistre Phelippe des Essars a esté receu maistre des Requestes ou lieu de maistre Eustace de l'Aitre, qui est de nouvel president de la Chambre des Comptes, et a fait le serment acoustumé.

Et cedit jour, a esté faicte election ou lieu de maistre H. de Savoisi en la Chambre des Enquestes, qui est

---

nelle, qui fut portée devant le Parlement et se prolongea plusieurs années. Les Plaidoiries de mars 1411 abondent en détails curieux et méritent de fixer l'attention. (Criminel, X²ᵃ 16, fol. 19 et suiv.)

1. Jean Boyer est cité au rang des conseillers dès l'année 1383.

monté ou lieu de maistre Nycole d'Orgemont, qui est de nouvel maistre en la Chambre des Comptes, et a esté esleu maistre J. Vivien, advocat ceans.

Conseil, XIII (X¹ᵃ 1479), fol. 96 vº.

Juedi, xijᵉ jour de decembre.

La Court a donné congié à maistre J. de Ramais, N. de Savigny, advocas ceans, et Junian Le Besson, procureur ceans, de cy à mercredi prouchain, pour aler à la feste de l'arcevesque de Reins quant à Savigny, et quant aux autres pour convoier le corps de maistre J. Boyer, conseiller du Roy ceans, qui puis un po est trespassé.

Maistre J. Jouvenel, advocat du Roy ceans, comme procureur de maistre Nycolas Eschalart, son gendre, advocat ceans, s'est opposé et oppose que aucun ne soit receu ou lieu de feu maistre J. Boyer ceans, sans ce qu'il soit oy.

Cedit jour, la Court a taxé à maistre Gile Petit la somme de LX solz tournois pour son salaire d'avoir apporté de Sens à Paris un procès pour Guillaume, sʳ d'Irour, et les habitans dudit lieu, contre messʳˢ Erart et Troullart de Lisines, freres[1].

Samedi, xiiijᵉ jour de decembre.

La Court a ordonné que la somme de cent libvres tournoiz qu'a ordonné feu monsʳ Pierre d'Orgemont, nagueres evesque de Paris et trespassé, en son testament estre baillée à l'execution de feu messire Gile de

---

1. Ce nom est défiguré dans le texte; il est orthographié *Silines*, et les deux frères ont le même prénom d'Érart. (V. au 19 décembre une mention relative à ce procès, X¹ᵃ 4788, fol. 391 vº.)

Lorriz, evesque de Noyon, soit baillée et delivrée à messire Guerin de Lorriz, chevalier, frere dudit de Noyon, pour emploier au mariage de la fille dudit Guerin, et soit ce emploié es comptes des executeurs dudit evesque de Paris.

Matinées, VI (X¹ᵃ 4788), fol. 384 r°.

Lundi, xvjᵉ jour de decembre.

Avant les Plaidoiries, au Conseil, maistre J. Chanteprime, doien de l'eglise de Paris, dist pour maistre Gile de Clamecy, son nepveu, conseiller du Roy ceans en la Chambre des Enquestes, comme clerc, combien qu'il fust marié et qu'il voulsist estre lay, que par ordonnance royal et usage de ceans que quant aucun des seigneurs clerc ou ayant gages de clerc voloit estre lay et avoir gages de lay ceans, et il vacoit un lieu de lay, tel qui avoit par avant gages de clerc devoit estre preferé devant tous autres volans venir audit lieu de nouvel, or vacoit le lieu ceans de feu maistre J. Boyer, conseiller du Roy ceans en lieu lay, ouquel fu esleu samedi derrain passé ceans, et pour ce que ne savoit qu'il en avendroit, s'opposoit que nul ne fust oudit lieu receu, sans le oïr en audience, attendu mesme qu'il plaisoit et sembloit bon à la Chambre des Enquestes qu'il fust preferé oudit lieu.

Conseil, XIII (X¹ᵃ 1479), fol. 97 r°.

Mardi, xvijᵉ jour de decembre.

Ce jour, a ordonné la Court audience à la quinzaine de janvier prouchain venant à pluseurs sergens du Poitou et au procureur du Roy general contre le duc de Berry, et sera mandé, se mestier est, au bailli de

Touraine qu'il envoie instruction et ce qu'il appartendra à la cause devers ledit procureur du Roy. Lettre à Disy [1].

Matinées, VI (X^{1a} 4788), fol. 389 v°.

Venredi, xx° jour de decembre.

Cedit jour, la Court a ordonné que, pour juger plus seurement le procès d'entre le sire de Torcy, d'une part, et les religieus de Beaucamp, sera faicte une figure de la situation et lieux contencieux aux despens des parties.

Conseil, XIII (X^{1a} 1479), fol. 97 v°.

Dimenche, xxix° jour de decembre. *Curia vacat.*

Messire Guillaume de Dominicat, chevalier, a renuncié et renunce à une appellation faicte par lui ou son procureur puiz viij jours en ça, comme il dit, d'une sentence du seneschal de Ponticu donnée contre lui au proufit de messire Eustace de Neuville, chevalier, capitainne de L'Escluse.

Presens cedula debuit supra die xxvj^a hujus mensis registrari, que hodie, per defectum clericorum meorum qui tardè eamdem registrandam tradiderunt, registrata est.

Matinées, VI (X^{1a} 4788), fol. 393 r°.

Mardi, derrien jour de decembre.

Cedit jour, n'a point esté plaidié pour ce que l'en ne povoit entrer ou Palaiz, obstant un grant conseil

---

[1]. Le Parlement ordonna par arrêt du 15 mars 1410 (n. st.) une enquête confiée à deux conseillers qui s'adjoindraient un officier royal, pour connaitre le nombre des sergents, leur salaire, leurs profits et pertes, la distance des lieux et châtellenies et en faire leur rapport (Conseil, X^{1a} 1479, fol. 109 r°).

que faisoit le Roy en la sale Saint Loiz, de messeigneurs de son sanc et des nobles du royaume, sur le fait de la guerre d'entre le Roy, d'une part, et le roy d'Angleterre, d'autre part; ouquel conseil ay esté sur la fin veoir la maniere[1].

Et y a esté dit et conclu de par le Roy, par la bouche du conte de Tancarville, que pour pluseurs causes par lui paravant recitées, et par especial, pour ce que les Anglois faisoient grant appareil de guerre et avoient delayé par iij mois de venir au tractié où devoient venir ou envoier, comme avoient promis, le Roy avoit conclu sur le fait de la guerre. Sur quoy estoient avisié aucuns poins qui seroient dis auxdis nobles, et se miex avisoient, le diroient au Roy.

Aussi a esté dit que, pour ce que il y avoit eu grans defaus ou fait de la justice de ce royaume, et aussi ou gouvernement et recepte du demainne et des aydes, le Roy avoit ordonné pluseurs vaillans hommes reformateurs generaulx, desquelx les aucuns estoient du sanc du Roy, c'est assavoir, les comptes (sic) de la Marche, de Vendosme et de St Pol, lesquelx reformateurs puniroient celx qui averoient failli, et priveroient ceulx qui avoient desservi.

Aussi fu dit que, pour ce que le Roy, pour pluseurs empeschemens qui lui survenoient souvant, avoit jà pieçà ordonné que la Royne par le conseil de messeigneurs du sanc royal entendroit es grosses besoignes et cas qui en ce royaume avendroient, auxquelx le Roy ne povoit entendre, ycelle Royne aussi estoit

---

1. Le compte-rendu de cette séance solennelle, tenue par le Roi, a été inséré par M. Douët d'Arcq dans son *Choix de pièces inédites relatives au règne de Charles VI*, t. I, p. 322.

empeschée pour pluseurs cas qui lui surviennent et empeschemens, par quoy n'y povoit entendre, si avoit ordonné le Roy, à la requeste de la Royne, que monseigneur le Dauphin entendroit de cy en avant auxdictes besoignes par le conseil de mesdis seigneurs du sanc royal [1].

Conseil, XIII (X^{1a} 1479), fol. 98 r°.

1410.

Mercredi, viij^e jour de janvier, au Conseil.

Cedit jour, maistre J. des Landes, dit Boucandri, et J. Moreau, procureurs en Parlement, ou nom et comme procureurs de messire J. Le Meingre, dit Bouciquaut, mareschal de France, ont mis par devers la Court les lettres d'obligation de cinq mil ducats prestés à messire Symon Cramaut, lors patriarche d'Alexandrie, aux evesques de Beauvaiz et de Meaux par Perceval de Vivaldes, citoyen de Jannes; item, le transport de ladicte debte fait par ledit Perceval audit mareschal, item, autres lettres d'adjornement et relation par l'ordonnance de mons^r le Chancellier, comme ilz disoient, et se sont opposez lesdiz procureurs et s'opposent, ou nom desdiz mareschal et Perceval, se mestier est, à ce que lesdictes lettres ne soient baillées ne

---

[1]. Nicolas de Baye a ajouté en marge des premières lignes : *De hoc aliàs et alibi reperies et ex causa*, et plus bas : *Verba sunt omnia ad finem regendi*. Dans le registre des Matinées, une note succincte mentionne la tenue de ce grand conseil auquel assistèrent, dit le greffier, « messeigneurs de Parlement en la Grant Chambre, par especial ceulx qui peurent ceans entrer, car à grant poinne povoit l'en entrer en la court du Palès. » (Matinées, X^{1a} 4788, fol. 394 v°.)

restituées à quelcunques personne, jusques à ce qu'il soient premierement oïz.

Matinées, VI (X¹ª 4788), fol. 398 r°.

Venredi, x° jour de janvier.

Ce jour, la Court a ordonné que d'ores en avant maistre Giles de Clamecy lay, qui par avant prenoit gages de clerc, pranra gages de lay, et maistre Quantin Massue gages de clerc, jusques à ce que autrement en soit ordonné.

Conseil, XIII (X¹ª 1479), fol. 99 r°.

Lundi, xiij° jour de janvier.

Cedit jour, le seigneur de Fonteinnes a esté donné curateur par la Court au duc d'Orleans et à ses freres et suer pour passer certain accort entre lesdiz duc, freres et suer, d'une part, et le conte de Nevers, d'autre part, pour cause de la terre et baronnie de Coucy et autres terres aussy, et a fait ledit Fonteinnes le serment acoustumé, et ce fait, a esté passé ledit accort[1].

---

1. L'accord en question fut passé le même jour entre Guillaume de Braquemont, chambellan du roi, Jean d'Ay, chanoine de Paris, et Jean Chomery, secrétaire du duc d'Orléans, stipulant pour le duc d'Orléans avec le consentement de Jean, seigneur de Fontaines, curateur de ce prince, désigné par le Parlement, et Jacques de Lor, chambellan du roi, ainsi que Jean Le Clerc, licencié ès lois, qui représentaient le comte de Nevers; il s'agissait de procéder au partage de la baronnie de Coucy et d'autres seigneuries; un premier lot, comprenant la ville et châtellenie de Coucy et partie de la châtellenie de Marle, fut adjugé à Charles, duc d'Orléans; le second lot, composé de la ville et châtellenie de La Fère, avec l'autre partie de la châtellenie de Marle, et de terres détachées de la baronnie de Coucy, notamment de celle d'Acy, fut attribué à Philippe, comte de Nevers, à cause d'Ysa-

Cedit jour, la Court a deschargé et descharge et donne congié aux capitains qui estoient ordonnez à la garde des chasteaulx de Coucy, d'Assy et du Chastellier, auxquelx garder estoient commiz les seigneurs d'Auffemont, de Cerny et Evein de Cramailles.

Conseil, XIII (X¹ᵃ 1479), fol. 99 v°.

Mardi, xiiij° jour de janvier.

Cedit jour, messire H. de Marle, chevalier et premier president de la Court, et Robinet Le Tirant, escuier, executeurs du testament du feu viconte d'Acy, ont consenti et consentent que la somme de ij° frans qu'avoit laissé en son testament ledit viconte à Jacotin de Bellebronne, et laquelle somme estoit par devers le s' d'Auffemont et le viconte d'Acy, filx dudit viconte, soit baillée et delivrée audit Jacotin. Si a ordonné la Court icelle somme estre baillée audit Jacotin[1].

Mercredi, xv° jour de janvier, au Conseil.

Le bailli de Meaulx s'est opposé et oppose à ce que la Court ne reçoive aucun à bailli de Meaux.

Matinées, VI (X¹ᵃ 4788), fol. 403 r°.

Venredi, xvij° jour de janvier.

Cedit jour, a esté ordonné que, pour ce que doubte

---

belle de Coucy, sa femme, fille d'Enguerrand de Coucy et d'Isabeau de Lorraine (Accords homologués au Parlement, X¹ᶜ 99).

1. Jean La Personne, vicomte d'Acy, avait effectivement légué, par son codicille du 26 septembre 1402, une somme de 200 francs à son cousin, Jacotin de Bellebronne, qu'il instituait son héritier, avec droit de prendre son nom et ses armes, en cas de décès de Guy La Personne, son fils unique, et de Robinet de Bellebronne, fils de Robert de Bellebronne et frère du même Jacotin (Registre des Testaments, X¹ᵃ 9807, fol. 140 v°).

estoit survenue en un arrest fait et jugié en la Chambre des Enquestes sur un procès d'entre Thomas de Nuilly, changeur, d'une part, et J. Fale, d'autre part, laquelle doubte, depuis que ledit arrest avoit esté baillié au premier president pour prononcer, avoit esté avisée par icellui president, le procès sera revisité et veu en la Grant Chambre, sans qu'il soit ja mestier que les seigneurs des Enquestes y soient[1].

Cedit jour, la Court a ordonné que messire Guillaume de Han avera commissaires au païz à l'encontre de certains espaignos marchans au païz, pourveu qu'il ne seront pas de la ville de la Rochelle.

Conseil, XIII (X¹ᵃ 1479), fol. 100 r°.

Cedit jour, messire J. de Merlé, chevalier, bailli de S¹ Pierre le Moustier, s'est opposé et oppose à ce que nul ne soit receu à bailly audit lieu sans le oïr, et sur ce a presenté lettres royaulx qui seront monstrées au procureur du Roy.

Matinées, VI (X¹ᵃ 4788), fol. 404 v°.

Juedi, xxiij° jour de janvier.

Sur la requeste faicte par Charles de Cresecques à ce que la Court reçoive certain accort sur une cause nagueres ceans plaidoiée, par lequel appert, comme dit le procureur du Roy, que ledit Charles confesse le delict à lui imposé, appoinctié que la Court appellera demain le procureur du Roy et en ordonnera[2].

---

1. L'arrêt définitif fut rendu le 23 avril suivant; il confirma une sentence des Requêtes du Palais, dont Jean Fale avait interjeté appel (Conseil, X¹ᵃ 1479, fol. 113 v°).

2. Charles de Cresecques était en procès avec Jacques de Harcourt au sujet d'une rente de 300 livres qui avait été assi-

La Court a au jour d'ui delivré de prison J. Droyn, prisonnier en la Conciergerie, parmi ce qu'il obeyra à l'ordonnance de la Court qui estoit que, en recevant obligation de Perrin de Coulandes, prisonnier au Chastellet, de ce que lui devoit pour ses despens fais ou Chastellet, dont estoit geolier Droyn, le laisseroit issir, veu que autrement de present n'avoit ledit Coulandes de quoy paier[1].

Matinées, VI (X¹ᵃ 4788), fol. 409 v°.

Venredi, derrain jour de janvier, au Conseil.

Cedit jour, Jaques de Buymont, huissier de Parlement, a revoqué et revoque son seau qu'il a perdu puiz iij ou iiij jours.

Matinées, VI (X¹ᵃ 4788), fol. 415 v°.

Mardi, iiij° jour de fevrier.

Cedit jour, maistre Giles Labbat, procureur de J. d'Aunoy, escuier, bailli de Chaumont, s'est opposé par vertu de certeinnes lettres royaulx, dont a apparu à la Court, à ce que nulz ne soient receuz en bailli de

---

gnée à Jeanne d'Aunoy, sa femme, lors de son mariage, sur les terres de Doudelainville et Warcheville; comme ces terres ne rapportaient que 200 livres, Charles de Gresecques demandait que la rente fût complétée par une assignation nouvelle; à ce sujet intervint un accord passé devant le sénéchal du Ponthieu. (V. les Plaidoiries des 21, 25 et 26 février 1409 (n. st). Matinées, X¹ᵃ 4788, fol. 233, 236 r° et v°.)

1. Jean Drouin, geôlier du Châtelet, avait été emprisonné à la requête d'aucuns de ses créanciers, qui le laissèrent longtemps sous les verrous; étant tombé malade à la Conciergerie, il obtint le 5 février 1411 (n. st.) son transfert en la geôle du Châtelet et promit de retourner en prison dès sa guérison, sous caution donnée par Jean Boudelle, sergent au Châtelet, et par Jean Gautier, sellier (Criminel, X²ᵃ 16, fol. 2 r°).

Chaumont, sans ce qu'il soit par avant oy en ses causes d'opposition, et ce a requiz ledit Labbat estre enregistré.

Matinées, VI (X¹ᵃ 4788), fol. 117 v°.

Juedi, xiij⁰ jour de fevrier.

Cedit jour, J. Le Beguinat, procureur ceans, s'est opposé et oppose à ce que la Court ne confere, ou les commissaires à ce ordonnez, les bourses du college de Dormans à autre que à un sien nepveu, qu'il a presenté à l'abbé de Sᵗ Jehan des Vignes, s'il n'est plus près de Dormans que n'est sondit nepveu, ou du linage de Dormans, selon les status dudit college.

Matinées, VI (X¹ᵃ 4788), fol. 425 r°.

Lundi, xvij⁰ jour de fevrier.

Maistre J. de Lespine s'est opposé et oppose que nul ne soit receu à l'office d'uissier de Parlement de Thomas Rart que l'en dit trespassé, sans le oïr ou appeller.

Matinées, VI (X¹ᵃ 4788), fol. 427 v°.

Venredi, derrain jour de fevrier.

Ce jour, a esté visité le procès d'entre Pierre Amiot, d'une part, et J. Prevost, dit Merveillier, d'autre part, sur quoy ont esté parti en la Chambre des Enquestes, et ancores ont esté parti en la Grant Chambre.

Conseil, XIII (X¹ᵃ 1479), fol. 106 r°.

Samedi, premier jour de mars.

Cedit jour, a esté maistre J. de Longueil commiz à faire l'information de pluseurs villes que le procureur du Roy de Senliz dit estre du bailliage de Senliz, et le

procureur de l'evesque de Beauvaiz dit estre du bailliage de Beauvaiz, à savoir de quel bailliage elles sont.
Conseil, XIII (X^{1a} 1479), fol. 106 v°.

Mercredi, xij° jour de mars.

Ymbert du Grolay est venu prier de par le duc de Berry la Court de l'avancement du procès de messire Ode de Villars contre messire Remon de Turenne, et pour ce que autres grant seigneur velt que l'on attende, a esté enregistré.
Conseil, XIII (X^{1a} 1479), fol. 108 v°.

Juedi, xiij° jour de mars.

Bethin d'Acy, marchant de Lucques, requiert contre les arcevesque et les evesques de Beauvaiz et de Noyon et dit que ou mois de may derrain passé ou environ, Guillaume du Porche, demourant à Luques, presta auxdiz arcevesque et evesques III^c florins, lesquelx promidrent de rendre et paier à Paris en leurs personnes et privez noms dedans le mois de septembre derrain passé, et de ce baillerent leur lettre et cedule signée de leurs propres mains et signets, si requiert que confessent ou nyent, et s'il confessent, soient condempnez à paier ladicte somme et despens, et s'il le nyent, le prouvera, et lesdiz defendeurs revendront à jeudi après Pasques prouchaines dire ce qu'il appartendra et seront monstrés les adjornemens et la cedule.
Matinées, VI (X^{1a} 4788), fol. 448 v°.

Venredi, xiiij° jour de mars.

La Court au jour d'ui, sur le plaidoié du iij° jour de ce present mois et tout veu, a mis les iij appellations faictes par l'evesque d'Amiens à l'encontre du procureur du Roy, le bailli d'Amiens et autres (au neant) sans amende, et s'en iront parties sans jour et sans terme, et seront les cas de cetuy plaidoié reputez et les repute la Court pour advenus, et ordonne la Court et du consentement desdictes parties que l'evesque pour deffraier le bailli et son lieutenant paiera vj^{xx} escus [1].

Conseil (X^{1a} 1479), fol. 108 v°.

La Court a deffendu à m^e J. de Langac, chevalier, qu'il ne mefface ne face meffaire à Pierre Mercier, bourgois de Lay, à peine de ij^m mars d'or, et le tient ladicte Court en son sauf conduit, et lui baillera asseurement de l'official.

Matinées (X^{1a} 4788), fol. 448 v°.

Samedi, xvij^e de mars.

Cedit jour, maistre Pierre.., docteur en loiz, a protesté, que comme m^e .. Catalan, procureur ceans pour Bernart Boyer.. vere, viguier de Carcassonne, certeinnes lettres dudit office de viguier apartenent audit Bernart .. es et receues d'icelle Court pour bailler à Guin.. esteil, partie adverse de sondit frere, que ce .. test pour crainte et doubte qu'il ne fust mené a Paris en prison et par violence et villené emprisonne, soubz umbre et auctorité du duc de Bo.. que rien qu'il ait fait ou face ne lui prejudicie, n.. à son dit frere.

---

[1]. Il s'agissait, comme toujours, d'un conflit de juridiction, soulevé par l'évêque d'Amiens, à l'égard d'un clerc emprisonné à Montdidier pour avoir battu, jusqu'à ce que mort s'ensuivit, sa chambrière, et dont l'autorité royale voulait se dessaisir; comme Jean de Hangest, lieut. du bailli d'Amiens, avait refusé de rendre ce prêtre, l'évêque l'excommunié (Matinées, X^{1a} 4788, fol. 438 r°).

Mercredi, xix° jour de mars.

Cedit jour, a esté signé par le graphier une commission d'entre le s' de Pousauges et le duc de Berri contre le s' de la Suze par la hativeté du procureur dudit de Pousauges, que requiert Pingué, procureur dudit de la Suze, estre corrigée, pour ce que en icelle a *pro omni* prefixion qui n'y doit point estre.

Cedit jour, J. Tarenne, changeur sur le Pont et bourgoiz de Paris, a au jour d'ui receu en depost de par la Court, par la main de J. Le Roux, tresorier du roy de Navarre, la somme de deux mil libvres tournois au proufit du duc de Bretaigne.

Simonnet Allars, changeur sur le pont de Paris, a au jour d'uy receu en depost de par la Court, par la main de J. Le Roux, tresorier du roy de Navarre, la somme de deux mil libvres tournois au proufit du duc de Bretaigne.

Matinées, VI (X¹ª 4788), fol. 449 r° et v°.

Juedi, xxvij° jour de mars.

Cedit jour, pour ce que l'en ne gardoit point l'ordinaire des jours ne des bailliages, mais chascun jour plaidoiable l'en plaidoit *indistincte* de tous païz et bailliages sans ordre, a esté ordonné et publié que de cy en avant l'en plaidera les lundi et mardi des ordinaires, et le juedi et aussi le venredi, lorsque l'en plaidera, l'en plaidera de causes extraordinaires, et defent la Court que aucun contre ceste ordonnance ne demande audience.

Matinées, VI (X¹ª 4788), fol. 451 r°.

Lundi, derrain jour de mars.

Cedit jour, J. Maignier, huissier, a dit que la veille

de Pasques flories perdi son seel, si proteste que chose qui depuiz avoit esté seellée d'icellui ne lui prejudicie.

Matinées, VI (X¹ª 4788), fol. 453 r°.

Mercredi, ixe jour d'avril.

Guillaume de Fontenay, escuier, prisonnier en la Conciergerie du Palaiz pour cause de la somme de iij^c frans, dont l'en faisoit execution sur lui par vertu d'une commission des commissaires ordonnez à punir les fauteurs de Pierre de Lune, et dont ledit escuier se disoit avoir appellé en Parlement, est eslargi par tout jusques à un mois prouchain venant, parmi ce que Regnault de Fontenay, frere dudit prisonnier, l'a cautionné de ladicte somme, et de le ramener au jour corps pour corps et avoir pour avoir.

Cedit jour, ont esté baillez et delivrez quatre mil libvres tournois au duc de Breteigne, qui avoient esté mises en depost au change de par la Court par le roy de Navarre pour certeinnes causes contenues en la quittance sur ce faicte estant devers icelle Court, et par ce ont esté restituées les cedules qui estoient devers la Court sur ledit depost aux changeurs qui avoient ledit depost.

Matinées, VI (X¹ª 4788), fol. 460 r°.

Juedi, x^e jour d'avril.

J. de Chailly, escuier, demourant à Molins, en la parroice de Mesy, à ij lieux de Dormans, s'est opposé et oppose que nul ne soit receu à avoir bourses ou college de Dormans, s'il n'est plus prouchain de Dormans que Simonnet, son filx, qui est né à ij lieues de Dormans, s'il n'est plus prouchain dudit Dormans ou linagier, ou que autrement lui soient deues, car

il s'est presenté à l'abbé par pluseurs fois, qui ancor ne lui a pourveu.
Matinées, VI (X¹ᵃ 4788), fol. 461 v°.

Lundi, xiiij° jour d'avril.

Messire J. d'Aunoy, chevalier, a requis l'enterinement de certeinnes lettres par lesquelles le Roy lui donne le bailliage de Troyes en deschargant messire J. de Bormont, chevalier, qui estoit et est bailli, et a requiz qu'il soit receu à faire le serment, à quoy ledit Bormont, par vertu de certeinnes lettres, s'est opposé et oppose, si a ordonné la Court que les parties seront oyes à juedi prouchain.

Sur ce que maistres R. Broisset, B. Quentin et T. Tiessart, conseillers du Roy ceans, estoient commiz à taxer les despens faiz en l'ostel de maistre J. du Boiz, graphier criminel, par damoiselle Jehanne, fille de madame Marie de Coucy et niepce de J. de Rainneval, par xix sepmaines ou environ, et que par v sepmaines dudit temps elle avoit esté endablé de maladie, si lui avoit falu garde et autres necessitez, a esté dit par lesdiz conseillers que ledit du Boiz avera xx libvres parisis, qui seront prins et executez sur ledit Rayneval qui les recouverra sur ladicte dame Marie, se elle succumbe en la cause pendent entre elle, d'une part, et ledit de Rayneval, d'autre part.
Matinées, VI (X¹ᵃ 4788), fol. 463 r°.

Venredi, xviij° jour d'avril.

Cedit jour, la Court a ordonné que Lorin de Bournieres, prisonnier ou Chastellet, sera rendu à l'evesque de Paris, et ly sera enjoint qu'il en face bonne justice.
Conseil, XIII (X¹ᵃ 1479), fol. 112 r°.

Lundi, xxj^e jour d'avril.

Du consentement du procureur du Roy et de maistre J. du Boiz, procureur des bourgois et habitans de la ville de Rouen, et de Cardin Mites, bourgois de ladicte ville, la batelée du foin appartenant à Alain Simon, marchant, demourant à Paris, qui par la main du Roy a esté prinse aux caiz de Rouen et amené à Paris par le commandement de Anguerran de la Porte et depuis de Adam des Vignes, huissiers de Parlement, commissaires en ceste partie, sera appreciée, c'est assavoir, le foin, d'une part, et le batel, d'autre part, et par caution suffisant du priz du foin et du batel, seront les foin et batel baillez et delivrez, c'est assavoir, le foin audit Alain et le batel à Perrot Jouhan, voiturier par caue, à qui apartient ledit batel, auquel prisagement faire est commiz le premier huissier de ladicte Court sur ce requiz, qui de ce fera son rapport et relation, sans prejudice desdictes parties.

Matinées, VI (X^{1a} 4788), fol. 469 v°.

Dimanche, iiij^e jour de may.

Le quart jour de ce mois, ala de vie à trespas monseigneur Alexandre quint, pape, notable theologien, mais *parum peritus in tanto regimine*, et n'a duré ou papat que xj mois[1].

Conseil, XIII (X^{1a} 1479), fol. 114 v°.

Mardi, vj^e jour de may.

Le procureur du Roy, pour cause et occasion de moult grans excès, crimes de lese magesté et autres

---

1. Cette mention, ajoutée après coup, se trouve au bas de la page ; elle est accompagnée du dessin d'une clé, dans la marge.

delits commiz et perpetrez par le duc de Lorrainne et pluseurs autres ses complices contre le Roy et ou contemps des arrests et executions d'icelx obtenus ceans, et contre les bourgoiz de Nuefchastel n'a gueres et pluseurs autres, contenus en pluseurs et grosses informations sur ce faictes, et à occasion de quoy ledit duc a ceans esté adjorné avec ses complices à certain jour, auquel n'ont point comparu ne ne comperent, combien qu'il ayent esté appellez à la barre et à la table de marbre, requiert defaut, et pour monstrer qu'il lui doit estre octroyé, propose pluseurs choses que enregistre le graiphe criminel[1].

Matinées, VI (X^{1a} 4788), fol. 479 r°.

Juedi, xv° jour de may.

Cedit jour, a esté et est advoquée ceans à de lundi prouchain venant en viij jours la cause pendant par devant les maistres des Requestes de l'Ostel du Roy nostre Sire, entre madame Marie du Bois, dame de la Granche, d'une part, et les xxx eulx disans sergens de la ville et banliue de Rouen, d'autre part, à la requeste du procureur general et du consentement de maistre J. d'Anisy, procureur de ladicte dame, et Mahiu Mouton, procureur desdiz xxx sergens, et se

---

1. Cette mention de Nicolas de Baye est d'autant plus intéressante qu'il y a lacune pour toute l'année 1410 dans le registre des Plaidoiries criminelles. C'est le début de cette grave affaire relative à la ville de Neufchâteau, occupée militairement par le duc de Lorraine le 27 février 1410 et livrée au pillage, quoiqu'elle fût sous la sauvegarde royale. Le bailli de Chaumont avait cité le duc de Lorraine et ses officiers devant le Parlement pour le 2 mai ; comme ils firent défaut, ils furent réassignés pour les 1er août 1410, 27 août et 17 décembre 1411 (Cf. A. Digot, *Histoire de Lorraine*, t. II, p. 321).

sont tenus et tiennent lesdiz procureurs desdictes parties pour bien presentez et fondez audit jour par vertu des procurations mises en la court desdictes Requestes de l'Ostel[1].

Venredi, xvj^e jour de may.

La Court a donné congié à maistre J. Bonnet, soubmaistre ou college de Dormans jusques à la fin d'aoust prouchain venant, parmi ce qu'il a laissié substitut en sondit office, lequel en prenra les gages pendant le temps dessusdit.

Matinées, VI (X^{1a} 4788), fol. 482 r°.

Samedi, xvij^e jour de may.

Furent au Conseil monseigneur Arnault de Corbye, chancellier, maistre R. Mauger, president ; l'evesque de Tournay ; l'evesque d'Aucerre ; le conte de Tancarville ; le chancellier du Daufiné et de Guienne ; le seigneur de Blarru ; le seigneur de S. George ; le seigneur d'Auffemont ; le seigneur de Boissay ; le prevost de Paris ; maistre Pierre de L'Esclat, m. Raoul Le Saige.....
(Suivent les noms de 34 conseillers.)

A conseiller le défaut obtenu ceans pour le procureur du Roy contre le duc de Lorreinne, qui ceans avoit esté adjorné à comparoir en personne, sur pluseurs rebellions, inobeyssances, contemps de justice et des arrests de ceans, pilleries, murtres, larrecins et pluseurs autres crimes et malefices fais contre le Roy

---

1. Le Parlement rendit, le 30 novembre 1410, un arrêt interlocutoire autorisant Marie du Bois, veuve du président de la Grange, à faire provisoirement exercer l'office de sergent à masse par deux personnes, sans préjudice des sergent et sous-sergent déjà établis (Jugés, X^{1a} 58, fol. 89 v°).

nostre Sire et sa souveraineté, dont est ledit duc vassal et homme lige, et contre les habitans de la ville de Nuefchastel qui sont subgiez du Roy et de sa conté de Champaigne en ressort et souveraineté, comme apparoit par très grosses informations sur ce faictes et fais notoires et autrement deument, tout veu et consideré :

A esté advisé et conscillié que, quant au defaut, sera adjorné ledit duc et seroit procedé contre lui à autres defaus, selon le stile de ceans en cas criminelx, et quant à la provision des prisonniers seroit procedé de fait contre le duc en metant et tenant ses terres tenues soubz le Roy en la main du Roy ou autrement, se bon sembloit au Roy et aux seigneurs de son sang, aux quelx en seroit parlé, jusques à ce que les bourgois de Neufchastel, que tenoit ledit duc prisonniers, averoit delivré.

Cedit jour, après disner, comparurent et furent ceans au Conseil les dessusdiz, hors Tancarville, le chancellier du Daufiné, le seigneur de St George et le prevost de Paris. Et fu conseillié sur un cas d'appel et d'attemptas qu'avoit fait et faisoit le duc de Breteigne, contre et ou prejudice du Roy et de sa seigneurie, et contre les doien et chapitre de S. Malo en Breteigne, dont estoit seigneur le Roy, ou contempt de certain appel entrejetté par lesdiz doien et chapitre en la Court de ceans. Et pour ce que ledit duc avoit esté adjorné en cas d'appel et non pas d'attemptas, fu advisié qu'il seroit adjorné audit cas d'attemptas ceans, et lors l'en requerroit et feroit l'en tel provision auxdiz de chapitre, comme apartendroit, et ce seroit signifié et dit au Roy et aux seigneurs de son sanc pour y conclurre.

Conseil, XIII (X^{ta} 1479), fol. 116 r°.

Mardi, xx° jour de may.

Nycolas Le Clerc, bourgois de Paris, demourant en la parroice de Saint Jaques de la Boucherie, demourant en la rue de Troucevache, à l'image Saint Nycolas, a promis de faire ester à droit messire Estienne Marie, prestre, subgiet de mons^r l'evesque de Suessons, en sa court, à peinne de ij^c libvres tournois, et moiennant ceste caution ledit Marie est eslargi des prisons où estoit de par la Court. Fait du consentement de maistre Michiel de Couhan, promoteur de la court dudit evesque, et de maistre Hebert Camus, procureur du vicomte d'Acy. Et a defendu la Court et defent audit evesque que, jusques à ce qu'elle ait cogneu du cas privilegié, il ne procede contre ledit Marie à sa sentence diffinitive.

Matinées, VI (X^la 4788), fol. 485 v°.

Samedi, xxiiij° jour de may. Au Conseil.

Cedit jour, les procureur du Roy et Rabateau du duc de Berry, interrogué se contre certeinnes lettres impetrées de la part de l'evesque du Puy pour lever la main du Roy mise à son temporel vouloient quelque chose dire, ont respondu, c'est assavoir, le procureur du Roy qu'il se rapportoit à ce que *aliàs* avoit proposé contre ledit evesque, et Rabateau qu'il n'estoit pas assez instruit et qu'il faloit qu'il parlast audit duc pour avoir instruction contre ladicte lettre, que requeroit avoir, ou la copie d'icelle.

Matinées, VI (X^la 4788), fol. 486 v°.

Juedi, xxix° jour de may.

La Court a defendu à Bernardon Vernon et à Roolin Vernon, escuiers, à peinne de ij^c mars d'argent, à appliquer la moitié au Roy et la moitié à maistre J. de Wary, procureur ceans, que audit Wary ne meffacent ne ne mesdient, et à peinne de c mars d'argent aussi a esté faicte defence audit Wary que auxdiz Vernon et Roolin ne meffacent.

Matinées, VI (X^{1a} 4788), fol. 491 v°.

Samedi, vij° jour de juin.

Cedit jour, Jaques de Bellebronne, escuier, a confessé avoir receu de messire Guy de Nelle, chevalier, s^r d'Auffemont, la somme de deux cent libvres tournois, laquelle avoit esté laissée audit escuier par feu messire J. La Personne, en son vivant viconte d'Acy, en son testament, et laquelle somme avoit esté baillée en garde par la Court audit s^r d'Offemont.

Matinées, VI (X^{1a} 4788), fol. 500 r°.

Lundi, xvj° jour de juin.

Ce jour, a esté octroyé lettre de sommation en cas de marque à l'arcevesque de Besançon à l'encontre du roy d'Arragon et ses subgiez.

Conseil, XIII (X^{1a} 1479), fol. 119 v°.

Juedi, xix° jour de juin.

Ce jour, sur ce que maistre Hugues Grimaut, doien de Noyon et conseiller du Roy ceans, estoit dès janvier derrain passé alé en court de Romme qui seoit à Boloigne la grace, porter le roole de la Court pour estre signé et receu par le pape Alexandre Quint qui lors regnoit, pour le salaire duquel chascun des inrotulez eust baillié iij frans, et pour ce que pendent le temps que ledit Grimaut estoit en court de Romme, trespassa ledit Alexandre environ le xxiiij° d'avril derrain passé, *negotio Curie ibidem imperfecto*, et assez tost après eust esté esleu le cardinal de Bouloigne d'en Pape, qui a esté et est nommé *Johannes* XXIII, et ait esté mandé audit Grimault de par la Court qu'il attendist pour parfaire ladicte besoigne, et pour soustenir ses frais et despens la Court lui envoyeroit cent escus, pour ce que ce qu'avoit receu pour son salaire ne suffisoit pas : a esté ordonné que un chascun de celx qui ont esté mis audit roole paieroit un escu, et se aucuns des seigneurs ou autres qui prennent gages ou presens, qu'il ne paient pas ou que ne veillent ou puissent de present paier, sera dit par le graphier de par la Court à cellui ou celx qui paient les gages des dessusdiz que pour un chascun retiegne j escu qui sera delivré à maistre Guillaume de Gaudiac, doien de St Germain et conseiller du Roy ceans, qui s'est chargié pour la Court de faire finance audit Grimault de ladicte somme de cent escus, et ce qui sur ce est desjà paié lui sera delivré par le graphier.

Conseil, XIII (X^{1a} 1479), fol. 120 r°.

Lundi, xxiij^e jour de juin.

La Court a dit et ordonné audience au premier jour de juillet prouchain venant en la cause de ceulx de Perdriach contre le conte d'Armignac, lequel, se lors n'est prest, la Court donra exploit tel qu'il appartendra, et pour ce qu'il semble à maistre Guillaume Cousinot que lors ne pourroit estre prest, attendu que ancor n'a il point d'instruction pour plaider la cause qui est et grande et grosse, et que requiert à parler audit conte, il s'est deschargié de la cause.

Matinées, VI (X^{1a} 4788), fol. 513 v°.

Jeudi, xxvje jour de juing.

Ce jour, par appoinctement de la Court fait en la presence de maistre Regnault Rabay, conseiller du Roy nostre Sire et executeur du testament de feu messire Guillaume de Dormans, jadiz arcevesque de Sens, de maistre Herbert Camus, procureur de messire Guy Gourle, chevalier, et de madame d'Orgemont, de maistre Jehan de Warry, procureur de maistre Denis de Paillart et de maistre Jehan du Bois, procureur de messire Phelippe de Poictiers et de sa femme, et par commandement fait à moy Jehan Milet, notaire du Roy nostre Sire, cinq seaulx et un signet qui furent jadiz au feu evesque de Beauvais, nommé de Dormans, pesans un marc sept onces et demie, estans en une bourse et iij seaulx qui furent audit feu arcevesque, pesans un marc iij onces v esterlins, estans en un coffret de cuir fermant seellé du signet de feu messire Pierre d'Orgemont, jadiz evesque de Paris, ont esté cassez par Jehan Mignot, orfevre sur le Pont à Paris, prisié le marc six frans iiij solz parisis, tout baillié par moy Milet audit Rabay.

Après-diners, I (X^{1a} 8301), fol. 374 v°.

Samedi, xxviije jour de juin.

Cedit jour, la Court a obtemperé à certeinnes lettres presentées par J. de Caillac sur le plaidoié d'après disner de hier, en adnullant l'appel par lui fait, par ce qu'il obtempere à la sentence, et renvoie les parties par devent le seneschal de Limosin ou son lieu tenent au secont jour de septembre prouchain venant, tous despenz reservez en diffinitive.

Conseil, XIII (X^{1a} 1479), fol. 121 v°.

Mardi, premier jour de juillet.

Sur certain debat d'entre les procureur, conseilliers et gouverneurs de la ville de Rouen, d'une part, et Vincent Buffet, à occasion d'une nef qui n'avoit pas esté mise en compagnie françoise, comme l'en proposoit. oye la relation des commissaires, il sera dit que ceulx de Rouen n'averont congié ne despens, et demourra la cause ceans.

Conseil, XIII (X¹ª 1479), fol. 122 r°.

Jeudi, iij° jour de juillet.

Le procureur du Roy après débat certain renvoy, requiz par le duc d'Orleans devant son bailli d'Orleans, d'un appel entrejecté ceans par une femme vefve, duquel le mari avoit esté tué audit Orleans à occasion de ce que parloit contre aucuns qui transportoient le blef de la ville hors pour vendre ou peril et famine du pueple. Au graiphe criminel.

Le siege levé, s'est venu opposer au graiphe le procureur du Roy que je ne reçoive rien sans le oïr en certain procès pendant ceans entre lui pour le Roy et prevosts et jurez de Tournay, à cause de certains imposts, attendu que pieça lesdictes parties avoient mis devers la Court ce qu'avoient volu mettre[1].

Matinées, VI (X¹ª 4788), fol. 523 r°.

---

1. Le Parlement consacra plusieurs journées à l'examen de cette affaire, notamment les samedi 2 et mercredi 6 août; par un arrêt rendu le 20 août, il réglementa la sortie des marchandises et denrées quelconques transportées de Tournai en l'Empire ou pays dans lesquels les aides n'avaient cours, et fixa les droits d'imposition foraine; il décida en même temps l'institution d'un commis aux gages de la ville de Tournai, spécialement chargé de délivrer les certificats, commis que l'on devait choisir en dehors

Mardi, xve jour de juillet.

Le seigneur de Saint Severe et maistre Hebert Camus ont esté donnez curateurs *ad causas* par la Court aux enfans de mons^r Charles de Lebret, connestable de France, et de feu madame de Sully, sa femme[1], et ont fait le serment accoustumé, et quant aux enfans de ladicte dame de l'autre mariage precedent, revendront les parties juedi prouchain.

Mercredi, xvj^e jour de juillet.

Cedit jour, *Jacobus Bedocii* a esté receu en office de procureur et a fait le serment acoustumé.

Matinées, VI (X^{1a} 4788), fol. 535 r°.

Juedi, xvij^e jour de juillet.

Avant les plaidoiries au Conseil, maistres Ph. de Boisgillou et G. Le Clerc, conseillers du Roy ceans, se sont opposez que nul ne soit receuz en leurs lieux sanz eulx oïr, pour ce que aucuns dient que le Roy leur a donné lieux de conseillers et maistres en la Chambre des Comptes.

Conseil, XIII (X^{1a} 1479), fol. 124 r°.

Cedit jour, maistre J. Vrien, examinateur de Chastellet, a mis par devers la Court de son ordonnance l'inventoire des biens demourez du decès de feu messire J. Le Mercier, s^r de Nouviant.

Matinées, VI (X^{1a} 4788), fol. 536 v°.

---

de la loi et du serment de Tournai et qui ne pourrait exiger aucun droit pour les passeports (Conseil, X^{1a} 1479, fol. 127 v°).

1. Charles d'Albret avait épousé, le 27 janvier 1400, Marie de Sully, veuve de Gui de la Trémouille ; de ce mariage étaient nés trois fils et deux filles.

Samedi, xxvj° jour de juillet.

Ce jour, arrests Boschet. Depuiz, pour ce que après lesdiz arrests pronunciez n'estoient que ix heures, se sont mis au Conseil lesdiz presidens, maistres G. de Gaudiac (et douze autres conseillers).

Conseil, XIII (X^{1a} 1479), fol. 125 r°.

Juedi, derrain jour de juillet.

Cedit jour, maistres Guillaume de Villiers et R. Rabay, ordonnez à soy informer de l'antiquité de maistre J. Le Besgue en office de notaire, au regart des autres notaires, ont relaté qu'il truevent et ont trouvé que maistre Pierre Le Mercier est plus ancien oudit office de notaire que n'est ledit Besgue.

Matinées, VI (X^{1a} 4788), fol. 549 r°.

Samedi, ij° jour d'aoust.

Ce jour, maistres Phelippe de Boisgillou et G. Le Clerc, conseillers du Roy ceans, se sont opposez et opposent que nul ne soit receu ceans en leur lieux sans les oïr.

Conseil, XIII (X^{1a} 1479), fol. 126 r°.

Mardi, v° jour d'aoust.

Maistre J. de Conflans, clerc notaire du Roy nostre Sire, s'oppose que aucune provision ne soit faicte à autre que à lui des bourses de maistre Pierre de Saulx pour certeinnes causes à declarer.

Matinées, VI (X^{1a} 4788), fol. 555 v°.

Mercredi, xiij° jour d'aoust.

Cedit jour, a esté monseigneur le Chancellier de France et pluseurs du Grant Conseil ceans pour eslire ou lieu de maistre Guillaume Le Clerc, conseiller du Roy en la Chambre des Comptes[1], qui paravant estoit de la Chambre des Enquestes, ou lieu duquel par la plus grant partie desdiz conseillers et Chambres de ceans a esté esleu par scrutine maistre Robert Piedefer, advocat ou Chastellet. Et ou lieu de maistre Phelippe de Boisgillou[2], conseiller du Roy en ladicte Chambre des Comptes, qui par avant estoit conseiller du Roy clerc en la Grant Chambre, ouquel lieu vient maistre M. du Bos de la Chambre des Enquestes, et en son lieu est ordonné par le Roy, eue la deliberation de son Conseil estant au jour d'ui ceans, maistre Phelippe de Ruilly, licencié en loiz, filz de feu messire Jaques de Ruilly, chevalier et president ceans, en faveur dudit president qui bien avoit servi le Roy[3].

Conseil, XIII (X¹ᵃ 1479), fol. 126 v°.

Mercredi, iij° jour de septembre.

Sur ce que la Court tenoit la main du Roy au temporel de l'abbaye de Maubuisson, qui avoit esté mise puiz une complainte en cas de saisine et de nouvelleté prise et executée à la requeste de dame Luce de Montmorancy, par avant abbesse dudit lieu, à l'encontre de dame Katerine d'Estouteville, abbesse à present d'icel-

---

1. Guillaume Le Clerc, appelé à la Chambre des Comptes en remplacement de François Chanteprime, conserva ses fonctions jusqu'à sa mort en 1421.

2. Philippe de Boisgillou, nommé maistre des Comptes en juillet 1410 au lieu et place de Regnaut de Coulomb, occupa cette charge jusqu'au 8 septembre 1415, c'est-à-dire jusqu'à son élévation au siège épiscopal de Chartres.

3. En marge se trouve cette rubrique : *Speciale hic non obstante electione.*

lui lieu, et laquelle main icelle Court n'avoit volu lever jusques à ce qu'elle fust informée d'aucunes choses ; sur quoy elle eust envoié maistre Robert Mauger, president, et maistre Regnaut de Sens, conseiller du Roy nostre Sire ceans, pour faire aux dames dudit lieu certains interrogatoires, au jour d'ui, oye la relation d'iceulx commissaires et tout veu, la Court a levé à plain et lieve la main du Roy mise audit temporel[1].

Cedit jour, par mandement du Roy nostre Sire sont alez maistre R. Mauger, president, le procureur general du Roy et moy à Saint Pol devers icellui Seigneur, qui, en la presence du roy de Navarre, du duc de Bourgoigne, du conte de Nevers et des chancelliers de Guienne et de Bourgoigne, a commendé à nous dessusdiz de recevoir certain accort qui sera presenté et passé en Parlement entre le duc de Breteigne, d'une part, et le duc de Bourgoigne, comme curateur du conte de Pantevre, d'autre part, et a defendu le Roy audit procureur que ne l'empesche aucunement, car c'est pour le proufit mesme du royaume et à eschiver pluseurs inconveniens qui pourroient avenir audit royaume, se ledit accort n'estoit.

Conseil, XIII (X^{1a} 1479), fol. 129 r°.

1. Le Parlement avait ordonné, par arrêt du 29 avril 1410, que l'administration de l'abbaye de Maubuisson serait confiée à deux religieuses de ce couvent, en attendant que « par le pere abbé fût pourveu à lad. abbaye d'une bonne et suffisante abbesse. » L'abbé de Citeaux arrêta son choix sur Catherine d'Estouteville, qui fut reconnue comme abbesse par les religieuses de Maubuisson, y compris Luce de Montmorency ; c'est à la suite de cette nomination que le Parlement, sur la requête présentée le 13 août par la nouvelle abbesse et après le rapport de deux commissaires enquêteurs, donna mainlevée de la saisie du temporel (Conseil, X^{1a} 1479, fol. 114 r°, 127 r°; Jugés, X^{1a} 57, fol. 61 r°).

Jeudi, iiij^e jour de septembre.

Cedit jour, la Court a receu certain accort[1] d'entre le duc de Breteigne, d'une part, et le conte de Paintevre, d'autre part, par le commendement du Roy fait en sa personne à St Pol à maistre R. Mauger, president, et à son procureur general et à moy, ce qui a esté rapporté à la Court par ledit president, et l'a presenté l'evesque de St Briou, chancellier de Breteigne, procureur du duc, qui l'a consenti pour icellui duc, et maistre Gile Labbat, procureur du duc de Bourgoigne, curateur donné audit conte, d'autre part, l'a consenti, present le procureur du Roy et non contredisant.

Matinées, VI (X^{la} 4788), fol. 579 r°.

Mardi, ixe jour de septembre.

Cedit jour, les ducs de Berry, d'Orleans, de Bour-

Catherine d'Estouteville fut abbesse de Maubuisson pendant quarante-cinq ans, jusqu'à sa mort, arrivée le 29 janvier 1456.

1. L'accord dont il s'agit fut passé au Châtelet le 8 août entre le roi de Navarre, Jean de Malestroit, évêque de Saint-Brieuc, chancelier du duc de Bretagne, au nom de ce duc, et le duc de Bourgogne, beau-père et curateur d'Olivier de Blois, comte de Penthièvre, confirmé par lettres royales du 9 août et homologué au Parlement le 4 septembre suivant; il terminait un conflit fort grave qui avait même dégénéré en guerre ouverte; les officiers de Jean, duc de Bretagne, ayant été battus et injuriés à Lamballe, ce prince avait occupé la châtellenie de Moncontour, dévasté l'île de Bréhat et ruiné plusieurs forteresses appartenant à Marguerite de Clisson, comtesse de Penthièvre (Cf. le *Religieux de Saint-Denis*, t. IV, p. 315; D. Morice, *Hist. de Bretagne*, t. I, p. 446). Aux termes de l'accord du 8 août, le comte de Penthièvre abandonnait au duc de Bretagne tous ses droits sur les château et châtellenie de Moncontour; le duc de Bretagne, de son côté, cédait et transportait à son neveu 2,000 livres de rente sur ses terres de Champagne, de Brie et de Gâtinais, et devait lui rendre les châteaux de la Rochederrien et Châteaulin, les terres du Gavre et d'Avaugour (Accords homologués au Parlement de Paris, X^{1c} 100).

bon et les conte d'Alençon et d'Armignac ont envoyé et fait presenter ceans lettres patentes scellées de leurs seaulx, contenens *sommarie*, que pour ce que l'onneur du Roy, sa justice, et l'estat du royaume et de la chose publique estoient foulez et bleciez, estoient assemblez et aliez ensemble pour ce venir monstrer au Roy, et n'est point leur entention d'eulx departir jusques à ce que ce ayent monstré au Roy, comme contenu est plus à plain es dictes lettres que vous trouverrés ou livre des Ordonnances[1]. Et est assavoir que onques mais l'en ne vit tel peril, car lesdiz seigneurs estoient ensemble selon la riviere de Loire en moult merveilleux nombre et arroy de gens moult notables en armes. Par deçà se tenoit le duc de Bourgoigne avec le Roy et le Dauphin, qui, ou nom du Roy, a fait et fait venir gens d'armes de tous païs sans nombre pour la defense et honneur dudit seigneur. Et pour ce que le demainne du Roy, ne les aydes, xij deniers pour livre et le quatriesme du vin ne suffisoit pas au Roy pour la despense, car il n'avoit point d'argent, ne n'a accoustumé d'avoir depuiz longtemps par petit gouvernement, a fait et fait emprunter de toutes gens et par tout son royaume, sans distinction, soient moinnes, chanoinnes ou clers, bourgois ou autres, finance importable. Et pour ce que le Roy avoit fait crier son arrier ban à occasion des gens d'armes qui venoient par deçà, comme l'en disoit, du cousté desdiz seigneurs de Berry, d'Orleans, etc., pour resister à eulx, se besoin estoit, toutes manieres de gens, fussent povres, fussent riches,

---

1. La teneur de ces lettres des princes à l'adresse du Parlement, en date du 2 septembre 1410, se trouve en effet au registre des Ordonnances (X¹ª 8602, fol. 228 r°).

nobles ou non nobles anobliz, ou à occasion de povres et petis fiefs ou arriere fiefs que tenoient en pluseurs païs, s'efforçoient de venir pour servir le Roy à cause dudit cry, pour la double de mespranre. Et quelx meschiez, quelx perilx, quel honneur, quelx inconveniens, quelx crimes et quelx pechiez sont venus de ce, viennent et venront, *considera* par ce : la cause principal de tout ce que dit est, est defaut de justice *quoad Deum* par les blasphemes horribles qui ont cours en ce royaume, de renier et maugrayer Dieu au premier mot, voire par les plus grans, tant juges que autres garsons et enfans et gens d'eglise, et autres pechiez non dicibles, et aussi par defaut de justice *quoad se et quoad proximum seu subjectos*. Car nos justices, ancor teles quelles, je me doubte, sont *de numero justiciarum*, dont parle le Prophete : *Universe justitie nostre quasi pannus menstruate*[1]..... Dieu par sa pitié weille avoir pitié et mercy de nous et nous donner cognoiscence de nos fautes et orgueil, et mauvaistié. Au fort, *fiat sua benigna voluntas, et non nostra*. Amen[2].

Conseil, XIII (X¹ᵃ 1479), fol. 130 r°.

---

1. Cette citation est empruntée au livre d'Isaïe, chap. LXIV, vers. 6 ; à cet endroit du registre, deux lignes ont été grattées avec le plus grand soin ; peut-être contenaient-elles la fin du verset, jugée séditieuse : *Et cecidimus quasi folium universi, et iniquitates nostre, quasi ventus, abstulerunt nos.*

2. Jeanne et Mathilde d'Armagnac réclamaient la dot de leur mère, Marguerite de Caramaing, s'élevant à la somme de 20,000 francs, ainsi que ses joyaux ; elles revendiquaient en même temps en qualité d'héritières de Jean d'Armagnac, vicomte de Fezenzaguet, leur père, et de Géraud d'Armagnac, comte de Pardiac, les domaines usurpés par Bernard, comte d'Armagnac ; par arrêt du 7 mai 1412, le Parlement mit sous la main du Roi toutes

Et fu envoiez au Chancellier pour avoir son adviz se l'en plaideroit la cause des dames Jehanne et Mathe d'Armignach à l'encontre du conte d'Armignac, lequel Chancellier dist que c'estoit l'entention du Roy que ladicte cause fust plaidée, et que aussi la Court avoit sur ce mandement patent, et pour ce fu plaidoiée icelle cause, comme s'ensuit[1] :

Matinées, VI (X^{1a} 4788), fol. 579 v°.

Samedi, xiij^e jour de septembre.

Cedit jour, ont esté faictes les distributions des commissions de ce Parlement passé à Saint Eloy par messeigneurs messire P. Boschet, m° R. Mauger, S. de Nanterre, presidens de Parlement, et m^e J. de S. Verain et R. Waguet, president en la Chambre des Enquestes, absent messire H. de Marle, premier president, qui estoit en ambaxade en Arragon.

Conseil, XIII (X^{1a} 1479), fol. 131 r°.

Mardi, xvj^e jour de septembre.

Au jour d'ui, pour ce que messire P. Boschet, president, se plaignoit de ce que l'en lui avoit donné une commission d'entre le s^r de Partenay, d'une part, et pluseurs singuliers dudit Partenay, qui n'estoit pas de ceste année passée appoinctée, mais de l'autre, et avoit esté par erreur du clerc qui avoit extraict les faiz contraires, mess^{rs} les presidens lui ont accordé la com-

---

les terres formant l'objet du litige et accorda par provision aux dames d'Armagnac le tiers des revenus (Conseil, X^{1a} 1479, fol. 200 r°; Jugés, X^{1a} 59, fol. 145 r°).

1. M. Douët d'Arcq a reproduit ce récit, mais avec quelques inexactitudes, dans son *Choix de pièces inédites relatives au règne de Charles VI*, t. I, page 327.

mission qui sera entre le sʳ de Rochechouart, d'une part, et le sieur de Partenay, d'autre part, dont les memoires sont par devers maistre J. de Vitri, sur lesquelles les parties ne pourront estre delivrées sans fais quant vendra au jugement, comme l'en espere et croit.

Cedit jour, pour ce que le Roy nostre Sire, accompaignié de moult de princes, barons et chevaliers et grant nombre de gens d'armes, estoit venu loger au Palaiz, et pour les gens d'armes estoient prins les hostelx tant de la Cité que du cloistre de Paris, et par tout oultre les pons par devers la place Maubert sans distinction, hors les seigneurs de ceans pour lesquelx a esté ordonné, comme a dit en la Chambre le prevost de Paris, que en leurs hostelx l'en ne se logera pas, et que en telx cas aventure seroit que les chambellans du Roy nostre dit Seigneur ne preissent les tournelles de ceans, esquelles a procès sans nombre, qui seroient en aventure d'estre embroillez, fouillez et adirez et perdus, qui seroit dammage inestimable à tous de quelque estat que ce soit de ce royaume, j'ay fait murer l'uiz de ma Tournelle, afin que l'en ne y entre, car *in armis vix potest vigere ratio*[1].

Conseil, XIII (Xᴵᵃ 1479), fol. 131 v°.

Samedi, xxᵉ jour de septembre.

A esté ordené par les presidens et autres conseil-

---

[1]. Ce passage figure au nombre des extraits donnés par D. Félibien, *Histoire de la ville de Paris*, t. IV, p. 554; il a été reproduit par M. Grün dans sa *Notice sur les Archives du Parlement*, p. xxxvii,

lers du Roy estans en la Chambre de Parlement que, par main souveraine et sans prejudice de certain procès pendant en la Court dudit Parlement entre le procureur du Roy nostre Sire, d'une part, et le Grant Pannetier de France, d'autre part, pour cause de la visitation du pain, maistres Jehan de Fontenay et Aubert de la Porte, examinateurs ou Chastelet de Paris, facent la visitation du pain en la ville de Paris, tant de celui qui est et sera amené par marchans forains, comme de celui qui est et sera labouré par les boulengiers de Paris, et ycelui pain visité, comme il appartient, le facent delivrer à ceulx qui en auront le soing pour pris convenable, en regard à la valeur du blé et de la farine, et aux coustemens necessaires faiz par lesdiz marchans forains et boulengiers pour amener et faire ledit pain, non obstans appellations et oppositions faictes et à faire quelzconques[1].

Conseil, XIII (X¹ᵃ 1479), fol. 131 v°.

Venredi, xxvj° jour de septembre.

Trespassa m° Robert Waguet, president en la Chambre des Enquestes, et environ cedit jour trespasserent trois autres des seigneurs de ceans[2].

Ledit xxvj° jour, J. de Villette, escuier, commiz à gouverner de par le Roy le chastel de Conflans, contentieus entre le connestable, d'une part, et les enfans de la Tremoille, d'autre part, et a fait le serment que à nulle desdictes parties n'avera plus de faveur que à

---

1. L'ordonnance en question est transcrite sur une cédule de parchemin intercalée dans le registre aux folios 131 et 132.

2. Parmi les conseillers décédés, on peut signaler Robert de Maule, qui siégeait aux Requêtes du Palais.

l'autre, et à nul ne le rendra, sinon par le commendement ou mandement de la Court de ceans, qui lui taxera ses gages telx que de raison[1].

Dimanche, xxviij° jour.

Cedit jour, fu commiz à faire l'inventoire des biens de feu maistre Robert Waguet, president es Enquestes[2].

Matinées, VI (X¹ᵃ 4788), fol. 582 v°.

Juedi, ij° jour d'octobre.

Henry Crossu, familier de l'admiral de la mer, m'a affermé en sa loyauté que de certeinnes cautions et inventoire de biens que lui avoient fait demander Guillaume Moens et J. Daukereszonne, maistres de ij vaisseaulx de mer nommez estutes, Donch de Polich et Albin de Welle, marchans de Coloigne et de la hanse d'Alemaigne, et lesquelz biens et cautions disoient à eulx avoir esté ostez sur mer, rien n'en

---

1. Cette prestation de serment, faite par le capitaine du château de Conflans-Saint-Honorine, est un incident du procès pendant au Parlement entre Charles d'Albret, connétable de France, et les enfants de Gui de la Trémouille, dont la veuve, Marie de Sully, était remariée avec le connétable. Georges de la Trémouille, fils de Gui, s'étant fait délivrer des lettres de complainte en cas de saisine et de nouvelleté, avait voulu prendre possession du château de Conflans, de la vieille tour de Sully et de vingt-cinq autres châteaux ou domaines dans le Berry, l'Orléanais, le Bourbonnais, l'Anjou et le Poitou ; Charles d'Albret s'y était opposé et, obligé de partir pour tenir la campagne en Guyenne, avait obtenu que, pendant son absence, les terres contentieuses fussent mises sous la main du Roi (V. le mandement du 12 septembre 1410 aux Jugés, X¹ᵃ 57, fol. 65 v°).

2. Le testament de Robert Waguet, président de la Chambre des Enquêtes et chanoine de Cambrai, faisait partie du registre des Testaments (fol. 297 v°) : il ne se retrouve plus qu'en copie

avoit, comme plus à plain est contenu en certeinne relation de Geffroy de Molins, sergent.

Matinées, VI (X¹ᵃ 4788), fol. 582 v°.

Mercredi, xij° jour de novembre mil CCCCX.

Messire Arnault de Corbye, chevalier et chancellier de France, tint le Parlement, presens maistres R. Mauger et S. de Nanterre, presidens, absens messire H. de Marle, premier president, ambaxateur en Arragon, et messire P. Boschet empeschié, et aussy les arcevesques de Pise et messire Nycolas de Robertis, chevalier, ambaxiateurs du Pape en France, de Reins, de Bourges, les evesques de Xainctes et de Tournay, l'abbé de Saint-Deniz, maistre Eustace de l'Aitre, president en la Chambre des Comptes, J. de Nourry, J. de Corbye, J. de Marle, H. de Savoisy, R. Le Sage, maistres des Requestes de l'Ostel du Roy nostre Sire, N. d'Orgemont, Ph. de Boisgillou, maistres en la Chambre des Comptes, et les maistres des deux Chambres de ceans et des Requestes du Palaiz, jusques aux nombre de LVI, et les registreux et notaires de la Court...

La Court, pour les grans perilz qui sont de present et ont ja esté par toutes les marches et païz de ce roiaume dont l'en n'ose venir à Paris, tant pour gens d'armes proprement appellez larrons et pillars, que pour brigans et compaignes qui se sont miz sus pour rencontrer et piller lesdiz larrons, et autres larrons, espieurs de chemins qui de present regnent et ont cours, a continué les presentations de cy à lundi, qui vient exclusivement, quant à Vermendoiz, combien que non est *verissimile* que nul ne pourra ne n'osera venir dedans ledit jour ne longtemps après, car l'en ne lit pas es ystoires que, hors les feuz boutez ou temps passé publiquement par les ennemis de ce royaume, l'en veist onques mais faire à ce royaume tel dammage, comme ont fait Brabançons, Lorreins, Bregoignons, Armignagues, Brabans et autres de toutes pars de ce royaume.

Conseil, XIII (X¹ª 1479), fol. 137 r°.

Messire Arnault de Corbye, chevalier, presens l'arcevesque de Reins, de Pise, legat du pape, de Bourges, messire Nycolas de Robertis, legat du Pape, pluseurs evesques et les seigneurs du Conseil du Roy, tant des Requestes de l'Ostel du Roy nostre Sire que des Comptes, que des Chambres de ceans, tint le Parlement, et furent leues les ordonnances, et firent les sermens ceulx qui l'ont acoustumé de faire et par la coustume autrefoiz gardée, comme plus à plain est contenu ou livre du Conseil. Et fu ordonné, ce fait, que l'en recevroit les presentations du bailliage de Vermendoiz decy à dimenche *inclusive*, et si pourverroit l'en en oultre selon les exigences du cas, pour ce que *verissimile est* que les parties ne pourront venir à temps pour eulx presenter et poursuir leurs causes pour l'incursion des gens d'armes de Lorreinne, d'Alemaigne, de Bourgoigne, de Flandres, de Picardie, de Champaigne, de Braban, qui ont esté, passé a x sepmainnes, tant à Paris que dehors du costé de delà la riviere de Seinne, oultre le Grant Pont, et desquelx pluseurs et quasi sans nombre estoient logés par tout en ceste cité, tant entre les ij pons pour estre entour le Roy, le duc de Guienne, dauphin de Vienne, le roy de Navarre et le duc de Bourgoigne, qui estoient logez en ce palaiz, et de là le Pont Nuef jusques aux portes qui longuement furent tenues closes, hors une ou ij, que aussy pour les Bretons, Armignagues, Berruiers, Aulnoiz, Borbonnoiz, Alençonnoiz, Valoisiens et plusieurs sans nombre, qui se tenoient de là la riviere de Seinne oultre Paris pour accompaigner les ducs de Berry, oncle du Roy, le duc d'Orleans, nepveu et gendre du Roy, de sa premiere femme, le duc de Bourbon, cousin germain d'icellui Seigneur, le conte d'Alençon, le conte d'Armignac, et le seigneur d'Alebret, conestable de France, qui estoient logez tant à Vincestre, Vanves, Icy, Vitry, que ailleurs entour; lesquelx, tant deçà que delà, ont fait tous les maulx que l'en puet faire, hors bouter feulx publiquement, et à venir icy et à retourner ont destruiz les païz de France, et par especial entour Paris jusques aux portes, et par especial Armignagues, Bretons, Brebançons, Lorreins et Bourgoignons ont tout pillé et emmené ce que ont peu emmener, et rançonné en grant deshonneur du Roy et du royaume[1]. C'est tout siecle.

Matinées, VII (X^{ia} 4789), fol. 2 r°.

Juedi, xiij° jour de novembre.

Cedit jour, vint monseigneur le Chancellier en la Court pour faire election de v lieuz qui vacoient en la Chambre des Enquestes, et aussy pour eslire presi-

---

1. Les gens de guerre amenés à Paris, vers la fin du mois d'août, par les ducs de Bourgogne, de Berry, le comte d'Armagnac, surtout les Bretons, ruinèrent tout le pays à vingt lieues à la ronde (Cf. le *Journal d'un bourgeois de Paris*, p. 7).

dent en ladicte Chambre des Enquestes ou lieu de maistre Robert Waguet, et n'a pas esté parfaite l'election.

Venredi, xiiij° jour de novembre.

Cedit jour, a esté besoigné en l'election dessus touchée, jusques à ix heures, que messeigneurs les presidens a convenu aler au Conseil devers monseigneur le Dauphin.

Samedi, xv° jour de novembre.

A consciller l'arrest d'entre messire Gauchier de Chastillon appellant, d'une part, et le seigneur de Moy, *nomine quo procedit*, et la dame de l'Isle Adam, d'autre part, *non est conclusum*[1]; car, à viij heures, a esté la Court occupée jusques à près de xj heures de parfaire l'election des v lieux vacans, en l'absence de monseigneur le Chancellier, laquelle election par scrutine a esté faicte devant messeigneurs m^{os} R. Mauger et S. de Nanterre, presidens, moy enregistrant *vota singulorum*.

Conseil, XIII (X^{1a} 1479), fol. 138 r° et v°.

Samedi, xxij° jour de novembre.

Cedit jour, a envoié ceans le recteur de l'Université de Paris, nommé *Rolandus Ramerii*, une cedule scellée du scel dudit recteur, contenant ce qui s'ensuit :

Nos Rolandus Ramerii, rector Universitatis magistrorum et scolarium Parisius studentium, requirimus per juramentum et

---

[1]. Par un arrêt rendu le 19 décembre le Parlement condamna Gaucher de Châtillon, en sa qualité de curateur, à payer aux héritiers de Charles de Châtillon la somme de 2,139 livres, et déclara qu'en cas de non payement, il serait procédé au décret du château de Châtillon (Conseil, X^{1a} 1479, fol. 138 v°).

sub omni pena omnes magistros dicte Universitatis, ac omnes et singulos in jure canonico vel civili licenciatos dicte Universitatis juratos, cujuscumque status fuerint, quatinus cras de mane, hora octava, compareant in congregatione generali dicte Universitatis in Sancto Bernardo annuente Domino celebranda. In cujus testimonium sigillum rectorie hinc cedule apposuimus, etc.

Par vertu de laquelle un escolier ou bedel a signifié que les jurez de ladicte Université estans ceans fussent à ladicte assemblée. A quoy la Court a respondu que ce n'estoit point la maniere de venir ceans signifier les assemblées, attendu l'estat de la Court qui n'estoit subgecte ne jurée que du Roy; mais, s'il avoit aucun ou aucuns singuliers qui eussent serment de l'Université, devoient estre à part requiz d'aler à ladicte assemblée, et non pas en la Court par ladicte maniere, et fu enjoint audit messager que ce deist audit recteur, et que plus ne feist ainsy, à quoy a dit que l'entention et entendement, quant à la maniere de la Court, estoit l'entention dudit recteur, mais pour briefté avoit esté fait de par ledit recteur par ceste maniere. Conseil, XIII (X¹ᵃ 1479), fol. 139 rº.

Dimenche, xxiij° jour de novembre.

Cedit jour, messire Pierre Boschet, president, a surrogué en son lieu en la commission d'entre la contesse de Tonnerre et le sʳ de Partenay maistre André Marchant, conseiller du Roy, et a volu et consenti maistre J. Moreau, procureur dudit sʳ de Partenay, que ledit Marchant procede oudit lieu avec maistre J. de Vitry et s'opposa que maistre Thibaut de Vitry ne autre n'y procede sans le oïr.

Matinées, VII (X¹ᵃ 4789), fol. 5 vº.

Lundi, xxiiij° jour de novembre[1].

L'Université de Paris, par la bouche d'un maistre en theologie, a requiz que, comme ja pieça, un arrest eust esté ceans donné à la requeste du Roy et d'icelle Université sur l'exaction de pluseurs pecunes qu'estoit en Court de Romme ou prejudice du Roy, du royaume et de la chose publique, et en l'empeschement de l'union qui estoit à pourchacer pour lors, et icellui arrest eust esté confermé par le Roy et en eust fait ordonnance comme loy, et tout ce fu approuvé par l'Eglise, et neantmoins les gens du pape Jehan XXIII°, qui à present est, a envoié certains legas de Court de Romme en ce royaume pour requerir lesdictes pecunes, non obstant lesdiz arrest et ordonnance, car ilz dient, de par le Pape, que icelles pecunes sont dehues de droit divin, naturel et positif, et se ainsy estoit, la Court et le Roy averoient erré contre la foy, pour quoy sur ce a esté faicte assemblée general et moult solennel entr'eulx, en laquelle avoit esté conclut, *nemine contradicente*, que l'Université tenist et gardast et defendist de son povoir que lesdiz arrest et loy ne fussent enfrainctes, et que à la Court fust faicte la requeste qui s'ensuit : c'est assavoir, qu'il pleust à la Court de garder et defendre leurdict arrest et loy, et soy opposer avec eulx, et aussy estre avec eulx par aucuns de la Court, deputez de toute la Court, où et quant l'en demenera et parlera de ceste matiere, et ont requiz le procureur du Roy

---

[1]. Tout ce passage, en marge duquel se trouve le dessin d'une tête à mi-corps, est reproduit par Du Boulay, *Hist. Univ. Paris.*, t. V, p. 212.

general qu'il se opposast à ce avec eulx, lequel a dit qu'il fera tousjours ce qu'il lui apartendra à cause de son office à ce que lui sera ordonné et commendé de par la Court. Et oultre ont dit ceulx de l'Université que, samedi derrien passé, s'il n'eussent esté au Conseil du Roy pour soy opposer à la requeste desdiz legas du Pape, leur eust esté octroyé au Grant Conseil ce que requeroient. Si a respondu la Court que en ce et autrement ilz feront, pour l'onneur du Roy et du royaume garder et pour le bien aussy du royaume et pour justice, ce qu'il apartendra, et du mieux qu'elle pourra. Et pour ce que lesdiz legas requeroient à faire une requeste à la Court à aucun jour que pourront venir; la Court fera savoir auxdiz de l'Université le jour ou l'eure, afin que se à ladicte requeste faire wellent estre, qu'il y soient, dont ilz ont mercié la Court, et sur ce se sont parti[1].

Puiz a esté plaidoiée une cause criminelle du ravissement d'une fille d'Anjou.

Matinées, VII (X¹ª 4789), fol. 5 v°.

Mercredi, xxvj° jour de novembre.

Cedit jour, l'arcevesque de Pise, messire Nycolas de Robertis, chevalier, et messire Geffroy de Peyrusse, docteur et conseiller du Roy nostre Sire,

---

[1]. Monstrelet (t. II, p. 103) consacre tout un chapitre à la question des subsides demandés par le pape; suivant ce chroniqueur l'Université de Paris tint, les 24 et 29 novembre, en présence de l'archevêque de Reims, de l'évêque du Puy et de nombre de prélats, des séances solennelles où furent discutées les demandes de l'archevêque de Pise et d'autres légats du Saint-Siège tendant à lever un décime sur l'Église gallicane; après de longs débats il fut décidé qu'aucun subside ne serait accordé au pape.

ambaxiateurs du Pape, sont venus ceans en la Chambre entre vij et viij heures au matin, estans les seigneurs de la Chambre des Enquestes en la Grant Chambre, et ont presenté à la Court unes bulles closes contenens en effect salut et benediction apostolique, narration comment ledit Saint Pere avoit esté esleu ou Papat, son entention et ferveur qu'il avoit à poursuir la paix et union de l'universal Eglise, en quoy avoit besoin d'aydes, et sa requeste que la Court voulsist tousjours ayder à l'Eglise. Et icelle bulle par moy leue au Conseil, maistre Geffroy de Peyrusse dessusdit, une petite prefation en latin premise, print pour theme : *Talis enim decebat ut nobis essêt pontifex. Hebre. VII°*[1] *originaliter, in quibus duo tangi dicebat, altum ipsius preeminentie fastigium, cum dicitur, talis pontifex, secundo, sue legationis injunctum negocium, cum dicitur, nobis decebat, ut obediremus, supple. In primo membro ostendit Summi Pontificis ingressum, progressum et congressum; ingressum, per suam sinceram et sanctam, nemine contradicente, electionem, cujus seriem enarravit; progressum ostendit per suas virtutes mirabiles et ipsius strenua facta, tam cum Rege Ludovico Sicilie, consanguineum (sic) Regis, quem multipliciter juvit ac magnifice recepit; progressum vero ostendit per intentionem quam habet ad pacem et unionem, tam inter Grecos et Latinos quàm aliàs faciendam et procurandam, quàm etiam inter Francos et Anglos inter se, pacem et pacis conditiones multipliciter commendando et extollendo, de consilio generali etiam celebrando in*

---

1. Ce texte est extrait de l'Épitre de saint Paul aux Hébreux, chap. vii, vers. 26.

termino in Consilio Pisano assignato, de statu Ecclesie etiam tam in capite quam in membris reformando, in premissis diu insistendo punctis. Demum quoad secundum principale scilicet negocii eis injuncti, Curiam exhortando ut eidem Summo Pontifici Ecclesieque assistat, ut promptius que Summus Pontifex intendit ad efectum perducantur prosperum, ut tandem a Deo domini Curie, regii consiliarii, honorem et gloriam mereantur; postmodum causam, quam in Curia habebat cardinalis de Flisco pro quodam prioratu, recommendavit[1]. Aux quelles choses le president pour la Court remercia le Pape et iceulx legas, et offri la Court aux dictes requestes en ce qu'elle puet, puiz se partirent icelx legas.

Conseil, XIII (X¹ª 1479), fol. 139 v°.

Mercredi, iij° jour de décembre.

Sur la requeste faicte par le procureur du Roy que aucun fu commiz à visiter le procès du Chastellet ou lieu de m° Robert Piedefer, par avant conseiller du Roy oudit Chastellet, et maintenant conseiller d'icellui Seigneur ceans, duquel office estoit procés et contens entre plusieurs, appoincté est que, pendent le procès et *quousque* sera decidé dudit procès, maistre Pierre

---

[1]. Le prieuré pour lequel le cardinal de Flisco se trouvait en procès était celui de Beaumont-le-Roger, dépendant de l'abbaye du Bec-Helouin, concédé à frère Guillaume de Fécamp, qui était soutenu par le procureur général du Roi et l'Université de Paris. L'affaire fut plaidée au Parlement les mardi 2 et jeudi 4 décembre 1410 (Matinées, X¹ª 4789, fol. 9, 12); elle ne reçut de solution que huit ans plus tard; par un arrêt du 21 mai 1418, la Cour, mettant les parties hors de cause, autorisa le cardinal de Flisco à poursuivre en cour d'église ses droits sur le prieuré de Beaumont-le-Roger (Conseil, X¹ª 1480, fol. 236 v°).

de Monstiers, par provision, visitera lesdiz procès de Chastellet et conseillera en percevant *pro rata temporis* les gages audit office apartenens.

Conseil, XIII (X¹ᵃ 1479), fol. 140 r°.

Juedi, xj° jour de decembre.

Cedit jour, les executeurs du testament et derrienne volenté de feu messire J. Tabary, jadis evesque de Therouenne, ont volu, wellent et consentent que de la somme de vii° escus, qui estoient en depos par devers la Court pour estre emploiez et convertiz en rentes et revenues au proufit de l'evesque qui à present est et de ses successeurs, pour cause d'un admortissement fait par ledit evesque, v° xxvii escus et xiiij solz parisis en soient baillez audit monsʳ l'evesque ou son procureur, pour estre converti en l'achat d'un fief, ainsy qu'il se comporte, tant en cens, rentes, boiz, dismes, terrages, revenues, drois, possessions et autres choses achetez de Sohier de L'Isle, escuier, et de sa femme.

Venredi, xij° jour de decembre.

Cedit jour, ont esté receuz ceans maistre Guillaume de Villiers, president en la Chambre des Enquestes ou lieu de maistre R. Waguet, nagueres trespassé, et maistre Jaques Branlart, *dyocesis Cathalaunensis*, Gerart Perriere, *Matisconensis*, Clement de Fauquenbergue, *Picardus*, Pierre Johan, *Parisiensis*, es lieuz de iiij des seigneurs vacans en ladicte Chambre, et maistre Pierre Le Jay, brioiz, né de Resbaiz en Brie, ou lieu de maistre Simon Gudin, vacant aux Requestes du Palaiz, precedent election solennelment faicte ceans par monseigneur le Chancellier des ores à iij sepmaines et les seigneurs du Conseil du Roy ceans et du Grant Conseil, et ont fait le serment acoustumé.

Matinées, VII (X^{ta} 4789), fol. 15 r°.

Samedi, xiij° jour de decembre.

Hier furent ceans receu par election solennelment faicte ores à iij sepmaines par le Chancellier et les seigneurs de ceans et du Grant Conseil maistre Guillaume de Villiers en president des Enquestes ou lieu de feu maistre Robert Waguet, maistre Jaques Branlart, champenoiz, Gérart Perriere, masconnois ou lionnoiz, Clemens de Fauquanbergue, picart, Pierre Johan, françoiz, né de Paris, es lieu de iiij des seigneurs vacans en la Chambre des Enquestes, et maistre Pierre Le Jay, brioiz, né de Resbaiz en Brie, ou lieu de maistre Simon Gudin, au Requestes du Palaiz, et ont esté prins en ladicte Chambre des Enquestes *in ordine prius aut posterius*, selon le nombre des voiz qu'il avoient eu en ladicte election. Et a esté retardée la reception depuiz l'election faicte, par ce que monseigneur le Chancellier ne venoit pas ceans publier le scrutine, et aussy pour ce que aucuns nobles se doloient de ce que l'en n'avoit esleu aucun noble homme entre lesdiz esleuz, disans que selon les ordonnances royaulx l'en doit pranre des nobles devant tous autres, *supple qui sufficientiores aut saltem sufficientes inveniantur, aut saltem quod tales a dominis eligentibus secundum eorum conscientiam cognoscantur*. Et pour ce m'a esté commendé que je alasse au Roy de par la Court, et que je lui deisse le fait de l'election et que aux esleux commendat à moy faire leurs lettres, ce que j'ay fait; si m'a commendé le Roy des hier en son lit, entre x et xj heures devent disner, les lettres à signer. Et a juré maistre Clement de Fauquanbergue dessusdit, qui par avant visitoit les lettres à la Chancellerie, qu'il servira et desservira ceans son office continuelment, car autrement n'eust esté esleu, et soubz ceste condition l'ont esleu les seigneurs de ceans[1].

Conseil, XIII (X^{ia} 1479), fol. 141 v°.

Mardi, xvj° jour de decembre.

Cedit jour, certeinne obligation en laquelle estoient obligiez maistres Tiebaut Tiessart et J. de la Marche, conseillers ceans, et aussi maistre J. de Veilly, en la somme de v^c escus envers les executeurs du feu evesque de Therouanne et à la Court, pour certain depost qui avoit esté prins ceans par l'auctorité de la Court et envoié à messire Jaques de Ruilly, qui tenoit siege à Murat pieça pour l'execution d'un arrest de ceans, a esté rendue du consentement desdiz executeurs auxdiz obligiez, pour ce que de ladicte somme ont fait satisfaction.

Samedi, xx° jour de decembre.

Cedit jour, maistre Pierre Buffiere s'est opposé et oppose, pour et ou nom de maistre J. Coppot, à ce que nul autre que lui ne soit receu en l'office de juge es terres reservées par le Roy nostre Sire en la senechaucie de Limosin.

---

1. Dans la marge, en regard du nom de Clément de Fauquembergue, a été ajoutée postérieurement cette note, dont l'écriture nous paraît être de la main du successeur de Nicolas de Baye : *Clemens hic inscriptus electus fuit per Curiam grapherius xxvij januarii M CCCC XVI.*

Mardi, xxx° jour de decembre.

La Court, oye la relation des commissaires à ce deputez, a ordonné que la somme de xxxij libvres tournois soit baillée au capitaine du chastel de Confflans sur son salaire sur les fruis et revenues dudit chastel et chastellenie qui estoient en la main du Roy, et se fera la lettre de la date du xxiij^e de ce moiz.

Matinées, VII (X^{1a} 4789), fol. 18 r°, 20 r° et 25 r°.

FIN DU PREMIER VOLUME.

Nogent-le-Rotrou, imprimerie DAUPELEY-GOUVERNEUR.

www.ingramcontent.com/pod-product-compliance
Lightning Source LLC
Chambersburg PA
CBHW050801170426
43202CB00013B/2519